독문법 연구

독문법 연구

울리히 엥엘 저
이 점 출 역

도서출판 역락

Ulrich Engel

Kurze Grammatik der deutschen Sprache

München : Iudicium, 2002
© IUDICIUM Verlag GmbH München 2002

▶▶▶ 1999년 DAAD의 지원으로 독일 체류 시 조언자로 모셨던 Engel 선생님과 함께 대학 구내식당에서.

역자 서문

　이 책은 Ulrich Engel의 『Kurze Grammatik der deutschen Sprache』(Iudicium Verlag, 2002)을 번역한 것이다. 이 책은 의존문법/결합가 이론에 입각하여 현대 독일어 문법을 기술하고 있다. 의존문법은 오늘날 독일어에 관한 거의 모든 문법기술에서 도입되었을 뿐만 아니라 외국어로서의 독일어 및 모국어로서의 독일어 수업에서도 실제로 광범위하게 사용되고 있다.

　현대 의존문법의 이론적인 토대는 최초로 의존문법을 체계적으로 연구한 Tesnière로부터 유래한다. 60년대에 Brinkmann, Erben, Grebe, Engel, Helbig 등이 Tesnière의 의존문법 개념을 독일어에 도입하여 독일어 문법을 체계적으로 기술하였다. 특히 구 동독에서는 Gerhard Helbig를 필두로 한 라이프찌히 학파와 서독에서는 Ulrich Engel을 중심으로 한 만하임 학파가 의존문법을 집중적으로 연구하였다. Ulrich Engel은 오랫동안 독일 만하임에 있는 독일어 연구소(Institut für deutsche Sprache : IdS)의 소장을 맡아오면서 오늘날 동사 중심의 의존문법을 발전시킨 최대의 공로자이다. 의존문법을 연구하는 독일어 연구소의 구성원들은 그 동안 Engel/Schumacher(1976;²1978)의 『독일어 동사 결합가 소사전』(KVL), Schumacher(1986)의 『동사장. 독일어 동사의 통사 및 의미를 위한 결합가 사전』, Engel/Savin(1983)의 『독일어-루마니아어 결합가 사전』,

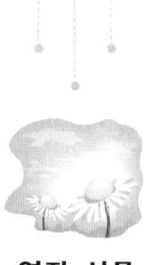

역자 서문

Bianco(1996)의 『독일어-이탈리아어 결합가 사전』 및 일련의 대조문법서, 예컨대 Engel/Mrazović(1986)의 『독일어-세르보크로아티아어 대조문법』과 Engel/Isbasesku/Stanesku(1993)의 『독일어-루마니아어 대조문법』을 저술하였다. 이러한 결합가 사전과 대조문법서들은 대부분 Engel의 의존문법적 기술방법을 토대로 하여 Engel과 해당 국가의 학자들이 일정 기간 공동으로 연구한 결과이다. 이처럼 외국의 많은 학자들이 자신의 모국어를 독일어와 대조적으로 기술하기 위하여 Engel의 의존문법 사상을 그대로 수용하거나, 혹은 부분적으로 수정하여 사용하고 있다.

특히 Engel의 주저인 『현대 독일어 통사론』(1977;^{2}1982;^{3}1994)과 『독일어 문법』(1988)이 이러한 대조연구(동사 보충어 분류 및 그에 따른 문형 비교, 대조적인 동사 결합가 사전 편찬)에 대한 이론적인 토대를 제공하고 있다. 2년 전에 역자가 『독일어 통사론』(2002, 한국문화사)을 한국어로 번역·출간하였으며, 『독일어 문법』(1988)은 역자의 저서 『의존문법과 생성문법』(1997, 한국문화사)에서 소개한 바 있다. 이 역서는 다섯 장으로 구성되어 있다. 제1장은 이 책의 도입부로서 품사분류, 발화와 문장의 구별, 의존문법과 변형생성문법의 차이점을 간략하게 논의하고 있다. 제2장에서는 보충어를 12가지로 분류하여 예문을 제시하고, 문형과 구문안, 복합문 및 문장의 어순문제를 논의하고 있다. 제3장에서는 동사와 동사구를, 제4장에서는 명사와 명사구(한정사, 형용사, 대명사 포함)를,

역자 서문

제5장에서는 11가지 불변화사를 다루고 있다.

　이 역서는 의존문법 이론을 바탕으로 독일어 문법을 기술하고 있으므로, 의존문법 이론을 공부하면서 독일어 문장을 익힐 수 있는 다목적용으로 사용할 수 있는 책이다. Engel이 제시한 동사 보충어 체계를 바탕으로 독일어와 한국어의 동사 보충어를 비교함으로써 문형을 서로 비교할 수 있을 것이며, 독·한 대조문법 기술과 독·한 동사 결합가 사전 편찬에서도 유용한 이론적 토대로 삼을 수 있을 것이다. 이 역서는 특히 독일어 문법시간에 교재용으로 사용하기에 적합하며, 독어학을 전공하는 독어학도들은 물론 의존문법에 관심이 있는 국어학자들과 특히 독일어 교사들에게 좋은 지침서가 되리라고 본다. 이 책의 한국어판 출판을 허락해 주신 Ulrich Engel 교수님과 Iudicium 출판사의 담당자 그리고 도서출판 역락의 이대현 사장님께 감사드리며, 특히 모든 예문을 타이핑 해준 이영미 박사에게도 진심으로 고마움을 전한다. 이 책이 독일어를 공부하는 이들에게 조그마한 보탬이 될 수 있다면 역자로서는 더 이상의 기쁨이 없을 것이다.

2004년 2월
역자 씀

차 례

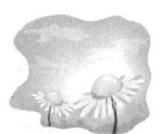

차 례

차 례

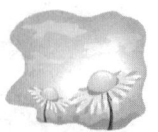

차 례

차 례

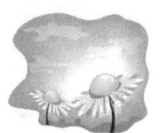

차 례

제 **1** 장
입 문

1.1 이 책의 기술언어

이 책을 이용하고자 하는 사람은 일련의 새로운 표현들에 익숙해야 하
며, 이미 알려져 있는 몇 가지 다른 표현들을 새로운 의미와 결부시켜야
한다. 이러한 독특한 전문어(Terminologie)는 필자의 허영심에서 나온 것
도 아니고 또한 필자의 있을 수 있는 미숙함에서 나온 것도 아니다. 이
용어는 학문적인 사실에 바탕을 둔 모든 문법이 내세우는, 명확하게 표현
해야 하는 필요성에서 나온 것이다. 이를테면 전문어는 나무에 달려 있는
바나나 혹은 작은 가시덤불에 있는 나무딸기처럼 자라나는 것이 아니므
로 우리는 이들을 생활의 경험을 통해서 점차 학습하여 이들과 교제할 수
있다. 전문어는 단어와는 아주 다른 것이며 단어처럼 오랜 시간에 걸쳐
언어공동체에서 형성된 것이 아니다. 따라서 전문어는 말하자면 단어처

럼 모유를 통해서 흡수될 수도 없으며 후에 일상사에서 유희적으로 습득될 수도 없다. 이러한 전문어는 모두 문법학자들에 의해 인위적으로 만들어졌으며 재단되었다. 모든 문법학자들은 자기 자신의 전문어를 필요로 하며 모든 전문어를 자신의 척도에 따라 정의할 권리와 의무를 가지고 있다. 이에 대한 이유는 여러 문법기술가들이 동일한 견해를 갖는 경우가 드물고, 그리고 이들이 동일한 것을 말하는 것처럼 보이는 경우에도 종종 동일한 것을 말하지 않는 데에 있다. 모든 문법기술가들이 다 그런 것을 아니지만, 그러나 모든 학문적인 방향은 자기 자신의 개념을 고안해낸다. 따라서 우리가 이미 알고 있거나 알고 있다고 믿고 있는 하나의 문법을 다른 문법으로의 접근에 대한 토대로서 사용하는 것은 별 의미가 없다. 우리는 대개 새로이 시작해야 한다. 이것을 인정하지 않는 사람은 벽안(碧眼)이거나 아니면 겉보기만 그럴싸한 사람이다.

1.2 단어의 분류 방법

오늘날 모든 것이 새로운 하나의 문법은 거의 생각할 수 없다. 모든 독일어 문법에서는 동사가 있고 품사의 도식이 있으며 또한 어순의 문제가 다루어진다. 이러한 사실이 물론 필자로 하여금 필자가 말하고자 하는 바를 모든 곳에서 정확히 말해야 하는 의무로부터 해방시켜 주는 아니다.

이것은 우선 품사(Wortklasse)("품사 Wortart" 혹은 "어휘범주 lexikalische Kategorie"라고도 일컬음)에서 적용된다. 외관상으로만 분명한 것은 독일어에는 몇 개의 품사가 있으며 이들이 어떻게 구별되는가 하는 것이다. 필

자는 현대 독일어에서 16가지 품사(품사에 대해 아주 신중하게 처리하려는 이
는 하나의 "잔여부류 Restklasse"를 인정한다)를 설정하는 것이 실용적이라고
생각한다. 이러한 품사들은 이 책에서 품사들이 중점적으로 다루어지는
곳에서 정의된다. 그럼에도 불구하고 이미 여기서 단어들의 전체집합이
독일어에서는 어떻게 구분될 수 있는가 하는 것이 도표로 제시한다. 우리
는 구별자질로서 단어들의 특수한 환경을 이용한다. 이 환경은 연속적으
로 연결된 여과기/필터(Filter)로서 작용한다. 즉 자신의 부류에 할당되어
야 하는 하나의 단어가 최대한으로는 16필터를 통과해야 한다. 하나의
단어가 하나의 정의를 충족시키면 그 단어는 그 자리에서 여과되며 더 이
상 다른 필터를 통과해서는 안 된다. 필터의 순서는 구속력이 있다. 다음
에서는 이러한 필터(=개개 품사들의 정의)가 질문의 형식으로 표현된다.

필터(특수한 자질)	품사
1. 단어가 활용할 수 있는가?	동사
2. 단어가 불변의 성을 갖는가?	명사
3. 단어가 작센의 2격과 조화될 수 없는가?	한정사
4. 단어가 항상 한정사와 명사 사이에 올 수 있는가?	형용사
5. 단어가 대상을 표현하며 명사구를 대체할 수 있는가?	대명사
6. 단어가 불변이며 항상 특수한 격을 갖는 명사를 지배할 수 있는가?	전치사
7. 단어가 불변이며 부문장이나 부정사구조를 유도할 수 있는가?	종속 접속사
8. 단어가 불변이며 전장에 올 수 있고 보충의문문에 대한 대답으로 사용될 수 있는가?	부사
9. 단어가 불변이며 전장에 올 수 있고 보통 "연사동사"에서 등장하는가?	연사 불변화사

10. 단어가 불변이며 전장에 올 수 있고 결정의문문에 대한 대답으로 사용될 수 있는가?	양태 불변화사
11. 단어가 불변이며 전장에 올 수 있지만 질문에 대한 대답으로 사용될 수 없는가?	편성 불변화사
12. 단어가 불변이며 기능이 유사한 요소들을 결합하는가?	등위 접속사
13. 단어가 불변이며 등위접속사와 전장요소 사이에 올 수 있는가?	등급 불변화사
14. 단어가 불변이며 문장과 동일한 환경에서 나타나는가?	문장 등가사
15. 단어가 불변이며 비교의 요소들을 결합하는가?	비교 불변화사
16. 단어가 불변이며 병렬할 수도 없고 부정할 수도 없으며 질문할 수도 없는가?	어조 불변화사

명확히 구별할 수 있는 여러 의미들이 있는 경우에는 한 단어(Wort)(보다 정확히 말해서 한 음성표현(Wortkörper))를 여러 번 "여과할" 수 있는 단 하나의 가능성만이 존재한다. 이러한 사실은 예컨대 적어도 4가지 다른 의미가 할당되는 *eben*의 형태에서도 적용된다.

eben₁('평평한')　：형용사
　　　　　　　　（예 : *Die Platte ist nicht ganz eben.* 그 금속판은 아주 평평하지는 않다）
eben₂('조금 전에')：부사
　　　　　　　　（예 : *Er war doch eben noch da.* 그가 조금 전에는 있었다）
eben₃('때마침')　：등급 불변화사
　　　　　　　　（예 : *Und eben meine Mutter hat das schon lange*

gewusst. 그리고 때마침 내 어머니도 그것을
이미 오래 전부터 알고 있었다)

eben₄('어차피') : 어조 불변화사

(예 : *Männer sind eben so.* 남자들이란 어차피 그런
거지)

전반적으로 이처럼 명백한 다의성은 드물게 나타난다. 동일한 표현형
태를 가지고 있지만 각각 다른 의미를 갖는 단어들을 연구에서는 **동형동
음이의어**(Homonym)라고 일컫는다.

1.3 단어에서 어군까지

단어들로부터 어군이 형성될 수 있다. 이 책에서는 어군을 **구**(Phrase)
라 일컫는다. 한 구의 단어들은 이들의 등장조건에 따라서 구조적으로 상
호 결합되어 있다. 모든 구는 하나의 **핵어**(Kopf)를 가지고 있으며 이 핵
어가 전체 구에 명칭을 부여한다. 핵어의 품사가 또한 구의 품사도 결정
한다. 핵어가 명사이면 명사구이고 핵어가 부사이면 부사구이다.

구의 나머지 요소들은 핵어의 **위성**(Satellit)이다. 모든 위성들이 핵어
에 종속하므로 위에서 아래로 분지(分枝)가 이루어진다.

das Haus der Großeltern in der Sonne
(양지에 있는 조부모님의 집)

```
        Haus                          Nom
   ┌──────┼──────┐              ┌──────┼──────┐
  das  Großeltern  in          Det   Nomg   Prp
         │         │                  │       │
        der      Sonne              Detg    Nomd
                   │                          │
                  der                        Detd
```

〈약어의 설명〉
Det : Determinativ(한정사)
Nom : Nomen(명사)
Prp : Präposition(전치사)
지표 : d=Dativ(3격), g=Genitiv(2격)

밑에서 위로 가는 분지는 결코 존재하지 않는다. 단어 혹은 전체 구가 핵어의 위성으로 사용되면 이들은 비자립적이며 많은 경우에 핵어를 통해서 형성되며, 이것은 예컨대 수와 격 자질에서 나타난다. 하지만 다수의 위성들은 자립적(즉 구의 외부에서)으로도 사용될 수 있다. 그러면 우리는 그것을 요소의 **자립적**(autonom)인 사용이라고 말한다. 예컨대 다음 문장의 지시대명사 dér는 대개 명사의 위성이지만 자립적인 사용이 가능하다.

> *Dér Besucher ist es nicht gewesen. / Dér ist es nicht gewesen.*
> (그 방문자가 그 사람이 아니었다)

1.4 발 화

단어로부터 구가 형성되는 것처럼 구도 보다 큰 단위로 결합된다. 이러한 계속적인 결합으로부터 마지막으로 생겨나는 것은 전통적인 문법적

개념들과는 별 관계가 없다. 인간이 의사 소통을 하려면 문장이나 또는 이와 유사한 범주로 말하지는 않는다. 인간은 자신이 보통 생각하는 데로 언어적으로 표현하며, 문법학자들의 서랍에 무엇이 있는 지에 대해서는 물어보지 않는다. 인간들 상호 간의 의사 소통에 대한 텍스트는 지금까지 별로 연구되지 않은 단위인 **발화**(Äußerung)로 구성된다. 오늘날 우리는 적어도 다음과 같이 말할 수 있다. 즉, 모든 발화는 그것이 통보, 요구, 질문, 비난 혹은 인사이든 상관없이 **사태**(Sachverhalt)를 연구한다. 사태 에서는 항상 **사건**(Geschehen)(사건이란 과정과 상태를 의미한다)이 문제되며 이러한 사건은 특정한 **대상/개체**(Größe : 생물, 대상, 비물질적인 것 혹은 생각한 것)와 결부되어 있다. 여기에 마지막으로 사태를 완성하는 **상황**(Umstand) 이 추가된다.

하지만 사태를 내용으로 하는 발화의 실제적인 구분은 이러한 현실의 요소들에 따르지 않는다. 모든 발화는 대개 두 부분, 즉 틀을 제시하는 덜 중요한 부분과 원래의 통보를 포함하는 아주 중요한 부분으로 구성된 다. 우리는 이 두 부분을 **테마/주제**(Thema, 임시적인 것)와 **레마/평언** (Rhema, 요점, 최종적인 것)이라고 일컫는다.

Agentur für Schmiergelder (뇌물의 알선/주선자)

위에서 *Agentur*는 테마이고 *für Schmiergelder*는 레마이다. 이 두 구분 - 사실적인 구분과 정보적인 구분 - 은 아무런 공통점도 가지고 있지 않다. 모든 대상은 테마가 될 수도 있고 또한 레마가 될 수도 있다. 사건 과 상황에서도 사정은 마찬가지다.

시간(Zeit)도 물론 발화에 결부되어 있다. 모든 사태는 시간적으로 고 정되어야 하며 종종 "발화시점"(Sprechzeitpunkt)과 관련되어 있기 때문이다. 이러한 시간적인 고정의 수단에 관한 한, 우리는 다시금 외관상에 나타나는 자명함을 잊어야 한다. 즉 중요한 시간정보를 가져오는 것은 동사가 아니다. 동사는 우선 아주 다른 일을 수행하며 부사나 첨가어를 통해서 시간에 대한 정보를 훨씬 더 많이 얻는다.

1.5 문 장

우리는 결점 때문에 장점까지도 매도해서는 안 된다. 사실 텍스트를 전달하고 구분하는 것은 발화이며 발화는 아주 다양한 형태를 가질 수 있다 : *Guten Morgen!* 도 발화이고 *Ja* 도 발화이며 *Kein Holz unten* 도 발화이다. 하지만 가장 자주 사용되는 전형적인 발화의 형태는 문장이다. 그리고 이 책에서 의미하는 문장이, 옛날부터 최근까지 대부분의 문법학자들이 우리로 하여금 믿게 하려고 노력했던 바와 같이, 자동적으로 주어와 술어로 나뉘는 것은 아니다. 여기서 사람들은 순진하게도 아리스토텔레스를 오해했으며 두 가지 이분법을 혼동했다. 즉 근본적으로 테마와 레마를 말하는 곳에서도 여전히 주어와 술어를 의미하였다. 그리고 우리가 동시에 발화와 문장간의 차이를 보지 않고 또한 보려고도 하지 않기 때문에 문장을 이등분한다. 아주 다른 것을 의미하는 곳에서도 우리는 "주어", "술어"를 가지고 이등분을 파악할 수 있다고 생각한다. 이러한 오해가 오늘날 대부분의 문법학자들을 지배하고 있다.

문장은 발화의 표준형태로서 정보구조 이외에 통사구조도 역시 가지고 있다. 여기서 주어 - 술어 구분은 고려되지 않는다. 왜냐하면 술어가 있는

곳에서 주어가 항상 나타날 필요는 없기 때문이다. 날씨를 표현하는 동사
가 있는 문장이 이것을 보여준다. 즉, 문장 *Es hagelt.*(우박이 내린다)는
술어를 포함하지만 주어는 포함하고 있지 않으며 다른 것으로도 대체될
수 없다. 그 대신에 술어에서 출발하면 상이한 종류와 수의 다른 문장성
분들이 존재하는데, 우리는 이들을 고려해야 한다. 즉, *helfen*과 같은 동
사는 주어와 3격 보충어를 취하고, *sich verlassen*과 같은 동사는 주어
와 전치사 보충어(*auf*를 취하는)를, *verkaufen*과 같은 동사는 주어, 4격
보충어 및 두 전치사 보충어(*an*과 *für*를 취하는)를 취한다. 다른 요소들을
예정하여, 채워져야 하거나 또는 채워질 수 있는 "빈자리"(Leerstelle)를
만들어서 모든 문장에 보다 긴밀한 구조를 부여하는 것은 **동사**(Verb, 이
용어가 혼동하기 쉬운 "술어 Prädikat"보다 더 적절하다)이다. 모든 동사가 이러
한 능력을 갖는데 우리는 이 능력을 **결합가**(Valenz)라고 일컫는다. 따라
서 우리는 중심적인 동사를 문장의 핵어(Kopf)로 간주하고, 동사가 선택
하는 보충어를 동사의 위성(Satellit)으로 간주한다. 위성은 경우에 따라
의무적으로 나타나기도 하고 수의적으로 나타나기도 한다. 동사에 의해
특수하게 선택되지 않고 모든 임의의 동사에 첨가될 수 있는 – 이때 물론
모두가 예외 없이 수의적인 – 또 다른 문장성분들도 존재한다. 우리는 이
들을 첨가어/진술어(Angabe)(시간첨가어, 원인첨가어 등)라고 말한다. 보충
어와 첨가어를 총괄하여 **문장성분**(Satzglied)이라 일컫는다. 따라서 모든
문장은 중심적인 동사와 (동사에 종속하는) 문장성분으로 구성된다.

  그래서 문장(및 다른 언어적인 표현)은 거꾸로 된 나무모양, 즉 위의 핵어
에서 아래로 분지하는 도식으로 기술될 수 있다. 다음 문장은 도식적으로
두 가지 종류, 즉 어휘적(lexikalisch) 및 범주적(kategoriell)으로 기술될
수 있다.

Dem Chef hat die Vorstellung aber gar nicht gefallen.
(하지만 전시회는 사장의 마음에 전혀 들지 않았다)

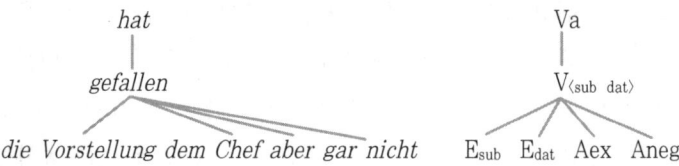

Aex : 평가첨가어
Aneg : 부정첨가어
E_sub : 주어(보충어)
E_dat : 3격 보충어
V : 결합가 지표가 있는 동사(중심동사)
Va : 조동사

1.6 비밀이 없는 의존문법

우리가 다수의 단어로 구성된 문장성분을 개별단어로 분해하여 이들에
대해서도 범주기호를 사용하면 수형도(樹型圖)/도식(Diagramm)은 더욱
복잡해진다. 우리는 계속해서 좀더 자세하게 표현할 수 있으며 의존선을
변화시킬 수도 있다. 이 책에서는 지나치게 이론적인 정밀성이 요구되지
않는다. 그러나 이 책에서는 언어구조가 의존문법(혹은 종속문법)을 수단으
로 기술된다. 의존문법이 유일한 가능성은 아니다. 특히 **하나의** 경쟁적인
방법이 있는데 이 방법은 완전히 다른 종류이다. 이 방법은 문장을 나누
고 다시 문장성분을 나누어, 단어(혹은 더 작은 단위)에 도달할 때까지 계속
해서 나눈다. 우리는 이 방법을 **성분**(Konstituenz)의 원칙이라고 일컫는

데, 이 원칙은 전 세계적으로 대부분의 문법기술의 토대가 된다. 다음에
서 보는 바와 같이 성분 수형도와 의존 수형도는 외관상 유사하다(두 수형
도는 밑으로 분지된다).

dass Hans weiß, wen Peter gesehen hat
(페터가 누구를 보았는지를 한스가 알고 있다는 사실)

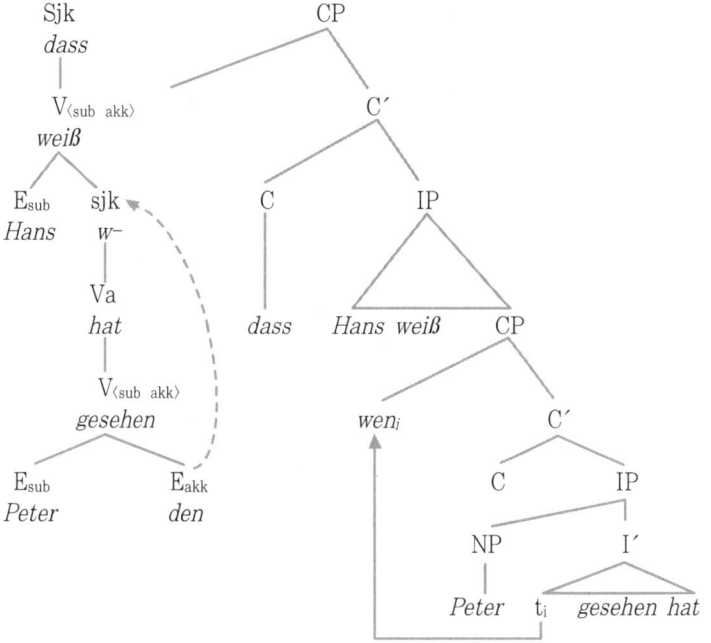

의존 수형도는 어휘적 - 범주적인 방법에 따른다. 성분 수형도(우측)는
촘스키 학파의 최근 문법에 따른다(Grewendorf 1988:74).

의존기술은 성분기술에 비해 원칙적으로 동일한 실행에서 다음 세 가
지 장점을 제공한다.

① 의존기술은 성분기술보다 아주 단순하다. 도식의 범위와 기호의 수를 보고서 이러한 사실을 알 수 있다.

② 의존기술은 표층에, 다시 말해서 언어적인 현실에 더욱 근접해 있다. 모든 "교점 Knoten"(즉 위성으로 가는 의존선이 출발하는 모든 위치 및 모든 종단교점)이 실제 텍스트의 요소에 정확히 일치한다. 그래서 모든 교점의 총계가 문장을 산출한다. 이에 반해 성분기술은 동일한 요소를 상이한 층위에서 항상 다시 기술하며, 이러한 계속적인 다시 쓰기(Wieder-Schreiben)를 통해서 비로소 의존도식과 비교할 수 있는 심층에 도달한다.

③ 의존적인 동사문법(동사를 문장의 핵어로 보는)의 구조로부터 적어도 독일어의 기본적인 어순현상을 직접 도출할 수 있다. 성분문법 - 성분문법의 도식은 처음부터 어순을 고려한다 - 은 정확한 종단연쇄의 생성에서 굉장한 어려움을 가지고 있다.

이론적인 논쟁은 여기서 더 깊이 들어갈 수도 없으며 또한 종결될 수도 없다(보다 자세한 것은 Syntax(^{3}1994)와 Eroms(2000)를 참조). 독일어에 대한 성공적인 문법서와 세 가지 대조문법서 및 수많은 교재들이 의존적인 동사문법을 바탕으로 하여 기술되었다는 사실을 언급하는 것만으로 충분할 것이다.

1.7 참고문헌

  이 책은 한편 필자가 확실하다고 생각하는 것과 다른 한편 꼭 필요하다고 생각하는 모든 것을 가능한 한 간략한 형태로 기술하고 있다. 그래서 이용자가 필요시 참고할 수 있는 독일어 문법에 대한 편람을 제공한다. 이 책에서는 다만 설명되고 기술되지, 논의되거나 논증되거나 타당성이 증명되지는 않는다. 더 많은 것을 알고싶은 사람은 필자의 "독일어 문법"(1988)을 참고할 수 있을 것이다. 의존-동사 문법(Dependenz-Verb-Grammatik=DVG)에 대해 다른 것을 알고자 하는 이는 다음 문헌에서 그것을 발견할 수 있을 것이다.

  다음에 소개되는 참고문헌은 의존-동사 문법에 대한 중요한 문헌 이외에 이론적인 논쟁에 대해서도 그 해답을 줄 수 있는 몇몇 저서들이다. 이들 책에서도 계속해서 다른 참고문헌을 발견할 수 있다.

Eisenberg, Peter(1998, 1999) : Grundriss der deutschen Grammatik. 2 Bände. Stuttgart, Weimar.

Engel, Ulrich(^{3}1996, ^{1}1988) : Deutsche Grammatik. Heidelberg.

Engel, Ulrich(^{3}1994, ^{1}1977) : Syntax der deutschen Gegenwartssprache (=Grundlagen der Germanistik, Band 22). Berlin.

Engel, Ulrich; Tertel, Rozemaria K.(1993) : Kommunikative Grammatik Deutsch als Fremdsprache. München.

Engel, Ulrich et al.(1986) : Kontrastive Grammatik deutsch-serbo-kroatisch. München, Novi Sad.

Engel, Ulrich et al.(1993) : Kontrastive Grammatik deutsch-rumänisch.

Heidelberg.

Engel, Ulrich et al.(1999) : Deutsch-polnische kontrastive Grammatik. 2 Bände. Heidelberg.

Eroms, Hans-Werner(2000) : Syntax der deutschen Sprache. Berlin, New York.

Grewendorf, Günther(1988) : Aspekte der deutschen Syntax(=Studien zur deutschen Grammatik, Band 33). Tübingen.

Haider, Hubert(1993) : Deutsche Syntax - generativ. Vorstudien zur Theorie einer projektiven Grammatik. Tübingen.

Rall, Marlene/Engel, Ulrich/Rall, Dieter(^{2}1985, ^{1}1977) : Dependenz-Verb-Grammatik für Deutsch als Fremdsprache. Heidelberg.

Zifonun, Giesela et al.(1997) : Grammatik der deutschen Sprache. 3 Bände. Berlin, New York.

1.8 이 책의 기술방법

활자체는 통일적으로 다음과 같이 다루어진다. 즉, 이탤릭체(*Kursivschrift*)는 예외 없이 언어적인 예, 즉 "대상언어"(Objektsprache)로서의 언어를 위해 사용된다. 작은따옴표(' ')는 내용적인 것, 즉 의미에 대한 정보를 나타낸다. **진한 글자체**(Fettdruck)는 강조에 사용된다.

비문법적인 표현은 별표(＊)로 표현된다.

제2장

문 장

2.1 개 관

우리는 발화(Äußerung=화행 Sprechakt)들로 구성되는 텍스트(Text)로 의사 소통을 한다. 가장 자주 사용되고 가장 분명한 발화의 표현형태가 **문장**(Satz)이다.

모든 문장은 핵어로서 정동사와 그밖에 몇 개의 문장성분을 포함한다.

Das Haus steht neben der Kirche.(그 집은 교회 옆에 있다)

Sie unterschreiben den Vertrag bitte hier.
(여기 계약서에 서명하시오)

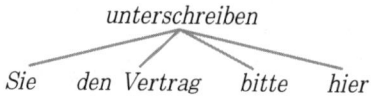

동사핵에 다른 동사형이 직접 종속하면 가장 깊은 곳에 있는 동사가 **중심동사**(zentrales Verb)이며 기타 동사들은 **부동사**(Nebenverb)이다. 중심동사가 문장구조의 가장 중요한 부분을 결정한다.

> *Anna hatte allerdings nicht mit diesem letzten Besucher rechnen können.*
> (안나는 물론 이 마지막 방문객을 예상할 수 없었다)

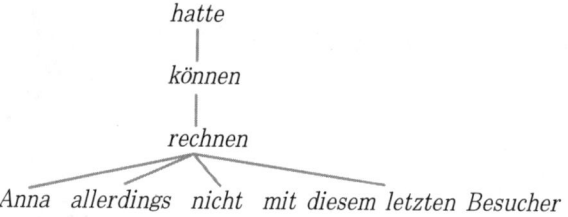

이 책에서 **문장**(Satz)이란 **정동사**(finites Verb)를 포함하며 단독으로 올 수 있는, 즉 적어도 **잠재적으로 자립적**(potentiell autonom)인 구조만을 말한다.

> *weil Anna das weiß* (안나가 그것을 알고 있기 때문에)

위와 같은 표현은 일반적으로 단독으로 올 수 없기 때문에 문장이 아니다. 그럼에도 불구하고 우리는 정동사가 포함되어 있으면 이들을 전통에 따라서 "부문장"(Nebensatz)이라고 일컫는다. "확장문"(Ausbausatz)이란 단순한 문장성분을 대체하는 문장형태의 구조를 의미한다. 많은 사람들에 의해 그렇게 불리고 있는 "부정사문"이 이 책에서는 "부정사 구조"라고 일컬어진다.

문장성분(Satzglied)이란 - 이들이 자유로이 교환될 수 있는 한 - 중심동사에 직접 종속하는 모든 표현들을 말한다.

> *Wir sollten es einmal mit einer neuen Apfelsorte versuchen.*
> (우리는 다음에 새로운 사과종류로 시험해 보아야 할 것이다)

따라서 위의 문장에 있는 단어 *es*는 자유로이 교환될 수 없기 때문에 문장성분이 아니고 동사의 한 부분이다(우리는 *versuchen, es*로 쓴다).

문장성분은 보충어이거나 혹은 첨가어이다. 문장성분은 잘 정의된 집합으로 배열될 수 있다. 보충어와 첨가어가 동사와 결합되면 우리는 그것을 문장보충어/동사보충어 혹은 문장첨가어/동사첨가어라고 일컫는다.

보충어/보족어(Ergänzung)는 동사에 의해 그 수와 종류가 결정된다. 이러한 선택의 능력을 우리는 동사의 **결합가**(Valenz)라고 일컫는다. 동사의 결합가는 각괄호가 있는 지표로 표현된다. 특정 동사의 결합가에 의해 마련되어 있지 않은 보충어가 이 동사와 함께 나타나서는 안 된다. 이에 반해 **첨가어/진술어**(Angabe)는 모든 동사와 결합될 수 있다. 첨가어는 문장이 비문법적이 되지 않고서도 언제든지 삭제될 수 있다.

> entdecken⟨sub akk⟩

이 동사는 두 보충어, 즉 주어와 4격 보충어를 포함한다. 이 동사는 다음과 같은 문장을 형성할 수 있다. 그리고 임의 첨가어, 즉 시간첨가어와 수식첨가어가 첨부될 수 있다.

> *Kolumbus hat Amerika entdeckt.*
> (콜럼버스가 미국을 발견했다)

Kolumbus hat im Jahr 1492 unwissentlich Amerika entdeckt.
(콜럼버스가 1492년에 알지 못하는 가운데 미국을 발견했다)

지금까지 언급한 문장은 **단문**(einfacher Satz)이며, 우리는 이들을 **주문장**(Hauptsatz)이라 일컫는다. 이들이 가장 자주 사용되는 형태는 아니지만 가장 중요한 형태이며 동사구의 중요한 형태이다.

우리는 문장을 시작하는 요소에 따라서 주문장을 두 종류로, (동사) 선행문과 전장문으로 나눌 수 있다.

선행문(Frontsatz)에서는 정동사가 첫 번째 위치에 온다.

Nehmen *Sie bitte Platz!* (자 앉으시오)

전장문(Vorfeldsatz)에서는 정동사 앞의 전장("Vorfeld")에 하나의 요소가 온다.

Manche Leute *lernen das nie.*
(많은 사람들은 그것을 결코 배우지 못한다)

선행문은 명령문, 문장의문문 및 소수의 다른 문장으로 나뉜다.

Komm *doch rein!* (들어 와!)
Hast *du das gesehen?* (그것을 보았니?)
Kommt *der rein und schreit mich an…*
(그 사람이 들어와서 나에게 고함을 질렀다)

전장문은 서술문과 보충의문문으로 나뉜다.

Klaus *hat das Haus verkauft.* (클라우스가 그 집을 팔았다)
Wann *ist sie zurückgekommen?* (그녀가 언제 돌아왔는가?)

명령문, 의문문 혹은 서술문이라는 표현은 이러한 문장유형이 특히 요구, 질문 및 서술에 적합하다는 것을 암시한다. 그러나 "질문", "서술" 따위는 발화유형이며 이들을 문장유형과 혼동해서는 안 된다. 명령문이 예컨대 조건을 표현할 수도 있다.

> *Unterschreib diesen Wisch, und du bist dein Haus los.*
> (이 휴지조각에 서명하라. 그러면 너는 너의 집을 잃을 것이다)

의문문이 추측을 표현할 수도 있다.

> *Wolltest du nicht morgen kommen?*
> (너 내일 오지 않으려고 했지?)

서술문이 질문을 표현할 수도 있다.

> *Ihr glaubt ihm also?* (그래서 너희들은 그를 믿니?)

모든 문장은 핵어로서 하나의 동사를 가지기 때문에 문장은 **동사구**(Verbalphrase)이다. 어디서나 마찬가지로 여기서도 역시 구의 핵어가 구의 명칭을 부여한다. 문장 이외에 물론 정동사를 포함하지 않거나 혹은 잠재적으로 자립적인 아닌 다른 동사구들도 존재한다. 이들에 대해서는 2.5와 3.6에서 논의될 것이다.

주문장 이외에 **복합문**(komplexer Satz)이 있다. 복합문이 문장유형의 구조(종속절 구조와 부정사 구조)를 포함한다는 사실을 통해서 우리는 복합문을 식별할 수 있다. 다음의 예문에서처럼 하위 층위에서 다시 하나의 동사가 나타난다는 사실을 통해서 우리는 도식에서 복합문을 식별할 수 있다.

Sie weiß, wie man den Leuten schmeichelt.
(그녀는 사람들에게 아부하는 방법을 알고 있다)

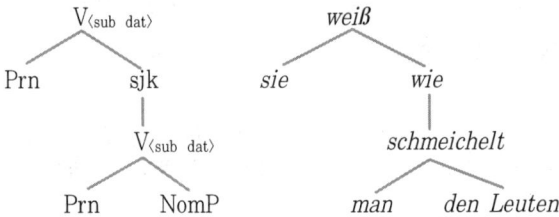

Er versteht den Wein zu pflegen.
(그는 포도주를 숙성시키는 법을 알고 있다)

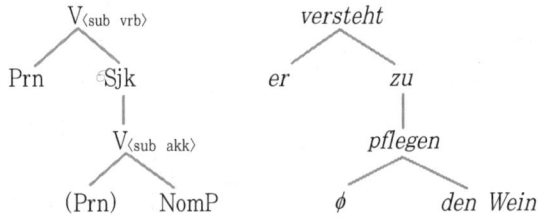

2.2 보충어

우리는 우선 보충어를 세 부분집합으로 나눈다.

- 생물이나 사물을 표현하는 대상/격 보충어
- 사건의 상황을 진술하는 부사적 보충어

- 대상에 특정한 속성을 부여하거나 혹은 다른 방법으로 대상을 하나
  의 집합 안으로 배열하는 술어적 보충어

독일어에서는 이 부분집합 안에 각각 여러 가지 보충어 부류(전체적으로
11부류)가 있다. 우리는 이들을 오로지 계속적인 추상화 과정에서 특정한
대명사나 부사(우리는 이들을 대용어(Anapher)로 총괄한다)로 대치되는 방법
에 따라서만 확정한다.
   다음과 같은 보충어가 나타난다.

〈보충어 일람표〉

약어	보충어부류의 명칭	대 용 어
E_{sub}	주어(보충어)	1격의 순수한 지시대명사 : *er, sie* 등
E_{akk}	4격 보충어	4격 순수한 지시대명사 : *ihn, sie* 등
E_{gen}	2격 보충어	*seiner* 등, *dessen, deren*
E_{dat}	3격 보충어	3격의 순수한 지시대명사 : *ihm, ihr* 등
E_{prp}	전치사적 보충어	전치사+지시대명사 : *über ihn,* *da/dar*+전치사로 구성된 전치사적 부사 : *darüber* 등
E_{vrb}	동사적 보충어	*es geschehen, dass es so ist, ob es so ist*
E_{sit}	상황 보충어	단순 부사 : *da, dort* 등
E_{dir}	방향 보충어	단순 부사/전치사구 : *hin, von dort* 등
E_{exp}	확장 보충어	(*um*) *soviel, soweit, solange*
E_{nom}	명사적 보충어	*es, so, ein solch-*
E_{adj}	형용사적 보충어	*es, so*

• 주어/주어 보충어(Subjekt/Subjektergänzung)

대상/격 보충어(Größenergänzung)의 집합에서 가장 자주 사용되고 중요한 보충어가 주어/주어 보충어이다. 주어의 표현형태는 명사구, 대명사구, 부문장 및 부정사 구조이다. 주어가 격을 갖는 구로 나타나면 주어는 1격으로 온다.

> **Ein Politiker** *muss ein dickes Fell haben.*
> (정치가는 얼굴이 두꺼워야 한다)
> **Er** *hat leider kein dickes Fell.*
> (그는 유감스럽게도 얼굴이 두껍지 않다)
> **Wer ohne Schuld ist**, *werfe den ersten Stein.*
> (죄가 없는 자가 맨 먼저 돌을 던져라)
> **Dass er sich für unschuldig erklärt**, *ist doch lächerlich.*
> (그가 자신이 무죄라고 선언하는 것은 우스운 일이다)
> **Alles verstehen** *bedeutet nicht alles verzeihen.*
> (모든 것을 이해한다는 말이 곧 모든 것을 용서하겠다는 의미는 아니다)

주어는 성과 수에서 정동사와 일치한다. 주어가 문장형태의 구성체로 표현되어 있으면 정동사는 3인칭 단수로 온다.

*und*로 결합된 병렬적인 단수 주어에서는 정동사가 복수로 온다.

> *Opa und Enkel wohnen in derselben Stadt.*
> (할아버지와 손자가 같은 도시에서 살고 있다)

하지만 병렬적인 주어가 정동사 뒤에 올 경우에는 이 주어가 단수형을 취할 수도 있다.

> *In dieser Stadt wohnt der Enkel und der Opa.*
> (손자와 할아버지가 이 도시에서 살고 있다)

다량이나 다수를 표현하는 단수 주어 다음의 정동사는 대개 단수이지
만 가끔 복수로 올 수도 있다.

> *Eine Anzahl Demonstranten lärmte, wurde aber nicht gewalttätig.*
> *Eine Anzahl Demonstranten lärmten, wurden aber nicht gewalttätig.*
> (다수의 데모 가담자들이 소요를 일으켰으나 폭력을 행사하지는 않았다)

주어가 상이한 문법적 인칭(이때 1인칭과 2인칭은 대명사로만 표현될 수 있
다)을 갖는 다수의 병렬적인 표현으로 구성되는 경우 정동사에서는 다음
의 규칙이 적용된다 : 1인칭은 2인칭과 3인칭을 지배하고, 2인칭은 3인
칭을 지배한다.

> *Ich und ihr beide sind auch schon einmal hier gewesen.*
> (나와 너희들 둘 역시 이전에 이미 여기에 와 본 일이 있다)
> *Du und deine Schwester seid auch schon einmal hier gewesen.*
> (너와 너의 누이도 역시 이전에 이미 여기 와 본 일이 있다)

독일어에서는 주어가 원칙적으로 실현되어야 한다. 주어가 없는 문장
은 표준 구어에서는 규칙에 어긋나지만, 격식에 구애받지 않는 일상어에
서는 인정된다.

> *Hab' jetzt keine Zeit.* (난 지금 시간이 없어)
> *Komme sofort zurück.* (곧 돌아 올께)
> *Bin ja schon still.* (난 이미 평온함을 찾았어)

수동화에서는 주어가 사라지지만 전치사구의 형태로서는 물론 복구될
수 있다(그러나 반드시 복구할 필요는 없다).

> *Fünf Arbeiter sperrten zunächst die Straße ab.* ⇒

(처음에는 다섯 명의 노동자가 거리를 차단했다)
Die Straße wurde zunächst (von fünf Arbeitern) abgesperrt.
(거리가 처음에는 (다섯 명의 노동자에 의해서) 차단되었다)

문장형태의 실현에서는 종종 "상관사"(Korrelat) *es*가 온다.

*Ihr tat **es** gut, das Haus wieder zu sehen.*
(그 집을 다시 보는 것이 그녀에게 유익했다)

중심동사가 자신의 결합가를 토대로 하여 주격(주어에 의해 표현된 대상)
이 어떤 의미자질을 제시해야 하는지를 확정한다.

*Beschädigung öffentlichen Eigentums dürfen Sie mir nicht
vorwerfen.* (*vorwerfen* 동사는 인칭 주격을 요구한다)
(당신은 공공 재산의 훼손에 대해 나를 비난해서는 안 된다)

Die Brühe auf dem Herd kochte. (4격 보충어가 없는 *kochen* 동사는
가열할 수 있으며 액체로 된 무생물의 대상을 요구한다)
(레인지 위에 있는 죽이 끓어올랐다)

동사가 전이적인 의미로 사용되는 경우 가끔 이러한 규칙에 대한 예외
가 가능하다.

Stefan kochte (vor Wut). (스테판은 흥분하였다)

문장이 주어를 포함하는지 않는지 하는 것도 역시 중심동사가 결정한
다. 예컨대 *dämmern*(밝아지다/어두워지다), *gelüsten*(갈망하다) 및 다른 소
수의 동사들 - 전체적으로 대략 20여 개의 동사들 - 은 주어를 허용하지
않는다.

• 4격 보충어(Akkusativergänzung) : 4격 목적어, 직접목적어

4격 보충어의 표현형태는 명사구, 대명사구, 부문장 및 부정사 구조이다. 격 표현이 가능한 구에서는 이 보충어가 4격으로 온다.

> *Man sollte **den Deckel** öffnen.*
> (우리는 뚜껑을 열어야 한다)
> *Man sollte **ihn** öffnen.*
> (우리는 그것을 열어야 한다)
> *Ich konnte hören, **wie er im Hintergrund sprach**.*
> (나는 그가 뒤에서 어떻게 말하는지를 들을 수 있었다)
> *Hanna wusste, **dass er es nicht so gemeint hatte**.*
> (한나는 그가 그것을 그런 의미로 말하지 않았다는 것을 알았다)
> *Karl hoffte **sie morgen zu treffen**.*
> (카알은 내일 그녀를 만나기를 희망했다)

일부의 동사에서만 4격 보충어가 의무적이다. 4격 보충어의 내용이 대화 상대방의 지식이나 상황 혹은 문맥으로부터 추론할 수 있거나, 아니면 아주 일반적인 내용에서는 다수의 동사에서 4격 보충어가 삭제될 수 있다.

> *Wir wollen **(ein Lied)** singen.*
> (우리는 (노래 한 곡을) 부르려고 한다)
> *Katrin las **(die Zeitung vom Vortag)**.*
> (카트린은 (전날의 신문을) 읽었다)

그러나 항상 4격 보충어를 요구하는 동사들이 있다.

> *Ich brauche **so etwas** einfach.*
> (나는 곧장 그런 것을 필요로 한다)

*Man kann **das** doch nicht von dir verlangen.*
(사람들은 너한테서 그것을 요구할 수 없다)
***Wen** erwarten Sie eigentlich?*
(당신은 도대체 누구를 기다리십니까?)

4격 보충어의 수의성과 의무성은 중심동사의 결합가에서 확정되어 있다. 우리는 수의성을 소괄호로 표시하곤 한다.

lösen⟨sub akk⟩
hören⟨sub (akk)⟩
singen⟨sub (akk)⟩
verlangen⟨sub akk (prp)⟩

*werden-, sein-, gehören-*수동에서는 표층구조에서 볼 때 4격 보충어가 (1격의) 주어로 변한다.

Die Kunden verlangen heute vor allem dieses Fleisch.
(고객들이 오늘은 특히 이 고기를 요구한다)
Dieses Fleisch wird heute vor allem (von den Kunden) verlangt.
(오늘은 이 고기가 특히 (고객들에 의해) 요구된다)

문장형태의 실현에서는 가끔 상관사 *es*가 등장한다.

Ich habe es geahnt, dass er wieder zu spät kommt.
(나는 그가 다시 너무 늦게 오리라는 것을 예감했다)

두 개의 4격 보충어를 취하는 극소수의 동사가 있다.

Diese Dame sollte uns die englische Sprache lehren.
(이 부인이 우리에게 영어를 가르쳐야 한다)

Darf ich Sie einmal etwas ganz Anderes fragen?
(내가 당신에게 어디 한 번 아주 다른 것을 질문해도 되겠습니까?)

주시동사가 4격 보충어의 등장뿐만 아니라 그 의미도 역시 확정한다.
그래서 *lehren*⟨sub akk akk⟩에서는 첫 번째 4격 보충어가 항상 사람이나 고
등생물을 표현하고, 두 번째 4격 보충어는 항상 솜씨/숙련도를 표현한다.

• **2격 보충어**(Genitivergänzung)

2격 보충어는 오늘날 소수의 동사에서만 등장한다. 부분적으로는 2격
보충어가 전치사 보충어와 경쟁관계에 있다(예: sich erinnern⟨sub gen/prp⟩).

> *Ich erinnere mich eines Dorfes an der ligurischen Küste/an ein*
> *Dorf an der ligurischen Küste.*
> (나는 리구리엔 해변에 있는 한 마을을 회상한다)

2격 보충어의 표현형태는 명사구, 대명사구, 부문장 및 부정사 구조이
다. 2격 보충어가 격 표시가 가능한 구로 나타나는 경우 이 구는 2격으로
온다.

> *Er enthielt sich fürderhin **jeglichen Alkoholgenusses**.*
> (그는 금후로 모든 음주를 자제했다/금주했다)
> ***Dessen** kann ich mich beim besten Willen nicht erinnern.*
> (나는 아무리해도 그 일을 회상할 수가 없다)
> *Sie erinnerte sich, **dass Willi an diesem Abend ziemlich laut***
> ***gewesen war.***
> (그녀는 빌리가 그날 저녁에 상당히 소란을 피웠다는 사실을 회상했다)
> *Sie erinnerte sich nicht, **Willi angesprochen zu haben**.*
> (그녀는 빌리에게 말을 걸었다는 사실을 회상하지 못했다)

"2격 지배동사"는 다음과 같다 : *anklagen*(고소하다), *sich bedienen*(사용하다), *bedürfen*(필요로 하다), *berauben*(빼앗다), *beschuldigen*(죄를 씌우다), *bezichtigen*(책망하다), *sich enthalten*(자제하다), *entheben*(해방/면제하다), *sich entsinnen*(상기하다), *sich erfreuen*(기뻐하다), *sich erinnern*(회상하다), *sich rühmen*(자랑하다), *sich schämen*(부끄러워하다), *überführen*(증명/확인하다), *versichern*(확인하다), *zeihen*(꾸짖다)

• **3격 보충어**(Dativergänzung)

3격 보충어의 표현형태는 명사구와 대명사구이다. 3격 보충어는 일반적으로 3격으로 온다.

> *Ich gebe **dir** meine Briefmarkensammlung.*
> (나는 너에게 나의 우표수집책을 주겠다)
> *Er hätte **seiner Enkelin** auch diesen Garten geschenkt.*
> (그는 자기 손녀에게 이 정원도 역시 선물했다)

3격 보충어는 확정 부문장 또는 일반적인 부문장을 통해서도 표현될 수 있다.

> ***Wem ich vertraue**, helfe ich auch.*
> (나는 내가 믿는 사람을 또한 도와준다)

bekommen-수동에서는 표층구조적으로 볼 때 3격 보충어가 주어로 변한다.

> *Der Minister überreichte unserem Vorsitzenden den Ehrenbrief.* ⇒
> (장관이 우리 의장님에게 명예시민 증서를

Unser Vorsitzender bekam (vom Minister) den Ehrenbrief überreicht.
(우리 의장님이 (장관으로부터) 명예시민 증서를 받았다)

동사의 결합가는 수동화를 통해서 영향을 받지 않는다

3격 보충어가 의무적인지 혹은 수의적인지 하는 것은 중심동사의 결합가가 결정한다.

*Dieses Buch gehört **meiner Großmutter**.*(*gehören*⟨sub dat⟩)
(이 책은 나의 할머니 소유다)
*Ich bringe **(dir)** zeitig die Kopie.*(*bringen*⟨sub akk (dat)⟩)
(나는 (너에게) 늦지 않게 복사본을 가져다주겠다)

결합가가 3격 보충어의 의미도 역시 확정한다. 예컨대 *zutrauen*에서는 3격 보충어가 항상 고등생물을 표현해야 한다.

3격 보충어의 특수형태는 세 가지가 있다.

① 이익의 3격(Dativus commodi, Dativus sympathicus)

이익의 3격은 항상 *für*-전치사구로 대체될 수 있는 3격의 구이다.

Soll ich dir/für dich ein Schaukelpferd kaufen?
(내가 너에게 흔들이 목마 하나를 사줄까?)

이러한 3격 보충어는 생물을 지칭하며, 이 생물에 유리하게 어떤 일이 일어난다. 의도적인 행위를 표현하는 동사에서만 3격 보충어가 등장한다.

② **손해의 3격**(Dativus incommodi)

손해의 3격은 과정동사에서 등장한다. 이때 이 과정은 주격에 의해 영향을 받을 수 있다.

> **Mir** ist die chinesische Vase heruntergefallen.
> (나의 중국제 화병이 땅에 떨어졌다)

③ **관심의 3격**(Dativus ethicus)

관심의 3격은 비 강조적인 대명사로서만 등장하며 대화 상대방의 내적인 관심을 나타낸다. 관심의 3격 역시 사건이 3격에 의해 영향을 받을 수 있다는 사실을 전제로 한다.

> Der fällt **mir** noch zum Fenster hinaus.
> (내가 보기에 그 사람이 창문 밖으로 떨어질 것 같아)
> Diese Leute machen **Ihnen** das ganze Projekt kaputt.
> (이 사람들이 당신의 전체 계획을 망치겠어)

• **전치사적 보충어**(Präpositivergänzung)

전치사를 포함하는 모든 보충어가 다 전치사적 보충어가 되는 것은 아니다. 전치사적 보충어의 특징적인 자질은 전치사가 (전치사가 존재하는 경우) 교환될 수 없다는 것이다.

> Kann ich mich wirklich **auf** Sie verlassen?
> (내가 진정으로 당신을 믿을 수 있습니까?)

우리가 *auf jemanden*만을 믿을 수 있는 것이지, *an, durch, hinter*

jemanden 혹은 *bei, mit, nach jemandem*을 믿을 수 있는 것은 아니다. 교환할 수 있는 전치사를 갖는 보충어는 대개 부사적 보충어(Adverbialergänzung)이다.

　전치사적 보충어의 표현형태는 전치사+명사구, 전치사+대명사구, 전치사적 부사, 부문장 혹은 부정사 구조이다.

> *Man rechnete fest* **mit der Zustimmung des Präsidenten.**
> *Man rechnete fest* **mit ihr.**
> *Man rechnete fest* **damit.**
> (사람들은 대통령의 동의를/그것을/그것을 확신했다)

　수동문에서는 행위자(능동문의 주격)를 표현하는, 전치사 *von*이나 *durch*를 취하는 하나의 표현이 나타날 수 있다. 두 전치사는 비교적 쉽게 구별될 수 있다. 즉, 고의적으로 야기하는 활동적인 대상이 언급되면 *von*이 사용되고, 사람이 아닌 원인이 표현되면 보통 *durch*가 사용된다.

> *Breslau wurde von den russischen Truppen umzingelt.*
> (브레슬라우는 러시아 군대에 의해 포위되었다)
> *Die Stadt wurde durch die Atombombe völlig zerstört.*
> (그 도시는 원자폭탄에 의해 완전히 파괴되었다)

　전치사가 문장형태를 취하는 경우에는 대개 전치사적 부사가 "상관사"(Korrelat)로서 나타난다.

> *Man rechnete fest* **damit**, *dass er zustimmen würde.*
> (우리는 그가 동의하리라는 것을 확신했다)
> *Man rechnete fest* **damit**, *das Fest mit ihm zusammen feiern zu können.* (우리는 그와 함께 축제를 즐길 수 있으리라는 것을 확신했다)

대용화에서 전치사＋대명사구와 전치사적 부사가 경합하는 경우가 종
종 있다.

*Ich verlasse mich **auf sie**./Ich verlasse mich **darauf**.*
(나는 그녀를/그것을 믿는다)

언제 이런 형태가 사용되어야 하고, 언제 저런 형태가 사용되어야 하
는 지에 대해 분명하지 않은 경우가 많이 있다. 흔히들 첫 번째 형태는
사람에 대해 적용되고, 두 번째 형태는 무생물과 "추상적인 것"에 대해 사
용된다고 주장한다. 이런 규칙은 정확하지 않으며 부분적으로는 맞지 않
다. 과오를 피하려는 사람은 다음의 규칙을 지켜야 한다.

① 개개의 사람(사람의 집단이 아니라)이 문제되는 경우에는 전치사 ＋ 대
   명사구가 사용된다.

   *Gib dich nicht länger ab **mit ihnen**.*
   (더 이상 그들과 어울리지 말아라)

② 사람은 아니지만 구체적으로 명명되는 사물의 경우에도 전치사 ＋
   대명사구가 사용된다.

   *Elisabeth wollte **auf ihn***(=den Stuhl) *steigen.*
   (엘리자베트는 그것(＝걸상) 위로 올라가려고 했다)

③ 구체적으로 명명되지 않는 사물의 경우에는 전치사적 부사가 사용된다.

   *Er fuhr **dazwischen*** (=zwischen zwei entgegenkommenden Rin-
   derherden) *hindurch.*

(그는 그 사이를 (=맞은 편에서 오는 두 소 떼들 사이를) 질주했다)

④ 비물질적인 경우에는 전치사적 부사가 사용되어야 한다.

Ich erinnere mich gut **daran**. (=an sein seltsames Benehmen)
(나는 그것을 (=그의 이상한 행동을) 잘 기억하고 있다)

⑤ 문장과 관련해서는 전치사적 부사가 사용되어야 한다.

(*Der Hang war abgerutscht.*) **Damit** *hätte man rechnen müssen.*
((언덕이 무너져 내렸다) 우리는 그것을 예상했어야 했다)

⑥ 대명사 *es*나 *was*가 오는 경우에는 전치사적 부사가 사용되어야 한다.

Worauf (statt *auf was) *sollte sie noch hoffen?*
(그녀는 아직도 무엇을 기대해야 하는가?)

⑦ 관계문은 대개 전치사 + 대명사구로 유도된다.

sein seltsames Benehmen, **an das** *sie sich noch gut erinnerte*
(그녀가 아직도 잘 기억하고 있었던 그의 이상한 행동)

　전치사적 보충어가 의무적인지 혹은 수의적인지 하는 것은 중심동사의
결합가가 결정한다.

Wir rechnen fest **mit Ihrer Zusage**. (*rechnen*⟨sub prp *mit*⟩)
(우리는 당신의 승낙을 확신한다)
Ich habe heute Nacht **von dir** *geträumt.* (*träumen*⟨sub (prp *von*)⟩)
(나는 오늘 저녁에 너에 대한 꿈을 꿨다)

문장형태의 실현에서 상관사와 와야 하는지 혹은 올 수 있는지, 올 수
없는지 하는 것도 역시 중심동사의 결합가가 결정한다.

> *Wir rechnen fest **damit**, dass Sie kommen* (rechnen⟨sub *damit*: prp *mit*⟩)
> (우리는 당신이 오리라는 것을 확신한다)
> *Ich glaube immer noch (**daran**), dass diese Form der Land-*
> *wirtschaft sich durchsetzen wird.* (glauben⟨sub (*daran*): prp *an*⟩)
> (나는 아직도 여전히 이런 형태의 농업이 관철되리라고 믿고 있다)

• **동사적 보충어**(Verbativergänzung)

동사적 보충어가 단지 문장형태(부문장, 부정사 구조 등)로만 등장하는 유
일한 보충어이다. 문장형태의 대용어 - *es (zu) tun, (es) geschehen* -
이외에 *es, das*와 같은 가장 단순한 대용어만이 가능하다.

동사적 보충어 역시 사건을 대상으로 나타냄으로써 원칙적으로 대상을
표현한다.

> *Jetzt heißt es **die Zähne zusammen beißen**.*
> (지금은 이를 악물고 참아야 할 때이다)

동사적 보충어는 오직 부동사(Nebenverb) - 화법동사, 양상동사, 부정
사동사, 부문장동사 및 분사동사 - 에서만 등장한다. 이들은 아주 자주 등
장하는 보충어이다.

표현형태는 부문장, 부정사 구조, 분사구문 및 주문장이다.

> *Ich finde. **dass Erwin das Richtige mit den falschen Worten***
> ***gesagt hat**.*
> (나는 에르빈이 옳은 것을 틀린 말로 이야기했다는 것을 발견한다)
> *Jürgen hätte **sich eben deutlicher von dem Artikel distanzieren***

sollen. (유르겐은 그 기사에 대해 좀더 분명하게 거리를 뒀어야 했는데)
*Barbara scheint **zu resignieren.***
(바르바라는 체념한 것처럼 보인다)
*Sie kam die Gasse **herabgerannt.***
(그녀는 골목길을 달려 내려왔다)
*Ich finde, **Erwin hat das Richtge mit den falschen Worten gesagt.***
(나는 에르빈이 옳은 것을 틀린 말로 이야기했다는 것을 발견한다)

이 모든 경우에서 (진한 글자체로 된) 동사적 보충어를 단순한 요소로 대체할 수는 없다. *Ich muss in die Stadt.*(나는 도시로 가야 한다) *Ich kann nicht mehr heim.*(나는 이제 집으로 갈 수 없다)과 같은 문장들은 다르게 평가되어야 한다. 여기서는 지배적인 부동사(Nebenverb)가 있는 것이 아니라 동형동음이의어인 주동사/본동사(Hauptverb)가 있다.

동사적 보충어를 통해서 항상 하나의 사태가 표현되어야 한다는 것은 상위동사의 결합가가 결정한다.

동사적 보충어는 항상 의무적이다.

동사적 보충어가 부정사 구조의 형태를 취하면 주어는 대개 이중기능을 떠맡는다. 즉, 주어는 상위동사의 주어인 동시에 부정사 구조의 (관념상의) 주어이다.

Ich will mitreden. ⇐ *ich will + ich rede mit*

이러한 이중기능은 물론 상위동사가 아니라 종속적인 (부정형) 동사를 통해서만이 주어가 선택된다는 사실을 부인하지는 않는다. 그럴 경우에만 우리가 *Ich will mitreden.*이라고는 말할 수 있지만, **Die Zündkerze will mitreden.*이라고는 말할 수 없다는 사실을 설명할 수 있다. 즉, 동사 *mitreden*은 사람의 주격을 요구하지만 화법동사 *wollen*은 어떤 구조에서도 가능하다.

소수의 동사만이 표층에서도 나타나는 고유한 주어를 부정사 구조에서도 허용한다. 이러한 동사의 대표자는 부동사 *lassen*이다. 다음의 도출에서 알 수 있는 바와 같이, *lassen*의 주어는 4격 형태를 갖지만 주어의 기능만을 갖는다.

> *Ich lasse + Er räumt den Tisch ab ⇒*
> *Ich lasse **ihn** den Tisch abräumen.*
> (나는 그가 식탁을 치우도록 시킨다)

여섯 가지 대상 보충어(Größenergänzung) 이외에 세 가지 **부사적 보충어**(Adverbialergänzung)가 있다 : 상황보충어, 방향보충어 및 확장보충어. 이러한 보충어들은 의미적으로 특징지을 수 있다. 이러한 사실이 부사적 보충어를 대상 보충어와 구별짓는다.

- **상황보충어**(Situativergänzung)

상황보충어는 특히 자주 등장하지만 소수의 동사에서만 등장한다. 상황보충어는 전치사적 보충어와 형식상 일치하지만 대용화를 통해서 명확히 할당할 수 있다. 또 다른 구분기준은 전치사의 교환가능성이다.

> *Isabel sitzt **im** Apfelbaum/**auf** der Leiter/**hinter** dem Haus.*
> (이자벨은 사과나무 안에/사다리 위에/집 뒤에 앉아 있다)

표현형태는 전치사 + 명사구, 전치사 + 대명사구, 전치사적 부사, 기타 부사 및 부문장이다.

> *Hanna wohnt jetzt **in einer anderen Stadt**.*

(한나는 지금 다른 도시에서 살고 있다)
*Hanna wohnt jetzt **bei mir**.*
(한나는 지금 내 집에서 살고 있다)
*Hanna wohnt **daneben**.*
(한나는 그 옆에서 살고 있다)
*Hanna wohnt **dort**.*
(한나는 거기에서 살고 있다)
*Hanna wohnt, **wo wir früher gewohnt haben**.*
(한나는 우리가 전에 살았던 그곳에서 살고 있다)

상황보충어는 대개 장소보충어이지만 시간보충어인 경우도 가끔 있다. 상황보충어는 항상 의무적이다. 따라서 모든 수의적인 장소규정어와 시간규정어는 첨가어이다.

Isabel sitzt im Apfelbaum. (상황보충어 : * *Isabel sitzt*.가 비문법적이거나 혹은 완전히 다른 의미를 가지기 때문이다)
Isabel spielt im Apfelbaum.
(상황첨가어 : *Isabel spielt*.가 문법적이기 때문이다)

• **방향보충어**(Direktivergänzung)

아주 자주 사용되는 이 보충어는 이동동사에서 뿐만 아니라 방향을 함의하고 있는 대부분의 동사에서도 등장할 수 있다.
표현형태는 전치사 + 명사구, 전치사 + 대명사구, 부사 및 부문장이다.

*Daniel fährt **zu seiner Cousine Ruth**.*
(다니엘은 자기 4촌 누인 루트한테 간다)
*Daniel fährt **zu ihr**.* (다니엘은 그녀한테 간다)
*Daniel fährt **weg**.* (다니엘은 떠나간다)
*Daniel fährt, **wohin er schon immer fahren wollte**.*
(다니엘은 그가 항상 가고자 했던 곳으로 간다)

상황보충어와의 차이점은 분명하다. 즉, 방향보충어가 부사적으로 실
현될 경우 다른 부사를 요구한다. 전치사는 두 보충어에서 부분적으로만
일치한다. 이중기능을 갖는 전치사(3/4격 지배 전치사)가 상황보충어에서는
3격을, 방향보충어에서는 4격을 취한다.

> *Pedersen lebt auf einer Insel.* (상황보충어)
> (페드젠은 섬에서 살고 있다)
> *Pedersen fährt auf eine Insel.* (방향보충어)
> (페드젠은 섬으로 간다)

방향보충어는 항상 방향을 표현하는데, 때로는 가는 방향을, 때로는 오
는 방향을 그리고 때로는 공간통과를 표현한다.

> *Der Zug fährt nach Heilbronn.*
> (기차는 하일브론으로 간다)
> *Der Zug kommt aus Heidelberg.*
> (기차는 하이델베르크에서 온다)
> *Der Zug fährt durch das Neckartal.*
> (기차는 네카강 계곡을 통과한다)

방향보충어는 종종 수의적이 된다.

> *Markus taumelte (in sein Zimmer).*
> (마르쿠스는 비틀거리며 자기 방으로 들어갔다)
> *Er winkte (aus dem Fenster/durch das Geäst/zum Strand hinunter.)*
> (그는 (창 밖에서/나무 가지 사이로/해변으로) 손짓했다)

• **확장 보충어**(Expansivergänzung)

확장 보충어는 변화, 차이 혹은 연장을 표현하는 동사에서 등장한다.

그러면 확장 보충어가 동사의미를 상세히 표현한다.

표현형태는 4격 명사구, 전치사 + 명사구, 형용사/형용사구, 부사 및 부문장이다.

> *Die Sitzung dauerte **einen halben Tag**.*
> (회의는 반나절이나 지속되었다)
> *Die Sitzung dauerte **bis zum Morgen**.*
> (회의는 아침까지 지속되었다)
> *Die Sitzung dauerte **nur kurz**.*
> (회의는 잠깐 동안만 지속되었다)
> *Die Sitzung dauerte **lange**.*
> (회의는 오래 지속되었다)
> *Die Sitzung dauerte, **bis Katelbach kam**.*
> (회의는 카텔바흐가 올 때까지 지속되었다)
>
> *Wir gingen **zwanzig Kilometer**.*
> (우리는 20km를 걸었다)
> *Sie war seit meinem letzten Besuch **um sieben Zentimeter**
> gewachsen.* (그녀는 나의 마지막 방문 이후로 7cm나 성장했다)
> *Sie war **unheimlich** gewachsen.*
> (그녀는 굉장히 성장했다)
> *Die Stadt hatte sich **zusehends** ausgedehnt.*
> (그 도시는 현저하게 확장되었다)
> *Die Stadt erstreckte sich, **soweit das Auge reichte**.*
> (그 도시는 시야가 미치는 범위까지 확장되었다)

확장 보충어는 대분분 수의적이다.

두 **술어적 보충어**(Prädikativergänzung)는 몇 가지 공통점을 갖는다.

- **명사적 보충어**(Nominalergänzung : 명사적 술어명사, 술어 보충어, 대등 주격,
  등식 보충어)

표현형태는 명사구(1격 혹은 4격), *als* + 명사구, 불변의 대용어 *es*와 *so*
및 부문장이다.

> *Wir alle sind **Ausländer**.*
> (우리 모두는 외국인이다)
> *Sie nannten Peter **einen Liederjan**.*
> (그들은 페터를 난봉꾼이라고 불렀다)
> *Er gilt dort **als zukünftiger Direktor**.*
> (그는 거기서 미래의 사장으로 간주된다)
> *Sie behandelten ihn schon **als zukünftigen Direktor**.*
> (그들은 그를 벌써 미래의 사장으로 대우했다)
> *Er gilt dort **als solcher**.*
> (그는 거기서 그런 사람으로 간주된다)
> *Sie behandelten ihn schon **als solchen**.*
> (그들은 그를 벌써 그런 사람으로 대우했다)
> *Er war **es** wirklich.*
> (그는 정말로 그런 사람이었다.)
> *Er hieß bei seinen Freunden **so**.*
> (그는 그의 친구들한테서 그렇게 불렸다)
> *Werde, **der du bist**.*
> (현재의 상태 그대로 되어라)
> ***Was sie schon immer werden wollte**, ist sie nun geworden.*
> (그녀는 이제 그녀가 항상 되고자 했던 그대로 되었다)

대개 하나의 명사를 포함하고 있는 명사적 보충어는 대용어 *es*나 *so*를
통해서 쉽게 주어 및 4격 보충어와 구별될 수 있다.

für + 명사구를 갖는 보충어 역시 분류적인 기능을 가지고 있으면 명
사적 보충어로 간주되어야 한다.

> *Wir haben ihn alle für einen Revoluzzer gehalten.*
> (우리 모두는 그를 사이비 혁명가로 간주했다)

추가적인 4격 보충어를 갖는 동사의 수동화에서는 명사적 보충어가 1
격으로 오지만 능동문에서는 4격으로 온다.

> *Wir nannten ihn* **den roten Heiner**.
> (우리는 그를 사회주의자 하이너라고 불렀다)
> *Er wurde (von uns)* **der rote Heiner** *genannt.*
> (그는 (우리에 의해서) 사회주의자 하이너라고 불렸다)

위에서 언급된 *für*를 취하는 명사적 보충어만이 수동화에서도 4격 형
태를 유지한다.

> *Er wurde (von uns allen) für einen Revoluzzer gehalten.*
> (그는 (우리 모두에 의해서) 사이비 혁명가로 간주되었다)

명사적 보충어는 주격(많은 경우에서 4격)을 특정한 요소들의 한 부류로
분류하거나 배열한다. 그러나 주어와 명사적 보충어가 동일집합이나 동
일부류를 나타내지 않는 한, 일반적으로 "대등"(Gleichsetzung) 관계는 존
재하지 않는다.

> *Hugo ist nicht mein Bruder.* (후고는 내 형이 아니다)
> *Stuttgarter sind Einwohner der baden-württembergischen Hauptstadt.*
> (슈튜트가르트 사람들은 바덴-뷔르템베르크 주 수도의 주민이다)

- **형용사적 보충어**(Adjektivalergänzung : 형용사적 술어명사, 술어 보충어, 방
법 보충어)

자주 사용되는 이러한 보충어가 많은 문법책에서는 전혀 나타나지 않는다.
왜냐하면 문법의 저자들은 동사와 형용사를 합쳐서(예 : *warm machen*) 복
합동사/복합술어로 간주하기 때문이다.

표현형태는 형용사/형용사구, *als* 혹은 *für* + 형용사/형용사구, *wie* + 명사구, 불변적인 대용어 *es*와 *so, als (ob)*로 유도되는 부문장이다.

> *Dieser Wagen ist (entsetzlich) schmutzig.*
> (이 자동차는 (아주) 불결하다)
> *In diesen Kreisen gilt Rauchen immer noch als schick.*
> (이 지역에서는 흡연이 여전히 멋있는 것으로 간주된다)
> *Wir haben solche Leute früher für faul gehalten.*
> (우리는 그러한 사람들을 이전에는 게으른 사람이라고 생각했다)
> *Sie sind wie die Kinder.* (그들은 어린아이와 같다)
> *Sie sind eben so.* (그들은 실제로 그렇다)
> *Ist sie wirklich tätowiert?- Ja, sie ist es.*
> (그녀가 정말로 문신을 했느냐? - 예, 그녀는 문신을 했다)
> *Er benahm sich, als ob er betrunken wäre/als wäre er betrunken.* (그는 마치 술 취한 사람처럼 행동했다)

형용사적 보충어의 형용사는 격변화하지 않는다. 대개 아주 어색한 표현법이 되는 특수한 경우에서는 격변화 형태가 나타나기도 한다.

> *Das Ergebnis war ein erfreuliches.*
> (그 결과는 즐거운 결과였다)
> *Wir halten den Erfolg für einen zufriedenstellenden.*
> (우리는 그 성공을 만족스러운 성공으로 생각한다)

형용사적 보충어는 주격이나 4격을 단순히 배열을 통해서 분류하지 않고 자질부여, 즉 특정한 속성의 할당을 통해서 분류한다. 이것은 단지 분류/배열만 하고 자질을 부여하지 않는 형용사(*amtlich, kirchlich. kommunal, päpstlich, politisch, staatlich*와 같은 형용사)가 형용사적 보충어로 사용될 수 없다는 사실과 관련이 있다.

형용사적 보충어는 연사동사(*sein, werden, bleiben* 등)와 소수의 다른 동사들(*sich benehmen, sich verhalten*)에서 등장한다.

> *Er benahm sich **besser (als letztes Mal)**.*
> (그는 (지난번보다도) 행동을 더 잘 했다)

이러한 경우에 많은 다른 언어들에서는 형용사에서 파생된 부사가 사용되는데, 이 부사는 또한 특별한 접미사를 통해서도 표시된다(영어 *-ly*, 프랑스어 *-ment*, 스페인어 *-mente*, 폴란드어 *-e*, 혹은 *-o*). 이에 반해 독일어에서는 이러한 단어들이 형용사로 간주되어야 한다. 왜냐하면 이들에서는 모든 형태론적인 특징이 결여되어 있기 때문이다.

2.3 문장모형과 구문안

어떤 보충어가 동사의 주위에 등장할 수 있으며, 그리고 등장해야 하는가는 중심동사가 자신의 결합가를 통해서 결정한다. 이러한 방법으로 모든 문장과 문장형태의 구성체는 하나의 특수한 구조를 갖는다. 문제되는 보충어가 오직 나열만 되어 있는 경우는 이러한 구조를 **문장모형/문형**(Satzmuster)이라고 일컫는다. 그러나 이때 우리가 추가적으로 수의적인 보충어와 의무적인 보충어를 구별하면 **구문안/문설계**(Satzbauplan)를 얻게된다. 문형과 구문안은 올바른 말하기와 글쓰기에 대한 중요한 접근 방법을 열어준다.

독일어에서 우리는 모두 53문형을 확정했다. 일반적인 사전과 마찬가지로 동사사전은 모든 동사들에 대해 해당 문형을 제시해야 한다. 그렇게 함으로써 (그렇게 함으로써만이!) 사용가능성에 대한 중요한 부분이 기술되기 때문이다. 현재 사용할 수 있는 사전들 중에서 단지 일부만이 이러한 정보를 제공한다. 이것도 역시 이해하기 어렵고 학습하기 어려운 기재체계를 습득한 후에만 종종 가능하다.

53개의 문형들 중에서 34개는 주어를 포함하고, 23개는 4격 보충어를 포함한다.

일부의 동사들은 수동형을 형성할 수 있다. 이때 몇몇 보충어는 다른 종류의 보충어로 대체되기도 하며 부분적으로는 보충어의 수도 변화한다. 하지만 사전에 제시된 문형(동사의 결합가 역시)은 수동화를 통해서 변하지 **않는다. 동사의 능동형이 항상 문형의 토대를 이룬다.** 수동화를 통해 생겨난 새로운 문형은 항상 후속 변형에 대한 지시를 첨부해야 한다. 예컨대 다음 문장에 등장하는 동사의 표기는 다음과 같다 : *brauchen*⟨sub akk ⟹ sub (prp)⟩.

> *Diese Hülsen werden nicht mehr gebraucht.*
> (이러한 통/함들은 더 이상 사용되지 않는다)

다음에서는 독일어 문형의 일부가 기술된다. 몇 가지 전형적인 동사들의 문형에 대해서는 각각 예문들이 제시된다. 한편으로는 동사의 선택이 동사의 빈도수에 따르지만, 다른 한편으로는 전통적인 기술에서 소홀히 취급된 일상적이 아닌 (부분적으로는 아주 드문) 문형이 논의된다. 개별 문형의 순서는 2.2에 있는 보충어의 일람표에 따른다. 이때 4격 보충어가 없는 문형 다음에 4격 보충어가 있는 문형이 제시된다. 주어 없는 문형은 맨 끝에 온다. 예문에서 첨가어는 포함되지 않았다.

1. 문형 <sub>

유일한 보충어로서 주어를 갖는 문장이 독일어에서는 상당히 자주 사용되는 문장에 속한다. 다양한 종류의 텍스트에서 나온 집계에 따르면 문장형태의 구성체 약 1/8이 이 문형을 나타낸다. 단순동사 이외에 재귀동사도 역시 등장한다.

abnehmen	*Ihre Kräfte nahmen ab.*
sich ändern	*Das Wetter hat sich geändert.*
atmen	*Atmet er?*
baden	*Die Kinder haben gebadet.*
sich betrinken	*Hat er sich betrunken?*
brennen	*Drei Häuser brennen.*
sich erkälten	*Christine hat sich erkältet.*
gelten	*Unsere Vereinbarung gilt.*
lügen	*Lügt das Kind?*
schlafen	*Jaromir schläft.*
schwitzen	*Alle schwitzten.*
sterben	*Tante Adelheid ist gestorben.*
sich verspäten	*Annabell hat sich verspätet.*

2. 문형 <sub akk>

이 문형이 독일어에서 가장 많이 사용되는 문형이다. 문장형태의 구성체 약 1/3이 이 문형을 나타낸다.

abgeben	*Geben Sie Ihre Papiere ab.*
ausnutzen	*Irma hat ihn nur ausgenutzt.*
beschreiben	*Beschreiben Sie das Haus.*
brauchen	*Ich brauche dich.*
essen	*Ich esse alles.*
fahren	*Hanka fährt einen BMW.*

gießen	Sie goss die Blumen am Fenster.
kaufen	Wir haben ein Pferd gekauft.
lernen	Ich habe Polnisch gelernt.
putzen	Hast du deine Schuhe geputzt?
regieren	Diese Partei wird das Land regieren.
stören	Diese Musik stört mich.
unterschreiben	Auch sie muss unterschreiben.
verachten	Er verachtete mich.

3. 문형 <sub akk akk>

이 문형은 소수의 동사에서만 나타나는 희귀한 문형이다.

lehren	Lehren Sie mich diese Sprache!

4. 문형 <sub gen>

이 문형은 소수의 동사에서만 나타나는 드문 문형이다.

bedürfen	Das Gesetz bedarf unserer Zustimmung.
sich enthalten	Sie enthielt sich jeglichen Kommentars.
sich entsinnen	Sie entsann sich dieser Person.
sich rühmen	Er rühmte sich gerne seiner Körperkraft.

5. 문형 <sub akk gen>

이 문형 역시 비교적 드문 문형이다.

anklagen	Man klagte ihn des Landfriedensbruchs an.
berauben	Wollt ihr sie des letzten Besitzes berauben?
beschuldigen	Niemand hat Sie eines Diebstahls beschuldigt.

entheben	Der Kanzler enthob ihn seines Amtes.
überführen	Die Wache überführte ihn des Einbruchs.
versichern	Ich versichere Sie meiner uneingeschränkten Hochachtung.

6. 문형 <sub dat>

begegnen	Wir begegneten einer jungen Reiterin.
bleiben	Mir bleibt nichts Anderes übrig.
dienen	Dieser Vortrag dient der Verbraucheraufklärung.
fehlen	Mir fehlen fünf Eier.
gehören	Gehört das Fahrrad dir?
gelingen	Das ist ihm gelungen.
helfen	Er hat mir geholfen.
liegen	Großmut liegt ihm.
passen	Der Anzug passt ihm
passieren	Was ist dir passiert?
schaden	Auch ein einziges Gläschen schadet Ihnen.

7. 문형 <sub akk dat>

자주 사용되는 문형으로서 특히 주기(받기) 동사와 전달 동사에서 많이 나타난다.

anbieten	Darf ich Ihnen ein Glas Saft anbieten?
ausstellen	Man stellte ihr ein gutes Zeugnis aus.
erlauben	Meine Mutter hätte mir das erlaubt.
leihen	Er lieh mir sein Fahrrad.
mitteilen	Ich habe Ihnen den Zeitpunkt meiner Ankunft mitgeteilt.
sagen	Sie sagen mir nichts Neues.
schenken	Opa schenkte mir einen Luftballon.

schreiben	Schreibst du mir eine Postkarte?
verbieten	Man hatte uns das Rauchen verboten.
verraten	Verraten Sie mir das Versteck?
versprechen	Versprechen Sie mir das?
wünschen	Ich wünsche Ihnen gute Gesundheit.
zeigen	Der alte Mann zeigte mir das Grab.

8. 문형 <sub prp>

아주 많은 동사들이 이 문형을 갖는다. 그러나 텍스트에서 이 문형을 갖는 구조의 비율은 10% 이하이다.

an + 4격

denken	Wir denken an dich.
glauben	Glaubst du an Gott?
schreiben	Schreiben Sie an den Vorstand.

an + 3격

leiden	Sie litt an einer bösen Krankheit.
sparen	Mutter sparte an allem Möglichen.
verlieren	Sie hat an Gewicht verloren.

auf + 4격

achten	Achten Sie auf Fußgänger!
folgen	Auf Regen folgt Sonnenschein.
sich freuen	Freut euch auf den Frühling.
sich verlassen	Ich habe mich auf dich verlassen.
warten	Wartest du auf mich?
zählen	Ich zähle auf jeden von euch.

auf + 3격

beruhen	Seine Behauptungen beruhen auf exakten Untersuchungen.
bestehen	Ich muss auf dieser Zusage bestehen.

aus

bestehen Bier besteht aus Malz, Hopfen und Wasser.

folgen Aus a folgt b.

sein Diese Vase ist aus chinesischem Porzellan.

bei

bleiben Ich bleibe beim alten Glauben.

für

sein Ich bin für die Umweltpartei.

sprechen Für wen sprechen Sie?

stimmen Sie hat für Oskar gestimmt.

in + 4격

sich verlieben Er hatte sich in seine Schwägerin verliebt.

sich vertiefen Bruno hatte sich in diesen Schmöker vertieft.

in + 3격

bestehen Der ganze Plan besteht in einer einfachen Idee.

sich täuschen Ich habe mich in ihr getäuscht.

mit

anfangen Das Essen fing mit einer Vorspeise an.

sich messen Mit dem kann ich mich nicht messen.

rechnen Rechnen Sie nicht mit mir.

über

sich freuen Wir haben uns über diese Nachricht gefreut.

nachdenken Georg dachte über diese Worte nach.

schimpfen Er schimpft über seine Partei.

um

sich bemühen Bruno bemühte sich um die Hinterbliebenen.

sich kümmern Ich werde mich um Anja kümmern.

von

abhängen Das Subjekt hängt vom zentralen Verb ab.

hören	*Ich habe von dieser Sache gehört.*
s. verabschieden	*Wir verabschiedeten uns vom Wirt.*

zu

führen	*Wozu wird das führen?*
gehören	*Gibraltar gehört zu Großbritannien.*
passen	*Diese Krawatte passt zu dem grauen Anzug.*

9. 문형 <sub akk prp>

아주 많은 동사들이 이 문형을 취한다. 상이한 텍스트에서 이 문형의
등장은 5% 이하이다.

예문은 앞의 문형에서와 같이 배열된다.

an + 4격

gewöhnen	*Man müsste die Zugezogenen an das Geläut der Kirchenglocken gewöhnen.*
schicken	*Schicken Sie die Bestätigung ans Einwohnermeldeamt.*
verweisen	*Man hat mich an den Petitionsausschuss verwiesen.*

an + 3격

bewundern	*Wir bewunderten an ihm sein fantastisches Gedächtnis.*
erkennen	*An seinem Ernst wirst du ihn erkennen.*

auf

beziehen	*Ich beziehe diese Bemerkung auf das neue Wahlrecht.*
stellen	*Stell den Wecker auf sieben Uhr!*
vorbereiten	*Anna bereitete die Kinder auf die Aufnahmeprüfung vor.*

aus

gewinnen	Eisen gewinnt man aus Erz.
retten	Man rettete ihn aus einer Gletscherspalte.
schließen	Aus seinem Plädoyer habe ich etwas Anderes geschlossen.

bei

überraschen	Wir hatten ihn beim Spülen überrascht.

für

ausgeben	Sie hatten viel Geld für meine Erziehung ausgegeben.
halten	Ich halte ihn für einen Angeber.
sammeln	Sie sammeln für Kinder in Burkina Faso.

in + 4격

einpacken	Können Sie die Blumen in blaues Papier einpacken?
teilen	Wir teilten den Kuchen in vier gleiche Stücke.
wechseln	Bitte wechseln Sie mir diesen Schein in Münzen.

in + 3격

prüfen	Können Sie mich in älterer Germanistik prüfen?
sehen	Ich habe in ihm einen guten Freund gesehen.

mit

ausmachen	Dieses Treffen hatten wir mit der Verwaltung ausgemacht.
meinen	Damit meinte sie ihren Vater.
vergleichen	Wollen Sie Äpfel mit Kartoffeln vergleichen?

nach

beurteilen	Man hat sie nach den erzielten Umsätzen beurteilt.
fragen	Hast du ihn nach seiner Meinung gefragt?

über

abrechnen   Sie können die Gebühren über die Verwaltung abrechnen.

informieren   Ich möchte Sie über die Hausordnung informieren.

um

bitten   Ich möchte Sie um Verzeihung bitten.

unter

verstehen   Was verstehen Sie unter vernünftigen Steuern?

von

ausschließen   Der Vorstand hat ihn von weiteren Sitzungen ausgeschlossen.

grüßen   Ich soll Sie von Annabell grüßen.

leihen   Den Wagen habe ich von Betty geliehen.

vor

schützen   Du musst die Kinder vor der prallen Sonne schützen.

verstecken   Sie versteckte die Briefe vor ihren Eltern.

zu

einladen   Darf ich Sie zu meinem Geburtstag einladen?

führen   Diese Gespräche führen zu überhaupt nichts.

10. 문형 <sub prp prp>

이 문형은 드문 문형이지만 중요한 의사소통 기능을 가지고 있다.

sich bedanken   Ich möchte mich bei Ihnen für die schnelle Antwort bedanken.

sich bewerben   Albert hat sich bei der Firma ABM um eine Stelle als Programmierer beworben.

11. 문형 <sub akk prp prp>

kaufen	*Klaus hat den Wagen für 50 000 Mark von Marc gekauft.*
übersetzen	*Michael hat das Buch aus dem Griechischen ins Deutsche übersetzt.*

12. 문형 <sub akk prp exp>

verbreitern	*Man musste die Straße um 4 Meter auf 12 Meter verbreitern.*
kürzen	*Ich soll das Buch um 250 Seiten auf 600 Seiten kürzen.*
senken	*Sie haben den Wasserstand um einige Meter auf 6,50 Meter gesenkt.*

13. 문형 <sub vrb>

예문을 명확하게 표현하기 위해서 예문에서 동사적 보충어를 각각 진한 글자체로 표시하였다.

finden	*Ich finde,* **sie hat Recht.**
lassen	*Hugo ließ* **seine Begleiter die Taschen tragen.**
sich fragen	*Ich frage mich,* **ob man das glauben kann.**

14. 문형 <sub sit>

이 문형은 자주 사용되는 소수의 동사에서 나타난다.

arbeiten	*Hedwig arbeitet bei der Firma Löffler.*
bleiben	*Hunde müssen draußen bleiben.*

| sitzen | Oma sitzt vor dem Fernseher. |
| sich verlieren | Ihre Spur verlor sich am Waldrand. |

15. 문형 <sub akk sit>

이 문형은 드문 문형으로서 이동동사에서 등장한다.

| parken | Trimmel parkte den Wagen vor dem Haus. |
| verbringen | Wir verbrachten den Urlaub in Österreich. |

16. 문형 <sub dir>

이 문형은 (이동동사에서 뿐만 아니라) 많은 동사에서 등장한다.

auswandern	Ihre Großeltern waren nach Australien ausge-wandert.
blinzeln	Adelheid blinzelte in die Sonne.
einsteigen	Sie stieg in die Straßenbahn ein.
fliegen	Rita ist nach Teneriffa geflogen.
gehen	Gehen Sie ins Haus!
sich setzen	Setzen Sie sich auf diesen Stuhl.
umsteigen	Man musste in den Bus umsteigen.

17. 문형 <sub akk dir>

이 문형은 많은 동사에서 자주 나타나는 문형이다.

auspacken	Packen Sie alles aus dem Koffer aus.
drängen	Sie drängten uns in eine Nebenstraße.
führen	Ein Bauer führte uns zur nächsten Alm.
holen	Hol die Karten aus dem Auto.

legen	Sie legte die Wäsche in den Schrank.
schicken	Sie sollte die Bücher nach Breslau schicken.
stecken	Stecken Sie das Schildchen an Ihr Revers.
werfen	Werfen Sie keine Tücher in die Toilette.

18. 문형 <sub exp>

이 문형은 확장이나 변화를 표현하는 많은 동사에서 나타난다.

abnehmen	Der Kranke hat drei Kilo abgenommen.
dauern	Die Sitzung dauerte fünfeinhalb Stunden.
wachsen	Der Baum ist um eineinhalb Meter gewachsen.
warten	Sie wartete fünf Minuten.

19. 문형 <sub akk exp>

이 문형은 적지 않은 동사에서 나타난다.

angehen	Diese Sache geht mich nichts an.
kosten	Die Kommode hat mich neunhundert Mark gekostet.

20. 문형 <sub nom>

이 문형은 자주 사용되는 소수의 동사에서 나타난다.

arbeiten als	Mein Schwager arbeitet als Portier.
bleiben	Sie wollte nicht Lehrerin bleiben.
sich fühlen als	Du kannst dich als Chef fühlen.
sein	Ist er dein Chef?

21. 문형 <sub akk nom>

behandeln	*Sie behandelte Agnes als Kollegin.*
heißen	*Man hieß ihn den flotten Manfred.*
wählen	*Die Versammlung hat ihn zum Vorsitzenden gewählt.*

22. 문형 <sub adj>

이 문형은 자주 사용되는 소수의 동사에서 나타난다. 형용사는 - 다른 언어에서는 부분적으로 부사적 규정어인 경우에서도 - 예외 없이 형용사적 보충어로서 기능을 한다.

aussehen	*Yvonne sieht gut aus.*
sich benehmen	*Er hat sich schlecht benommen.*
denken	*Sie denkt ganz folgerichtig.*
sich fühlen	*Wie fühlen Sie sich?*
sein	*Sie ist wie ihre Mutter.*

23. 문형 <sub akk adj>

ansprechen	*Du solltest sie mit ihrem Titel ansprechen.*
aufnehmen	*Sie haben die Flüchtlinge freundlich aufgenommen.*
behandeln	*Mich hat man gut behandelt.*
finden	*Ich finde den Text überzeugend.*
halten für	*Ich hatte ihn für beschränkt gehalten.*
machen	*Vater macht die Suppe warm.*
stellen	*Hast du den Sekt kalt gestellt?*
streichen	*Wir haben die Fenster braun gestrichen.*

다음에서는 드물지만 흥미 있는 몇 가지 문형이 제시된다. 이들은 문

법이나 사전에서 단지 언급만 되거나 충분하게 기술되지 않아서 간혹 오류의 원천이 되기도 한다.

24. 문형 < - >

이 "비어 있는" 문형은 어떤 경우에도 보충어를 허용하지 않는다. 이 문형의 대부분은 날씨표현 동사들에서 나타난다.

blitzen, es	*Es hat geblitzt.*
donnern, es	*Hat es gedonnert?*
dunkeln, es	*Es dunkelt.*
frieren, es	*Es hat gefroren.*
gießen, es	*Es gießt.*
hageln, es	*Es hat gehagelt.*
regnen, es	*Regnet es?*
schneien, es	*Es hat geschneit.*
tagen, es	*Es tagt.*
ziehen, es	*Es zieht.*

25. 문형 <akk>

이 문형은 부분적으로는 많이 사용되는 소수의 동사에서 나타난다.

frieren	*Mich friert.*
geben, es	*Es gibt keine schwarzen Engel.*
schaudern	*Ihn schauderte.*
schwindeln	*Mich schwindelt.*

26. 문형 <akk prp>

이 문형은 드문 문형이다.

geben, es	*Es gibt Probleme mit Cathrine.*
gelüsten (es)	*Mich gelüstet (es) nach einem erfrischenden Getränk.*

27. 문형 \<akk sit\>

jucken, es	*Es juckt mich am Rücken.*
geben, es	*In dieser Kantine gibt es keine vegetarischen Gerichte.*

28. 문형 \<akk dir\>

이 문형은 아주 드물다.

ziehen, es	*Es zog ihn wieder in die Heimat.*

29. 문형 \<prp\>

이 문형은 상당히 드물다.

gehen, es	*Es geht um viel Geld.*
sich handeln	*Es handelt sich um Oskar.*
kommen, es	*Es kam zu einer Revolte.*
riechen, es	*Es riecht nach Knoblauch.*

30. 문형 \<nom\>

이 문형은 자주 사용되는 소수의 동사에서 나타난다.

sein, es	*Es ist Nacht.*
werden, es	*Es wird Tag.*

31. 문형 〈adj〉

이 문형은 자주 사용되는 소수의 동사에서 나타난다.

sein, es	*Es ist kalt.*
werden, es	*Es wird wärmer.*

32. 문형 〈vrb〉

이 문형은 아주 자주 나타나는 문형이다. 이 문형은 화법동사, 양상동사 및 고유한 주어가 없는 부정사동사에서 나타난다. 동사적 보충어는 진한 글자체로 표현된다.

gelten, es	*Es gilt **alle geheimen Konten offen zu legen.***
heißen, es	*Es heißt **unsere ganze Kraft zusammennehmen.***
können	***Ich** kann **nicht immer bloß zusehen.***
versprechen	***Sie** verspricht **eine gute Nachfolgerin zu werden.***
wollen	***Wir** wollen **alles wissen.***

우리가 문형을 **구문안**(Satzbauplan)으로 대체하여 문장에 대한 정보를 좀더 명확하게 표현하려면 모든 수의적인 보충어를 소괄호로 표시한다. 이를 하나의 구체적인 동사에 적용해보면 다음과 같은 표기법이 생겨난다.

18. 문형 〈sub (exp)〉

abnehmen〈sub (exp)〉 *Der Kranke hat (drei Kilo) abgenommen.*

우리가 부분들의 의미와 이들 사이의 의미관계를 고려한다면 문장형성의 규칙에 대한 또 다른 필수적인 세분화를 얻을 수 있다. 정확한 문장을 생성하려는 사람은 *abnehmen*(감소하다/줄다/약해지다)의 주격이 항상 변화할 수 있는 것이며 이러한 변화가 측정될 수 있다는 것을 알아야 한다. 사람이나 동물은 몸무게를 줄일 수 있으며, 감각적으로 인지할 수 있는 다른 현상들이나 혹은 이들의 (감각적으로 인지할 수 있는) 자질, 정서, 관점 등도 줄어들거나 약해질 수 있다. 그밖에 우리는 '감량한다'(Abnehmen)라는 사건에 대한 주격이 독일어에서는 능동적으로 행동하는 사람의 기능 속에서 관찰된다는 것을 알아야 한다. 우리는 이러한 사실을 다음과 같은 질문 – 대답의 연속체에서 관찰할 수 있다.

> *Was tut er? – Abnehmen.*
> (그는 무엇을 하고 있습니까? – 체중조절을 하고 있습니다)
> *Nimmt er wirklich ab?– Abnehmen tut er nicht gerade, aber eine strenge Diät hält er schon.*
> (그가 진정으로 체중조절을 하고 있습니까? – 그가 반드시 체중조절을 하고 있는 것은 아니지만 이미 엄격한 식이요법을 하고 있습니다)

의사가 환자에게 다음과 같이 말할 수도 있다.

> *Jetzt wird aber endlich mal abgenommen.*
> (이제는 결국 체중조절을 해야 합니다)

의사가 환자에게 위와 같이 말할 수 있다는 사실은 체중조절은 분명히 환자의 손에 달려 있다는 것을 보여준다. 왜냐하면 이러한 "일반적인" 수동은 항상 자발적인 행위자를 전제로 하기 때문이다.

학습자에게 목표어의 완벽한 사용을 보장해 주어야 하는 사전은 모든 이러한 정보들을 포함해야 한다. 즉, 구문안 이외에 보충어의 최소자질을 확정하는 "의미제약"(semantische Restriktion), 동사에 의해 유도되며 모든 보충어에 추가적으로 의미역(행위자, 피동자 등)을 할당하는 "의미관계"(semantische Relation)를 포함해야 한다.

2.4 첨가어

2.4.1 개 관

동사와 동사의 보충어 이외에 첨가어/진술어(Angabe)가 문장(보다 정확히 말해서 모든 문장형태의 구성체)의 또 다른 구성성분을 형성한다. 의사소통을 위해서는 첨가어가 보충어보다 더 중요한 경우들이 종종 있다.

첨가어는 – 문법적인 관점에서 – 항상 수의적이다. 첨가어를 삭제함으로써 문장이 비문법적인 되는 경우는 없다. 역으로 우리는 모든 문장에 첨가어를 임의로 첨부할 수도 있다. 그래서 첨가어는 구체적인 동사에 의해 유도되어, 즉 확정되어 있지 않다. 이러한 이유에서 첨가어는 동사에 종속하지 않는다고 종종 언급되었다. 이러한 주장은 물론 자의적인 전제/가정에 근거한다. 다시 말해서 우리가 "종속"(Abhängigkeit)을 공기관계로 이해한다면, 실현되기 위해서 다른 요소의 존재를 전제로 하는 하나의 요소는 그 요소에 종속한다는 사실이 분명해진다. 첨가어는 대개 보충어와 함께 문장에서 나타난다. 우리는 문장이 중심적인 (지배) 동사를 가지고 있는 사실을 보고서 문장을 식별할 수 있다. 따라서 첨가어는 보충어와 마찬가지로 동사를 전제로 한다. 이러한 사실로부터 보충어와 첨가어가 동사에 종속한다는 사실을 추론할 수 있다.

언어현실에서는 첨가어가 (보충어와 마찬가지로) 단독으로도 나타난다.

Wo ist Tante Frieda? - Im Garten.
(프리다 아주머니가 어디에 계십니까? - 정원에)

하지만 이러한 경우에서도 문맥(선행하는 질문)이 필수적인 지배동사를 제공한다.

그밖에 임의의 문장에 첨가어를 무한정으로 첨부할 수 있는 가능성이 첨가어의 구체적인 실현에서 적용되는 것은 아니고 - *welken*(시들다)과 같이 인간이 아닌 주격을 취하는 동사에 대해 *freiwillig*(자발적인)와 같은 수식적 첨가어가 첨부될 수는 없다 - 다만 다음에서 확정되고 예시되는 첨가어의 부류들과 하위부류들에서만 실현된다.

우리는 보편적인 용법에 따라서 네 가지 첨가어 부류, 즉 수식첨가어, 상황첨가어, 평가첨가어, 부정첨가어를 구분한다.

수식첨가어(modifikative Angabe)는 동사적인 사건에 대한 세부적인 규정어로서 동사가 표현하는 과정이나 상태를 명시한다. *gerne*(기꺼이)와 같은 표현 이외에 *behutsam*(신중한), *freiwillig*(자발적인), *schnell*(빠른)과 같은 부사적으로 사용되는 많은 형용사가 여기에 속한다.

상황첨가어(situative Angabe)는 전체문장에 대한 세부적인 규정어로서 사건의 상황, 즉 시간, 장소, 전제, 목표 등을 진술한다. 이들은 "상황규정어" 혹은 "부사어"라고도 표현된다.

평가첨가어(existimatorische Angabe ; 라틴어 existimare ʻeinschätzen 평가하다ʼ)는 문장에서 기술된 사태의 구성성분에 관련되지 않는다. 이들은 오히려 이러한 사태에 대한 화자의 입장을 표현한다. *offenbar*(분명히), *vermutlich*(아마도), *wahrscheinlich*(아마도), *meines Erachtens*(나의

생각으로는) 등이 여기에 속한다. 이 평가첨가어가 많은 문법책에서 전혀 언급되지 않거나, 혹은 다른 문법책에서는 잘못된 명칭인 "양태첨가어"(modale Angabe)에 등록되어 있다.

부정첨가어(negative Angabe)는 사태를 부정하는 다양한 종류의 표현으로서 이 부류에서 가장 중요하면서도 가장 자주 사용되는 요소는 *nicht* 이다

2.4.2 수식첨가어

이 부류의 표현형태는 다양하다. 전치사구, 불변화사, 비교요소(일반적으로 *wie*와 함께), 부문장, 드물게는 2격 명사구가 등장한다. 그러나 가장 자주 사용되면서 아주 전형적인 것은 형용사/형용사구와 분사이다.

> *Diese Eingabe sollte man **mit Bedacht** prüfen.*
> (우리는 이 청원서를 신중히 검토해야 한다)
> *Er hat die Verwandten **auf seine Art** eingeladen.*
> (그는 친척들을 자기 방식으로 초대했다)
> *Ich habe Ihnen **gerne** geholfen.*
> (나는 당신을 기꺼이 도왔다)
> *Sie verteidigte sich **wie eine Löwin**.*
> (그녀는 마치 암사자처럼 자신을 방어했다)
> *Er hing an den Kindern, **wie wenn sie seine eigenen wären**.*
> (그는 그 아이들이 자신의 아이들인 양 그들에 집착했다)
> *Sie öffnen die Schatulle, **indem Sie den untersten Knopf drücken und gleichzeitig den Deckel anheben**.* (가장 밑에 있는 단추를 누르고 동시에 뚜껑을 들어올리면서 보석함을 여시오)
> *Er kam **beschwingten Schrittes** in den Saal.*
> (그는 활기찬 발걸음으로 홀로 들어왔다)

*Sie haben diese Verhandlung **überaus leichfertig** geführt.*
(그들은 이 협상을 아주 경솔하게 진행시켰다)
*Sie nahm dies **erleichtert** zur Kenntnis.*
(그녀는 이것을 쉽게 인식했다)

수식첨가어는 대부분의 경우에 중심동사에 관련되며 중심동사의 내용을 명시한다. 동시에 수식첨가어는 가끔 주격을 특징 지운다.

2.4.3 상황첨가어

상황첨가어는 첨가어들 중에서 가장 광범위한 부류이다. 우리는 이들을 전통적인 방법에 따라서 의미적인 하위부류로 나눈다.

• **시간첨가어**(Temporalangabe, Zeitangabe)

시간첨가어는 다양한 표현형태, 즉 부사, 2격 명사구, 전치사구, 형용사/형용사구, 분사구 그리고 간혹 부문장으로 나타난다.

*Wir haben **heute** keine Zeit.*
(우리는 오늘 시간이 없다)
*Können wir darüber **nachher** reden?*
(나중에 그 문제에 대해서 우리들이 이야기 할 수 있겠습니까?)
***Eines Tages** kam Ruth bei ihm vorbei.*
(어느 날 루트가 그의 집을 들렀다)

sonntags(일요일에)와 같은 시간첨가어 역시 이전의 2격 형태이다.

Nach der Sitzung gingen sie in den Ratskeller.
(회의 후에 그들은 시청의 지하 식당으로 갔다)
Er kam (sehr) früh nach Hause.
(그는 (매우) 일찍 집으로 왔다)
Als der Regen kam, machten sie die Boote fertig.
(비가 왔을 때 그들은 배를 완성했다)

시간첨가어는 시점이나 시간을 명명함으로써 하나의 사태를 시간적으로 어떤 상황으로 삽입한다. 시간적인 상황부여는 절대적으로 일어날 수 있다. 그런 다음에 모든 사람에 의해서 항상 추체험할 수 있는 시간이 명명된다 : *am 23. März 1979*(1979년 3월 23일에). 하지만 시간적인 상황부여가 다른 시점에 대해 상대적으로 일어날 수도 있다. 이와 같은 경우에는 보통 발화시점(*heute* 오늘, *morgen* 내일, *jetzt* 지금)이나 혹은 텍스트에서 언급된 시간(*danach* 그 후에, *später* 나중에)에 관련된다.

아주 특수하게 규정되어 있으며 학습자에게 항상 어려움을 야기하는 몇 가지 종류의 시간첨가어가 있다.

날짜(Datum)에 대해서는 *wann*(언제), *an welchem Tag*(며칠 날에), *in welchen Jahr*(몇 년도에)로 질문하며, 이에 대해 다음과 같은 전치사구로 대답한다.

am Montag (월요일에)
im Jahr 1939 (1939년도에)

영어로부터 영향을 받은 연도 진술 *in 1939*와 같은 표현은 오늘날 많이 사용되지만 아직도 표준어로 인정되지는 않는다.

우리는 연도를 간단히 연도 수로 표현할 수도 있다.

1939 war ich zehn Jahre alt.
(1939년에 나는 10살이었다)

세기에 대해 오해가 발생하지 않을 경우에는 단축형태로서 마지막 두 숫자만 진술할 수도 있다.

39 war ich elf Jahre alt.
(1939년에 나는 11살이었다)

특정한 날짜에 규칙적으로 반복되는 사건에 대해서는 *montags*(월요일에), *werktags*(평일에), *wöchentlich*(매주), *jährlich*(매년)와 같은 표현들이 사용된다.
편지의 날짜(Datum in Briefen)는 보통 장소의 명명 다음에 관사가 있거나 혹은 없는 4격 명사로 표현된다.

(Nürnberg,) den 3. Januar 2000
(Nürnberg,) 3.1.2000
(2000년 1월 3일 뉘른베르크에서)

최근에는 컴퓨터 통신에서 영향을 받아서 날짜 진술도 역시 연월일의 순서가 일반적이다. 예컨대 위의 두 예가 다음과 같이 표현된다.

(Nürnberg,) 000103

특히 역사적인 내용의 텍스트에서 특수한 연대에 대한 의혹이 발생할 경우에는 다음과 같이 보충한다.

im 1. Jahrhundert unserer Zeitrechnung =

im 1. Jahrhundert n. Chr. (*nach Christus oder nach Christi Geburt*로 읽음) (기원 후 1세기에)

im 3. Jahrhundert v. Chr. (*vor Christus oder vor Christi Geburt* 로 읽음) (기원 전 3세기에)
333 v. Chr. (기원 전 333년에)

세기에서나 십 연대의 표현에서는 대략적인 시간진술이 가능하다.

im 16. Jahrhundert (16세기에)
in den achtziger Jahren (*des vorigen Jahrhunderts*)
(지난 세기의 80년대에)
in den Achtzigern (80년대에)

여기서 알파벳과 숫자의 혼합된 표기법에서 널리 퍼져 있는 오기인 **in den 80igern*에 대해서는 경계해야 한다. *80*을 *achtzig*로서 기술하거나 말하기 때문에 *-er*만이 첨가될 수 있다.
계절은 다음과 같이 표현된다.

im Herbst (*1998*) (1998년 가을에)

시각(Uhrzeit)에 대해서는 *um wieviel Uhr*(몇 시에)나 *wann*(언제)으로 질문한다. 시각은 기수로 표현된다. 이때 공식적인 시각은 24시간 체계로 통산한다.

um sieben (*Uhr*) (7시에)
um neunzehn Uhr (19시에)

일상어에서는 1에서 12까지 두 번 계산한다. 명확히 하기 위해서 일과 시간이 첨부될 수도 있다.

> *um sieben Uhr morgens* (아침 7시에)
> *um sieben Uhr abends* (저녁 7시에)
> *um drei Uhr früh* (새벽 3시에)
> *um drei Uhr nachmittags* (오후 3시에)
> *um zwölf Uhr mittags* (정오 12시에)

전체 시간 사이에 놓여 있는 시각은 일상어에서 다음과 같이 표현된다.

> *zehn (Minuten) vor zehn (Uhr)* (10시 10분 전)
> *neun (Minuten) vor halb elf* (10시 21분)
> *halb zwölf* (11시 반)
> *drei (Minuten) nach zehn* (10시 3분)
> *viertel eins* (12시 15분)
> *dreiviertel zwei* (1시 45분)

공식적인 시각은 완전한 시간 다음에 분을 계산한다.

> *8.35 h* 혹은 *8.35 Uhr* (*acht Uhr fünfunddreißig*로 읽음)

상대적인 시간진술(relative Zeitangabe)은 대개 **발화시간**(Sprechzeit)과 관련된다. 발화시간 다음에 오는 시점(Zeitpunkt)에 대해서는 세 가지 방법이 있다.

① *in*₍dat₎을 취하는 전치사구

> *in einer halben Stunde* (30분 후에)
> *in zwei Tagen* (이틀 후에)
> *in dreieinhalb Jahren* (3년 반 후에)

이러한 표현이 상황에 따라서는 불명확하다. 왜냐하면 이들은 시간
(Zeitraum) - *innerhalb*(이내에), *während*(동안에)를 통해서도 표현되는
- 도 역시 표현할 수 있기 때문이다.

② **4격 명사구**

> *nächsten Dienstag* (다음 화요일에)
> *nächste Woche* (다음 주에)
> *kommendes Jahr* (내년에)

③ **부사**

> *morgen* (내일), *übermorgen* (모래)

상대적인 첨가어가 발화시간에 앞서는 시점/시간에 관련해서도 다시금
세 가지 방법이 있다.

① *vor*⟨dat⟩를 취하는 **전치사구**

> *vor einer halben Stunde* (30분 전에)
> *vor zwei Tagen* (이틀 전에)
> *vor dreieinhalb Jahren* (3년 반 전에)

② **4격 명사구**

> *letzten Dienstag* (지난 화요일에)
> *letzte Woche* (지난주에)
> *vergangenes Jahr* (지난해에)

③ 부사

> *gestern* (어제), *vorgestern* (그저께)

발화시간과 상대적인 시간진술이 겹치는 경우에는 다음과 같이 표현된다.

① *in*⟨dat⟩를 취하는 전치사구

> *in dieser Woche* (금주에), *in diesem Jahr* (금년에)

② 4격 명사구

> *diese Woche* (금주에), *dieses Jahr* (금년에)

③ 부사와 형용사

> *jetzt* (지금), *gegenwärtig* (현재), *augenblicklich* (당장, 지금)

dies-를 취하는 표현은 불명확하다. 이들은 바로 이웃한 시점/시간을 의미할 수도 있다.

> *diesen Dienstag* (이번/지난 화요일에)

그러면 위의 표현은 '이번/지난 화요일에', 즉 일요일과 월요일에는 다가오는 화요일을 의미하고, 수요일부터는 지난 화요일을 의미한다. 동일한 것이 주, 달, 계절에도 적용된다(*diese Woche* 이번 주에, *diesen Mai* 이번 5월에, *diesen Herbst* 이번 가을에).

하지만 상대적인 첨가어는 다른 측면에서 텍스트에서 언급된 다른 시점이나 사태에도 관련될 수 있다. 다음에 오는 시점/시간을 위해서는 *nach*를 취하는 전치사적 표현이 사용된다.

> *nach diesem Anruf* (이 전화를 받은 후에)
> *nach einer halben Stunde* (30분 후에)
> *nach einem halben Jahr danach* (그 후 반년 뒤에)
> *hernach* (그 후에)

später, danach 등을 취하는 명시적인 표현이 이와 병행한다.

> *drei Tage später/danach/darauf* (3일 후에/그 후 3일 뒤에)

진술되는 시점이 텍스트에서 고정된 시점에 앞서는 경우에는 *vor*⟨dat⟩를 취하는 전치사구나 혹은 *früher, zuvor*를 취하는 표현들이 사용된다.

> *vor diesem Anruf* (이 전화를 받기 전에)
> *vor Sonntag* (일요일 이전에)
> *zwei Tage früher/zuvor* (이틀 전에)

시간(Zeitraum)은 전치사구(*in*⟨dat⟩, *innerhalb, während*)나 혹은 *lang, hindurch*와 결합된 4격 명사구에 의해 명명된다.

> *in diesem Monat* (이번 달에), *innerhalb dieser Zeit* (이 시간 이내에),
> *während der ganzen Woche* (그 주 내내)
> *die ganze Nacht* (밤새도록), *den Rest des Winters* (남은 겨울 동안에)
> *den ganzen Tag lang* (온 종일), *den Winter hindurch* (겨울 내내)

우리는 시간의 시작과 끝만을 명명할 수도 있다. 이를 위해 특정한 전치사구가 사용된다.

> *ab Montag* (월요일부터), *von dieser Woche an* (이번 주부터)
> *seit 3. März* (3월 3일 이후로)
> *bis 13. März* (3월 13일까지), *bis Ostern* (부활절까지)
> *vom 3. März bis Ostern* (3월 3일부터 부활절까지)

• **장소첨가어**(Lokalangabe, Raumangabe)

장소첨가어는 *wo*로써 질문한다. 장소첨가어는 사태에 대해 공간적인 관점에서 상황을 부여한다. 표현형태로서는 특히 전치사구와 부사가 사용된다.

> **In diesem Land** *hatte er sich nie wohl gefühlt.*
> (그는 이 나라에서는 편안함을 느끼지 못했다)
> **Dort** *konnte er sich einfach nicht wohl fühlen.*
> (그는 거기서 결코 편안함을 느낄 수 없었다)

문장형태의 장소첨가어는 확정 부문장이나 혹은 일반적인 부문장으로서만 등장한다.

> **Wo du wohnst**, *würde es mir auch gefallen.*
> (네가 살고 있는 곳은 어디든지 그곳은 내 마음에도 들 것이다)

• **원인첨가어**(Kausalangabe)

원인첨가어는 *warum*으로써 질문한다. 원인첨가어는 사태에 대한 이유를 표현한다. 전치사구와 부사가 가장 자주 사용되는 표현형태이다.

Wegen deines Bruders habe ich mich so geärgert.
(너의 형 때문에 나는 아주 화가 났었다)
Deshalb habe ich mich sehr geärgert.
(그래서 나는 매우 화가 났었다)

문장형식의 표현형태는 부문장과 *doch*가 있는 선행문(Frontsatz)이다.

Weil sie die Beiträge nicht bezahlt hatte, *bekam sie keine Entschädigung.*
Sie bekam keine Entschädigung, **hatte sie doch die Beiträge nicht bezahlt**.
(그녀는 보험료를 지불하지 않았기 때문에 보상금을 받지 못했다)

• **조건첨가어**(Konditionalangabe)

조건첨가어는 *unter welcher Bedingung/Voraussetzung*(어떤 조건하에서), *wenn*(만일)으로써 질문한다. 조건첨가어는 사태에 대한 조건/전제를 명명한다. 표현형태는 전치사구와 부사, *wenn, falls, sofern*을 갖는 부문장, 간혹 동사가 앞에 있는 선행문이다.

Unter dieser Bedingung *werde ich mitmachen.*
(이런 조건하에서는 내가 참여할 것이다)
Dann *habt ihr alles verloren.*
(그렇다면 너희들은 모든 것을 잃어버릴 것이다)
Wenn du arm bist, *musst du früher sterben.*
(네가 가난하다면 너는 일찍 죽어야 한다.)
Sie können den Wagen gleich mitnehmen, **sofern** *Sie eine* **Bürgschaft hinterlegen**.
(당신이 보증금을 공탁하면 자동차를 곧바로 가져갈 수 있다)
Hast du Geld, *so giltst du was.*
(네가 돈이 있으면 그만큼 가치가 있다)

• **결과첨가어**(Konsekutivangabe)

결과첨가어는 사건의 결과를 명명한다. 결과첨가어는 대개 부문장으로
서만 등장한다. 결과첨가어는 현실에서의 시간경과에 부응하여 항상 뒤
에 자리한다.

> *Er zog den Ärmel hoch, **so dass alle die Narbe sehen konnten.***
> (그가 옷소매를 걷어올려서 모든 사람들이 흉터를 볼 수 있었다)
> *Hanna schloss die Käfigtür, **so dass das Tier gefangen war.***
> (한나가 우리의 문을 닫았기 때문에 그 짐승이 사로잡혔다)

• **양보첨가어**(Konzessivangabe)

양보첨가어는 질문할 수 없다. 양보첨가어는 "일반적으로" 다른 사태를
저지했지만 본 건에 있어서는 이것을 야기하지 않은 하나의 사태, 즉 "불
충분한 반대 이유"를 언급한다. 양보첨가어는 전치사구와 부사 이외에 문
장형태(부문장, 주문장)로도 나타난다.

> ***Trotz seines Dementis** glaube ich nicht an seine Unschuld.*
> (그의 부인에도 불구하고 나는 그의 무죄를 믿지 않는다)
> ***Trotzdem** musst du das aufessen.*
> (그럼에도 불구하고 너는 그것을 먹어야 한다)
> ***Obwohl sie krank war**, leitete sie die Sitzung.*
> (그녀는 비록 아팠지만 회의를 주제했다)
> ***Auch wenn es regnet**, ist Wien eine attraktive Stadt.*
> (비가 오더라도 빈은 매력적인 도시이다)
> *Man zerrte sie in das Auto, **sie mochte sich noch so sehr wehren.***
> (그녀가 아주 강하게 저항했음에 불구하고 사람들은 그녀를 차안으로 억
> 지로 끌어넣었다)

• **목적첨가어**(Finalangabe)

목적첨가어는 *wozu*로써 질문한다. 목적첨가어는 사건의 목표나 목적을 명명한다. 목적첨가어는 전치사구, 부사 및 문장형태(부문장, 부정사 구조)로 등장한다.

> *Für das Gespräch* hatte er sich extra ein frisches Hemd angezogen.
> (회담을 위해서 그는 특별히 새로운 셔츠를 입었다)
> *Dafür* hast du das alles getan?
> (그 일을 위해서 너는 그 모든 일을 했는가?)
> *Sie hob den Deckel*, **damit Erich ins Innere der Tonne sehen konnte.**
> (그녀는 에리히가 통의 내부를 볼 수 있도록 뚜껑을 들어올렸다)
> *Sie schloss die Tür*, **um die beiden Menschen zu verbergen.**
> (그녀는 그 두 사람을 숨기기 위해 문을 닫았다)

• **도구첨가어**(Instrumentalangabe)

도구첨가어는 *womit*로써 질문할 수 있다. 도구첨가어는 목표에 도달하기 위한 수단, 즉 동작을 실행할 때 투입되는 "도구"를 명명한다. 도구첨가어는 전치사구, 부사 혹은 부문장(보통 *indem*을 통한)으로 나타난다.

> **Mit dieser Münze** können Sie den Deckel anheben.
> (이 동전을 가지고 당신은 뚜껑을 열 수 있다)
> **Damit** können Sie mir überhaupt nichts nachweisen.
> (그것을 통해서 당신은 나에게 어떤 것도 증명할 수 없다)
> *Er versuchte Stimmung für sich zu machen,* **indem er ständig auf die Schwierigkeiten der Opposition verwies.**
> (그는 항상 반대파의 어려움을 지적함으로써 자신을 지지하도록 시도했다)

• 제약첨가어(Restriktivangabe)

제약첨가어는 *in welcher Hinsicht*(어떤 관점에서), *inwiefern*(어느 정도까지) 등으로 질문한다.

> *Hinsichtlich der Arbeitsatmosphäre kann ich wirklich nicht klagen.* (작업환경의 관점에서 나는 실제로 불평을 할 수가 없다)
> *Diesbezüglich war sie völlig zufrieden.*
> (이 점에 관해서 그녀는 완전히 만족했다)
> *Gesundheitlich geht es mir blendend.*
> (건강에 관한 한 나는 아주 잘 지낸다)
> *Technisch ist der Wagen in Ordnung.*
> (기술적인 면에서 그 자동차는 이상이 없다)
> *Was die Verköstigung angeht, so kann ich Sie nur warnen.*
> (급식에 관한 한 나는 당신에게 경고만 할 수 있을 뿐이다)

• 동반첨가어(Komitativangabe)

동반첨가어는 *womit, mit wem* 등을 통해서 단지 부분적으로만 질문할 수 있다. 동반첨가어는 사건을 동반하거나 혹은 (비록 예상할 수는 있지만) 동반하지 않는 대상이나 사태, 혹은 다른 대상/사태를 대신하여 동반하는 대상이나 사태를 진술한다. 우리는 이것을 "동반적인/결여된/대리하는 상황"이라고 말한다. 표현형태는 전치사구나 부정사 구조이다.

> *Hans war **mit seiner Tochter** gekommen.*
> (한스는 자기 딸과 같이 왔다)
> *Ich gehe nicht **ohne meine Tochter** weg.*
> (나는 내 딸을 동반하지 않고서는 떠나지 않는다)
> ***Statt seiner Frau** hatte er seine Tochter mitgebracht.*
> (그는 자기 부인 대신에 자기 딸을 대동했다)

*Sie antwortet ihm, **ohne lange zu überlegen.***
(그녀는 오래 생각하지 않고 그에게 대답한다)
***Statt ihm zu antworten**, wandte sie sich abrupt ab und ging zum
Bus.* (그녀는 그에게 대답도 하지 않고 갑자기 돌아서서 버스로 갔다)

2.4.4 평가첨가어

이미 언급한 바와 같이 평가첨가어는 언급되는 사태의 구성성분을 형
성하지 않는다. 평가첨가어는 오히려 이 사태에 대한 화자의 입장이나 혹
은 이 사태에 대한 화자의 의견, 간혹 화자의 인상을 표현한다.

평가첨가어는 화자를 언제나 다시 "현존"(präsent)하게 함으로써 특히
구어의 의사소통을 위해서 중요하다. 평가첨가어는 구어에서 특히 자주
나타난다. 우리가 평가첨가어를 논증적인 텍스트에서도 발견하지만 순수
한 기술텍스트나 보고텍스트에서는 평가첨가어가 드물게 나타난다.

일반적으로 평가첨가어는 질문할 수 없다. 의미적으로 신중첨가어, 선
택첨가어, 배열첨가어, 판결첨가어, 검증첨가어와 어조 불변화사의 하위
부류로 나눌 수 있다.

• 신중첨가어(Kautive Angabe)

신중첨가어는 사태의 효력에 대해 의구심을 갖는다. 즉, 신중첨가어는
화자가 현안중인 사태가 맞는지에 대해 (아직도) 완전히 확신하고 있지는
않으며, 기껏해야 고도의 정당성을 인정한다는 것을 표현한다. 신중첨가
어는 종종 문장의 특수한 성분에 관련되지만, 많은 경우에는 전체문장에
적용된다. 신중첨가어는 특히 등급불변화사(Gradpartikel)에 의해 실현되

며, 그밖에 형용사, 부사, 전치사구, 드물게는 문장형태의 구성체에 의해
실현된다. 가장 중요한 실현형태를 알파벳순으로 표현하면 다음과 같다.

an sich	*im Grunde*
beinahe	*in gewisser Weise*
bis zu einem gewissen Grad	*kaum*
eigentlich	*sozusagen*
etwa	*teilweise*
fast	*ungefähr*
gewissermaßen	*ich würde sagen*
im Allgemeinen	*usw.*

An sich *hat sie die Sache durchschaut.*
(그녀는 원래 그 문제를 통찰하고 있었다)
Jetzt hätte sie **beinahe** *unterschrieben.*
(그녀는 그때 하마터면 서명할 뻔했다)
Bis zu einem gewissen Grad *kann ich ihr Recht geben.*
(어느 정도까지는 내가 그녀에게 권한을 줄 수 있다)
Eigentlich *ist ihre Haltung bewundernswert.*
(원래 그녀의 행동은 경탄할만하다)
Sie hat **etwa** *eine Stunde gewartet.*
(그녀는 대략 한 시간을 기다렸다)
Sie hat **fast** *eine Stunde gewartet.*
(그녀는 거의 한 시간을 기다렸다)
Wir wollten ihr **gewissermaßen** *gratulieren.*
(우리는 말하자면 그녀에게 축하하려고 했다)
Sie beherrscht diese Sprache **im Allgemeinen**.
(그녀는 일반적으로 이 언어를 구사한다)
Im Grunde *hat sie das nicht schlecht gemacht.*
(근본적으로 그녀는 그것을 잘못 만들지는 않았다)
Sie hat sich **in gewisser Weise** *darüber gefreut.*
(그녀는 확실히 그 문제에 대해서 기뻐했다)
Sie wird das **kaum** *akzeptieren.*

(그녀는 그것을 거의 수용하지 않을 것이다)

*Sie hat sich **sozusagen** gefreut.*

(그녀는 말하자면 기뻐했다)

*Ich könnte ihr **teilweise** zustimmen.*

(나는 부분적으로는 그녀에게 동의할 수 있다)

*Sie hat **ungefähr** drei Tage verloren.*

(그녀는 대략 3일을 낭비했다)

*Ich **würde sagen**, sie ist am besten geeignet.*

(내 생각에는 그녀가 가장 적당하다)

• 선택첨가어(Selektive Angabe)

선택첨가어는 대상이나 대상의 특성을 강조하며 이들에 특정한 값을
할당한다. 선택첨가어는 전체의 사태(따라서 문장)에 관련되는 경우가 드
물며 문장의 구성성분, 즉 단어나 단어군에 관련된다. 선택첨가어는 특히
등급불변화사에 의해 실현되며 그리고 형용사, 부사, 문장형태의 구성체
에 의해서도 실현된다. 전형적인 선택첨가어의 보기를 알파벳순으로 배
열하면 다음과 같다.

ausgerechnet	*insbesondere*
besonders	*namentlich*
eben	*primär*
gerade	*sogar*
hauptsächlich	*vor allem*
in erster Linie	*ich möchte hervorheben u.a.*

*Warum sollte sie **ausgerechnet** dich einladen?*

(그녀가 왜 하필이면 너를 초대해야 하느냐?)

***Besonders** dem Wirtschaftsminister traue ich mancherlei zu.*

(나는 특히 경제장관에게 많은 것을 기대한다)

***Eben** von Gerhard hätte ich soviel Entschiedenheit nicht erwartet.*

(나는 하여튼 게르하르트한테서 그렇게 단호한 태도를 기대하지 않았다)
*Skepsis ist **gerade** in unseren Tagen angebracht.*
(불신이란 말이 바로 우리 시대에 적합하다)
*Gerda dachte **hauptsächlich** an die Grundschulkinder.*
(게르다는 주로 초등학생을 생각했다)
*Mich interessieren **in erster Linie** die Verbraucher.*
(우선 소비자가 나의 관심을 끈다)
***Insbesondere** vom Förster erwarte ich fachkundige Beratung.*
(특히 산림감독관한테서 나는 전문적인 조언을 기대한다)
*Die Versammlung interessierte sich **namentlich** für das Zweigwerk
in Bönnigheim.* (집회는 특히 뵈니히하임에 있는 자회사에 관심이 있었다)
*Gestern wurden **primär** ABS-Aktien gehandelt.*
(어제 우선 ABS-주식이 거래되었다)
*Von dem Abschwung war **sogar** die Autoindustrie betroffen.*
(자동차산업조차도 경기후퇴에 영향을 받았다)
*Ich habe dabei **vor allem** an euch gedacht.*
(나는 그때 특히 너희들을 생각했다)
*Den Ortsbeirat, **das möchte ich hervorheben**, trifft keine Schuld
an dieser verfehlten Planung.*
(강조하건대 이 잘못된 계획에 대해 어떤 책임도 현지고문단에는 없다)

• 배열첨가어(Ordinative Angabe)

ebenfalls	*einerseits usw.*
allerdings	*erstens usw.*
auch	*freilich*
außerdem	*höchstens*
bloß	*immerhin*
doch	*jedenfalls*
ebenfalls	*jedoch*
ebenso	*mindestens*
nämlich	*vielmehr*
ohnedies	*wenigstens*
ohnehin	*zudem*

schließlich   *zum Beispiel*
übrigens   *zwar*
unter anderem

*Sie können **allenfalls** den Petitionsausschuss anschreiben.*
(그들은 기껏해야 청원위원회에 편지를 쓸 수 있을 뿐이다)
*Das wäre **allerdings** ein unglaublicher Vorgang.*
(그것은 물론 믿을 수 없는 과정이다)
*Sie haben **auch** den Schrankinhalt mitgenommen.*
(그들은 장안에 있는 물건도 역시 가져갔다)
*Wünschen Sie **außerdem** noch etwas?*
(그밖에 또 원하는 것이 있습니까?)
*Braucht man da **bloß** zwei Zeugen?*
(거기에 단 두 명의 증인만 필요합니까?)
*Sie hat es **doch** geschafft.*
(그럼에도 불구하고 그녀는 그 일을 해냈다)
*Den Schrankinhalt haben sie **ebenfalls** mitgenommen.*
(그들은 장안에 있는 물건도 역시 가져갔다)
*Du hast dich **ebenso** getäuscht.*
(너도 역시 잘못 생각했다)
***Einerseits** leuchtet mir das ein, **andererseits** habe ich ein ungutes Gefühl dabei.* (한편으로는 그것이 나에게 분명하고, 다른 한편으로는 나는 그것에 대해 좋지 않은 감정을 가지고 있다)
***Erstens** regnet es heute, **zweitens** fällt der Kurs aus.*
(첫째 오늘 비가 오고, 둘째 강의가 없다)
*Die Katze hat **freilich** niemand gesehen.*
(물론 아무도 고양이를 보지 못했다)
*Ich würde **höchstens** fünf Dollar geben.*
(나는 기껏해야 5불을 줄 것이다)
*Gustav hat **immerhin** bezahlt.*
(구스타프가 항상 지불했다)
*Das ist **jedenfalls** mehr, als er erwarten darf.*
(그것은 어쨌든 그가 기대할 수 있는 것 이상이다)
*Der Bungalow **jedoch** kostet das Doppelte.*
(하지만 그 방갈로는 값이 두 배이다)

Mindestens zwanzig *Kinder muss eine Klasse haben.*
(한 반에 적어도 20명의 어린이가 있어야 한다)
Rudi soll **nämlich** *Bürgermeister werden.*
(루디는 더 정확히 말하자면 시장이 되어야 한다)
Hundert Mark sind **ohnedies** *zu viel.*
(어차피 100마르크는 너무 많다)
Ich hätte **ohnehin** *an sie gedacht.*
(나는 그렇지 않아도 그녀를 생각했다)
Schließlich weiß sie am besten Bescheid.
(마침내 그녀가 가장 잘 알게 되었다)
Weiß sie **übrigens** *von euren Plänen?*
(그밖에 그녀는 너희들의 계획에 대해서 알고 있는가?)
Sie hat sich **unter anderem** *fünf Jahre in Vietnam aufgehalten.*
(그녀는 특히 5년 동안이나 베트남에 체류했었다)
Das sollte man **vielmehr** *honorieren.*
(오히려 우리는 그것에 대해 사례해야 한다)
Hast du das Buch **wenigstens** *gelesen?*
(너는 그 책을 적어도 읽어는 봤니?)
Sie verfügt **zudem** *über Kenntnisse im Vertrieb.*
(그녀는 그밖에 판매에 대한 지식도 가지고 있다)
Sie spricht **zum Beispiel** *Suaheli.*
(그녀는 예컨대 스와힐리어를 말한다)
Das ist **zwar** *bedauerlich, aber leider nicht zu ändern.*
(그것은 유감스러운 일이긴 하지만 변경될 수는 없다)

• 판결첨가어(Judikative Angabe)

　　판결첨가어는 사태를 판단하며, 즉 사태를 평가하거나 혹은 사태의 개연성에 대해 무슨 말을 한다. 판결첨가어는 실제로 "통보"(Mitteilung)의 화행에서만 나타난다. 판결첨가어는 본질적으로 후철 *-weise*를 갖는 양태불변화사와 편성불변화사, 삽입된 부문장으로 실현된다.

ärgerlicherweise

bedauerlicherweise

begreiflicherweise

hoffentlich

leider

so hoffe ich

bezeichnenderweise

erfreulicherweise

Gott sei Dank

verständlicherweise

was mir sehr leid tut

zum Glück

Hanna hat **ärgerlicherweise** nicht geschrieben.
(불쾌하게도 한나는 편지를 쓰지 않았다)

Dieses Projekt ist **bedauerlicherweise** gescheitert.
(유감스럽게도 이 계획서는 실패했다)

Begreiflicherweise hat Erich die Aussage verweitert.
(명백히 에리히가 그 말을 퍼트렸다)

Geraldine stammt **bezeichnenderweise** aus Galizien.
(게랄디네는 특이하게도 갈리찌엔 출신이다)

Erfreulicherweise haben wir sieben Neuzugänge zu verzeichnen.
(다행히도 우리는 7명의 신참자를 기록해야 한다)

Der Test hatte **Gott sei Dank** ein negatives Ergebnis.
(그 검사의 결과가 다행히도 음성으로 나타났다)

Hoffentlich kommt sie wieder auf die Beine.
(그녀가 다시 회복되기를 희망한다)

Ich kann Ihnen **leider** nichts Besseres sagen.
(유감스럽게도 나는 당신에게 더 이상 좋은 말을 할 수가 없다)

Merkwürdigerweise gibt es da noch eine Verwandte, die offen-
sichtlich vor der Öffentlichkeit verschwiegen wurde.
(이상하게도 거기에는 분명히 대중 앞에서 침묵했던 한 친척이 있다)

Der Verlust wird, **so hoffe ich**, im laufenden Jahr ausgeglichen.
(손실이 금년에 청산되기를 희망한다)

Gerda hat sich **verständlicherweise** aus dem Projekt zurückgezogen.
(게르다는 물론 이 계획을 포기했다)

Der Investor ist zahlungsunfähig, **was mir sehr leid tut**.
(유감스럽게도 그 투자자는 지불능력이 없다)

Zum Glück war alles halb so schlimm.
(다행히도 모든 것이 아주 나쁜 것은 아니었다)

• 검증첨가어(Verifikative Angabe)

검증첨가어는 "진실과 연관되어" 있다. 검증첨가어는 사태의 현실에 대한 입장을 표명한다. 검증첨가어는 특히 양태불변화사와 형용사로 실현되며, 삽입된 문장형태의 구성체로도 나타난다. 중요한 검증첨가어를 알파벳순으로 제시하면 다음과 같다.

angeblich	*natürlich*
anscheinend	*notwendigerweise*
an sich	*offenbar*
bekanntlich	*selbstverständlich*
eigentlich	*tatsächlich*
eventuell	*vermutlich*
gewiss	*vielleicht*
gewissermaßen	*wahrscheinlich*
hoffentlich	*wie sich leicht nachweisen lässt*
im Grunde	*wirklich*
möglicherweise	*zweifellos*
nachweislich	

Sie haben **angeblich** *in dieser Zeit miteinander telefoniert.*
(그들은 말하자면 이 시간에 서로 전화했다고 한다)
Anscheinend *darf man das nicht so ernst nehmen.*
(분명히 우리는 그것을 그렇게 진지하게 생각해서는 안 된다)
An sich *weiß sie Bescheid.*
(본래 그녀는 알고 있다)
Hanna stellt **bekanntlich** *hohe Ansprüche an sich selbst.*
(주지하다시피 한나는 자기 자신에 대해 매우 까다롭다/엄격하다)
Sie hat **bestimmt** *daran gedacht.*
(틀림없이 그녀는 그 문제를 생각했다)
Eigentlich *klingt das nicht unsinnig.*
(사실은 그것이 불합리하게 들리지는 않는다)

So könnte sie eventuell doch noch Recht bekommen.
(그래서 그녀가 경우에 따라서는 옳았음을 인정받을 수 있을 것이다)
*Sie hat **gewiss** gerade Shakespeare gelesen.*
(그녀는 확실히 셰익스피어를 읽었다)
*Sie ist **gewissermaßen** geltungsbesessen.*
(그녀는 어느 정도 현시욕에 사로잡혀 있다)
***Hoffentlich** überträgt er diesen Eindruck nicht auf die ganze Familie.*(그가 이러한 인상을 전 가족에게 전하지 않기를 바란다)
***Im Grunde** ist sie zu bedauern.*
(근본적으로 그녀는 동정을 받을 수 있다)
***Möglicherweise** hat sie in ihrer Kindheit zu wenig Anerkennung erfahren.* (아마도 그녀는 어린 시절에 별로 인정을 받지 못했다)
*Sie ist **nachweislich** von der Mutter erzogen worden.*
(증명된 바와 같이 그녀는 어머니에 의해 부양되었다)
***Natürlich** weiß das jeder im Dorf.*
(물론 마을에 있는 모든 사람들이 그것을 알고 있다)

• 어조첨가어(Abtönungsangabe)

어조첨가어는 질문할 수도 없고 부정할 수도 없으며, 또한 어떤 질문에 대한 대답으로서도 사용될 수 없다. 대부분의 어조첨가어는 또한 정동사 앞에도 올 수 없다. 부문장이나 부정사 구조에서 이들의 사용은 제한되어 있다. 어조첨가어는 평가첨가어의 유일한 하위부류로서 불변화사의 형태로서만 나타난다. 어조첨가어는 20여 개의 비교적 제한된 목록만을 가지고 있다.

어조 불변화사(Abtönungspartikel)는 발화의 내용을 비중 있게 수식하지는 않는다. 하지만 어조 불변화사는 발화의 내용에 대해 입장을 밝힘으로써 발화행위유형(Sprechakttyp ; "Illokution 발화수반행위")을 수식하거나 혹은 등급을 매긴다. 이렇게 함으로써 어조 불변화사는 대화당사들 간의 관계에 영향을 미친다. 이러한 관점에서 어조 불변화사는 대화의 "어조"(Ton)를 위해서 아주 중요하다.

어조 불변화사는 5.12장에서 자세히 기술되기 때문에 여기서는 알파벳 순으로 목록만 제시한다.

aber	eigentlich	noch
also	einfach	nun mal
auch	etwa	nur
bitte	gleich	ruhig
bloß	halt	
denn	ja	schnell
doch	mal	schon
durchaus	nämlich	vielleicht
eben	nicht	wohl

많은 어조 불변화사에 대해서는 동형동음이의어(Homonym)가 존재한다. 이러한 불변화사들 중의 몇몇은 많은 변이형을 가지고 있다.

2.4.5 부정첨가어

부정첨가어(Negative Angabe)는 모든 다른 첨가어들과 똑같이 비 특수적인 성분이다. 즉 부정될 수 없는 동사와 문장은 존재하지 않는다.

부정첨가어는 사태나 사태의 성분(사건, 대상, 상황 및 속성)을 부정한다. 사태가 부정되면 부정첨가어는 대부분 - 이것은 특히 가장 중요한 부정어 *nicht*에 적용된다 - 중장(Mittelfeld)에 온다. 특히 부정첨가어가 한편으로는 상황첨가어와 평가첨가어 사이에 오고, 다른 한편으로는 상황첨가어와 수식첨가어 사이에 온다. 그러나 사태성분만이 부정되면 부정어는 또한 다른 위치도 차지할 수 있다(이것은 특히 *keineswegs, nie* 등과 같은 보다 특수한 부정어에서 적용된다).

> *So etwas könnt ihr mit mir **nicht** machen.*
> (너희들은 나와 같이 그런 것을 만들 수는 없다)
> *Ich habe ihn **nicht** gesehen.*
> (나는 그를 보지 않았다)
> *Ich habe ihn **nie** gesehen.*
> (나는 그를 결코 보지 않았다)
> ***Nie** habe ich ihn gesehen.*
> (결코 나는 그를 보지 않았다)

2.5 복합문

2.5.1 개 관

주문장은 동사 이외에 "단순한", 즉 "문장형태"가 아닌 요소들을 포함한다. 하지만 이러한 요소들 중의 하나가 **문장형태**(satzartige Form)를 가지면 **복합문**(komplexer Satz)이 존재한다. 우리는 문장형태의 구성체를 다음에서 또한 동사구, 간단히 VP라고 일컫는다.

따라서 보통 종속적인 단어에 의해 상위문(Obersatz)에 결합되는 또 다른 동사구가 (그 자체 동사구인) 복합문 안에 포함되어 있다. 이러한 문장형태의 구성체에는 주문장 이외에 부문장(그 중에는 관계문), 종속접속사가 있거나 혹은 없는 부정사 구조, 종속접속사가 있거나 혹은 없는 분사구 및 종속접속사가 없는 내포된 주문장이 있다. 문장형태의 모든 구성체는 하나의 중심동사를 포함한다.

> *Obwohl Sturm angesagt war, fuhren die Leute noch einmal hinaus.*
> (폭풍우가 온다고 예고되었지만 사람들은 다시 한 번 밖으로 나갔다)
> *Die Leute, die die Gräber beschmiert haben, wurden gestern*
> *Abend gefasst.* (무덤에 낙서한 사람들이 어제 저녁에 체포되었다)
> *Sie müssen **die Drei** nicht **auftreten lassen.***
> (그들은 3점이 발생하지 않도록 할 필요가 없다)
> *Karl hoffte, **die Frau mit dem weißen Schirm wieder zu sehen.***
> (카알은 하얀 우산을 가진 그 부인과의 재회를 희망했다)
> *Hans und Irene trafen, **noch von den Strapazen gezeichnet**, am*
> *Samstag zu Hause ein.* (한스와 이레네는 아직도 과로에 지친 표정으
> 로 토요일에 집으로 돌아왔다)
> *Sie wusste, **alles war umsonst gewesen.***
> (그녀는 모든 것이 허사가 되었다는 사실을 알았다)

우리는 또한 - 이것은 특히 다단계의 복합문에서 실용적이다 - 모문
(Trägersatz, Matrixsatz)이나 상위문(Obersatz)을 하위문(Untersatz)과 구
별할 수 있다. 엄밀히 말해서 우리는 적어도 하나의 부동사(Nebenverb)를
포함하고 있는 모든 문장을 복합문으로 간주해야 할 것이다. 하지만 우리
는 개괄적이고 경제적인 이유에서 완료문, 수동문, 화법동사가 있는 문장
을 단문으로 간주한다. 다음과 같은 경우에만 복합문이 있다.

- 보충어 혹은 첨가어가 문장형태로 실현되어 있는 경우
- 양상동사, 부정사동사, 부문장 동사가 문장형태의 구성체를 지배
  하는 경우

2.5.2 보충어문이 있는 복합문

동사의 모든 보충어는 내포된 동사구로서 나타날 수 있다. 물론 몇몇 보충어는 특정한 표현형태로서만 나타난다. 구체적인 경우에서 어떤 하위문 형태가 가능한가 하는 것은 개개 동사의 결합가에 의해서 결정된다. 그러면 어떤 가능한 형태가 실현되는가 하는 것은 주로 발화내용(Gemeintes), 즉 우리가 말하고자 하는 것에 달려 있다. 이러한 경우에는 항상 하나의 사태가 "언급되어"(gemeint) 있다. 이러한 사태의 표현에 대한 실제적인 형태가 부분적으로는 통사적으로 제약되어 있다. 그래서 부정사 구조의 생각할 수 있는 주격이 상위문 동사의 보충어 격(대개 주격, 경우에 따라서는 4격, 3격, 전치사격)과 일치하는 경우에만 부정사 구조가 실현될 수 있다.

모든 보충어는 **확정 부문장**(definiter Nebensatz)이나 혹은 **일반적인 부문장**(generalisierender Nebensatz)으로 나타날 수 있다.

> *Wer das gesagt hat, weiß noch mehr.*
> (그것을 말한 사람은 더 많은 것을 알고 있다)
> *Ich weiß, was er meint.*
> (나는 그가 무엇을 말하는 지를 알고 있다)

이 두 종류의 내포된 문장은 원칙적으로 동일한 형태를 가지고 있다. 이들은 종속적인 의문사(w-Wort)가 있는 부문장으로 나타난다(확정 부문장에서는 의문사가 지시대명사(d-Wort)나 so로 대체될 수 있다). 경우에 따라서는 주어문에서 4격의 의문사도 가능하다.

그러나 다양한 확장 가능성이 존재한다. 지칭되지 않은 특정한 대상을 말하는 확정 부문장은 상위문에서 상관사 *d-jenig-*를 취할 수 있다.

Der nach mir kommt, ist größer als ich.
Derjenige, der nach mir kommt, ist größer als ich.
(내 뒤에 오는 사람은 나보다 위대하다)

고려되는 임의의 대상을 말하는 일반적인 VP는 *(auch) immer*로 확대될 수 있다.

Wer (auch immer) in dieses Haus einzieht, wird enorme Probleme haben. (이 집으로 이사오는 사람은 누구나 엄청난 어려움을 가질 것이다)

그밖에 다른 가능성이 존재한다. 단순한 보충어는 부문장이나 부정사 구조로 **확장**될 수 있다. 그리고 전체의 확장형태에 대한 **상관사**(Korrelat) 가 각각의 상위 VP 안에서 나타날 수 있다. 상관사는 아주 추상적인 내용의 지시적인 요소(선행지시어 Anapher 혹은 후행지시어 Katapher)이며 - 주어와 4격 보충어에서는 *es*, 전치사 보충어에서는 해당 전치사적 부사, 술어보충어에서는 *es* 나 *so* - 이들은 확장문의 내용을 미리 지시할 수 있으며 단독으로도 전체 보충어를 대표할 수 있다.

다음에서는 우선 모든 보충어에 대한 확정/일반적인 부문장이 제시되고, 그 다음에 다른 확장가능성이 제시된다. 다음과 같은 약어가 사용된다.

DEF	확정 부문장
GEN	일반적인 부문장
DASS	*dass*-문장
FRAG	간접 의문문
VGL	(비현실적) 비교구조
INF	"순수한" 부정사 구조
INF+	종속접속사가 있는 부정사 구조
HPTS	종속적인 주문장

- 주어로서의 VP

DEF	*Was sie gesagt hat, freut mich.*
GEN	*Wer protestiert, hat Recht.*
DASS	*Mir gefällt, dass sie trotzdem gekommen sind.*
FRAG	*Mir ist egal, ob sie Recht hat.*
	Wohin sie geht, interessiert mich nicht.
INF	*Dir helfen macht Spaß.*
INF+	*Dich wieder zu sehen ist eine große Freude für mich.*
HPTS	*Sicher ist, heute passiert nichts mehr.*

- 4격 보충어로서의 VP

DEF	*Was du meinst, wollte ich gern genauer wissen.*
GEN	*Hans hatte nicht überprüft, was Annabell wirklich wusste.*
DASS	*Ich erwarte, dass man mir zuhört.*
FRAG	*Sie müssen prüfen, ob die Bremsen funktionieren.*
	Beschreiben Sie bitte, wie es passiert ist.
INF+	*Jochen versprach, die Karte bis Montag zu zeichnen.*
HPTS	*Ich verspreche Ihnen, es wird nichts schief gehen.*

- 2격 보충어로서의 VP (드물다)

DEF	*(*)Er erinnerte sich, wessen er damals bedurft hätte.*
DASS	*Kannst du dich noch entsinnen, dass Eva damals dabei war?*
FRAG	*Kannst du dich noch entsinnen, ob Eva damals dabei war?*
INF+	*Martin entsann sich, der seltsamen Person schon einmal begegnet zu sein.*

• 3격 보충어로서의 VP (소수의 부문장 형태만이 등장한다)

DEF	*Sag es doch, wem du es sagen willst.*
GEN	*Wir helfen, wem das willkommen ist.*

• 전치사 보충어로서의 VP

DEF	*Sie wusste nicht mehr, wonach er verlangt hatte.*
GEN	*(*)Ich bedanke mich nie, wofür ich bezahlt habe.*
DASS	*Daniel rechnete fest damit, dass Ewald kommen würde.*
FRAG	*Haben Sie aufgepasst, ob er unterschrieben hat?* *Haben Sie aufgepasst, wohin er gegangen ist?*
INF+	*Hugo hat teuer dafür bezahlt, nicht verzichtet zu haben.*
HPTS	*Daniela glaubte, Angelika sei angereist.*

• 상황보충어로서의 VP

DEF	*Wo Müllers wohnen, bin ich nie gewesen.*
GEN	*Wo immer du wohnst, würde ich gerne wohnen.*

• 방향보충어로서의 VP

DEF	*Sie fuhren auch in diesem Jahr, wohin sie all die letzten Jahre gefahren waren.*
GEN	*Wohin du gehst, würde ich jederzeit gehen.*

• 확장보충어로서의 VP

DEF	*Sie liefen, so weit die Füße sie trugen.*
GEN	*Wie viel sie auch verlangte, bezahlte er bereitwillig.*

- 명사적 보충어로서의 VP

DEF   *Werde, der du bist.*
GEN   *Werde, was du willst.*

- 형용사적 보충어로서의 VP

DEF   *Dieser Käse schmeckt nicht (so), wie er riecht.*
VGL   *Er führte sich auf, als ob ihm das Haus gehöre.*
           Sie verhielt sich, wie wenn sie ihn noch nie gesehen hätte.
HPTS   *Sie verhielt sich, als hätte sie ihn noch nie gesehen.*

- 동사적 보충어로서의 VP

DASS   *Annabell fand, dass Dieter nachlässig gearbeitet habe.*
FRAG   *Ich fragte mich, ob das alles sei.*
           Ich frage mich, wohin das führen soll.
INF   *Wir lassen sie jetzt zum Bahnhof gehen.*
INF+   *Sie hatte vor, einen Tag früher abzureisen.*
           Annabell weigerte sich, den Aufruf zu unter-schreiben.
HTPS   *Daniela fand, das Haus sei zu teuer.*

2.5.3 첨가어문이 있는 복합문

많은 첨가어가 동사구로 확장될 수 있다. 상황첨가어와 수식첨가어에서는 부문장과 부정사 구조가 가장 많이 등장하고, 확정 부문장과 일반적인 부문장도 나타나지만, 분사로 구성된 동사구와 주문장은 드물다. 부정 첨가어와 평가첨가어는 "계속적인" 부문장(새로운 독립적인 사상을 포함하는), 상위문 및 삽입문으로서 나타날 수 있다.

• 수식첨가어(Modifikative Angabe)

수식첨가어는 비교구조로 확장될 수 있으며 이때 상관사가 가능하다.

> *Er macht das (so), wie er es gelernt hat.*
> (그는 그가 배웠던 그대로 그 일을 하고 있다)
> *Annabell blickte ihn an, als ob sie etwas Entsetzliches erlebt hätte.* (아나벨은 마치 어떤 놀라운 일을 경험했던 것처럼 그를 쳐다보았다)

수식적인 분사구는 단축된 부문장으로 설명될 수 있다.

> *Verstört und am ganzen Leib zitternd kam sie näher.*
> (당황하여 온 몸을 떨면서 그녀는 가까이 다가 왔다)
> *Er sprang auf wie von der Tarantel gestochen.*
> (그는 마치 독거미에 쏘인 듯이/미친 듯이 벌떡 일어났다)

• 상황첨가어(Situative Angabe)

상황첨가어는 아주 다양한 확장가능성을 보여준다.

시간첨가어(Temporalangabe)는 부문장이나 분사구로 확장될 수 있다. 부문장에서는 상위구조와 하위구조 간의 시간관계가 고려되어야 한다.
동시성(Gleichzeitigkeit)에서는 종속접속사(Subjunktor) *als, seit, solange, sooft, während, wenn, wie*가 사용될 수 있다(그러나 *als*는 일회적인 과거

의 사건에서만 사용된다).

현재의 사건이나 중립적인 시간의 사건에서는 상위문과 하위문에서 현재시제(경우에 따라서는 현재완료)가 온다.

> *Wenn er Auto fährt, ist er ein anderer Mensch.*
> (그가 자동차를 운전할 때는 다른 사람이 된다)
> *Seit sie die Prüfung bestanden hat, geht es ihr besser.*
> (그녀가 시험에 합격한 이후에는 건강이 더 좋아지고 있다)

상위문의 사건이 미래에 놓여 있으면 미래시제가 사용될 수도 있다.

> *Sobald das Haus fertig ist, werden sie in Urlaub fahren.*
> (집이 완성되자마자 그들은 휴가를 떠날 것이다)

과거사건에서는 과거시제가 오지만 상위문에서는 현재완료가 올 수도 있다.

> *Als das Telefon läutete, blieb sie einfach sitzen.*
> (전화벨이 울렸을 때 그녀는 가만히 앉아 있었다)
> *Wo seid ihr gewesen, als Albert starb?*
> (알버트가 죽었을 때 너희들은 어디에 있었느냐?)

상위문의 사건이 전시성(Vorzeitigkeit)인 경우에는 종속접속사 *als, nachdem, sobald, sowie, wenn, seit*가 사용된다.

상위문의 사건이 현재나 미래인 경우에는 현재시제나 미래시제가 사용되고, 하위문에서는 현재시제나 현재완료가 사용된다. 이때 종속접속사가 전시성을 명확히 표현하지 않는 경우에는 현재완료를 선택하도록 하위문의 시제분할이 규정되어 있다.

Sobald der Krimi zu Ende ist, geht Manfred ins Bett.
(범죄영화가 끝나자 마자 만프레드는 취침한다)
Wenn ihr fertig gegessen habt, dürft ihr ins Schwimmbad (gehen). (너희들이 식사를 끝내면 수영장에 가도 된다)

하위문은 또한 *kaum*이 있는 주문장으로도 나타날 수 있다.

Kaum fällt die Tür ins Schloss, da steht er auch schon im Zimmer. (문이 덜컥 닫히자 마자 그도 역시 이미 방안에 들어온다)

상위문의 사건이 과거인 경우 대개 과거시제가 오고 하위문에서는 일반적으로 과거완료가 온다.

Als er sich das Buch ausgelesen hatte, ließ er es liegen.
(그는 그 책을 다 읽고 난 후에 그 책을 놓았다)
Nachdem er das Buch ausgelesen hatte, nahm er es nie wieder in die Hand. (그는 그 책을 다 읽고 난 후에 다시는 그 책을 손에 잡지 않았다)

하위문의 사건이 후시성(Nachzeitigkeit)인 경우에는 종속접속사 *als, bevor, ehe, bis, wenn*이 사용된다. 상위문의 사건이 현재이거나 중립적인 시간일 경우에는 두 부분문장에서 현재시제가 나타나고, 상위문의 사건이 미래인 경우에는 현재시제나 미래시제가 사용된다.

Bevor er sich duscht, turnt er jeden Morgen.
(그는 샤워하기 전에 매일 아침 체조를 한다)
Ich rufe an/werde anrufen, bevor ich dich besuche.
(내가 너를 방문하기 전에 전화를 걸 것이다)

상위문의 사건이 종결되어 있으면 상위문에서는 현재완료도 역시 가능하다.

Wenn du kommst, habe ich den neuen Text fertig geschrieben.
(네가 올 때쯤에 나는 새로운 텍스트를 다 쓸 것이다)

상위문의 사건이 과거인 경우에는 과거시제, 현재완료, 과거완료가 사용될 수 있다(대개 두 VP에서 시제가 일치한다).

Ehe sie in Urlaub fuhr, besuchte sie noch einmal ihre Mutter.
(그녀는 휴가를 떠나기 전에 다시 한 번 그녀의 어머니를 방문했다)
Er hat mich angerufen, bevor er abgereist ist/abreiste.
(그는 여행을 떠나기 전에 나에게 전화를 했다)
Ich hatte Oskar den Wagen geliehen, bis seine Frau zurückge-
kehrt war. (나는 오스카한테서 그의 부인이 돌아올 때까지 차를 빌렸다)

하위문이 앞에 오는 경우 상관사(Korrelat)가 가능하다(대개 *da, dann*).

Als ich ihn darauf ansprach. (da) erzählte er es mir.
(내가 그에게 그 문제를 거론했을 때 그는 그 문제를 나에게 얘기했다)

*seit, solange, sooft*에 대한 상관사는 *seitdem, so lange, so oft*이다.

Seit der Vater sie verlassen hatte, (seitdem) ging sie bei reichen
Leuten putzen. (아버지가 그녀를 버린 이후로 그녀는 부유한 사람들 집에서 청소부로 일했다)
Solange Ingrid krank war, (so lange) besuchte er sie täglich.
(잉리드가 병이 났을 동안에 그는 매일 그녀를 방문했다)

주격이 동일한 경우에는 시간적인 분사구가 가능하다. 이때 분사 Ⅰ은 동시성을, 분사 Ⅱ는 전시성을 암시한다.

Heftig an seiner Pfeife ziehend starrte er vor sich hin.
(파이프 연기를 힘차게 빨아들이면서 그는 자기 앞을 응시했다)
Kaum angekommen, stürzte er sich in die Prozessakten.
(도착하자마자 그는 소송서류에 몰두했다)
Mit diesem Foto konfrontiert, verweigerte er die Aussage.
(이 사진과 대조하고 난 후에 그는 진술을 거부했다)

장소첨가어(Lokalangabe)는 기껏해야 확정/일반적인 VP로서 등장한다.
상관사가 올 수도 있다.

Sie fand den Brief (da), wo sie es nie vermutet hätte.
(그녀는 생각지도 않았던 곳에서 그 편지를 발견했다)

원인첨가어(Kausalangabe)는 부문장과 분사구로서(수의적으로 상관사와
함께) 등장한다. 종속접속사는 특히 *da, umso mehr/weniger als, weil,
zumal (da)*이다.

Marlene kam nicht mit, da sie ihre Bergstiefel vergessen hatte.
(마르레네는 등산화를 가져오는 것을 잊었기 때문에 동참하지 않았다)
*Wir müssen ein Exempel statuieren, zumal diese Einbrüche sich
häufen.* (특히 이러한 가택침입이 늘어나기 때문에 본보기로서 벌해야 한다)
*Ich habe es (deshalb) gesagt, weil du immer noch nicht zu
verstehen scheinst.* (네가 아직도 여전히 이해하지 못하는 것처럼 보이
기 때문에 나는 그것을 말했다)

"자명한 이유"가 언급되는 경우에는 종속적인 요소 *wo*가 필수적인
*doch*와 결합하여 사용될 수 있다. *doch*가 있는 전치문도 동일한 의미로
사용될 수 있다

Er gähnte, wo er doch alles schon einmal gehört hatte.

Er gähnte, hatte er doch alles schon einmal gehört.
(그는 모든 것을 이미 한 번 들었기 때문에 하품을 하였다)

분사구는 드물다(인과관계가 항상 명확한 것은 아니기 때문이다).

Eine Intrige vermutend ließ sich Martin auf keinen der Vor-
schläge ein.
(음모가 있다고 추측했기 때문에 마르틴은 어떤 제의에도 응하지 않았다)
Mit großer Verspätung eingetroffen eilte der Minister unver-
züglich ans Rednerpult.
(대단히 늦게 도착했기 때문에 장관은 지체없이 연단으로 서둘러 갔다)
Von den zahllosen Protesten entmutigt, verzichtete er auf eine
erneute Kandidatur.
(수많은 항의에 낙담했기 때문에 그는 재출마를 포기했다)

조건첨가어(Konditionalangabe)는 부문장, 전위문, 분사구로서 실현될 수 있다(상관사 *dann, so*가 가능하다).

종속접속사는 *(außer) wenn, da, falls, sofern, soweit, wenn…* *schon*이다. 부문장은 각각 상위문 사건의 현실(Realität)에 대한 조건을 언급한다. 현실적인 조건(직설법을 통한)은 상위문의 사태가 아주 개연성이 있는 것으로 만들어 준다.

Wenn sie heiraten, kann sie hier bleiben.
Sie kann hier bleiben, wenn sie heiraten.
(그들이 결혼하면 그녀는 여기에 머무를 것이다)

접속법 II는 개연성을 감소시킨다.

Wenn sie heiraten würden, dürfte sie hier bleiben.
(만일 그들이 결혼하게 된다면 그녀는 여기에 머무를 것이다)

과거를 기술하는 조건절 구조만이 "비현실적"(irreal)이 될 수 있다. 이런 구조는 접속법 II의 완료형을 요구한다.

> *Wenn sie geheiratet hätten, hätte sie hier bleiben können.*
> *Sie hätte hier bleiben können, wenn sie geheiratet hätten.*
> (만일 그들이 결혼을 했더라면 그녀는 여기에 머무를 수 있었을 텐데)

전위문은 부문장과 동일한 역할을 수행하며 거의 항상 앞에 오고 상관사가 온다.

> *Heiraten sie, so kann sie hier bleiben.*
> *Würden sie heiraten, so könnte sie hier bleiben.*
> *Hätten sie geheiratet, so hätte sie hier bleiben können.*

오직 상대방과 관련해서만 사용될 수 있는 명령법적인 조건문도 역시 이러한 관계에 속한다.

> *Trink nur so weiter, du wirst die Folgen bald spüren.*
> (그렇게 계속해서 마셔라. 그러면 너는 그 결과를 곧 느끼게 될 것이다)

조건적인 분사구는 특히 상투적으로 나타난다. 조건적인 형용사구가 종속접속사와 같이 나타나기도 한다.

> *genau betrachtet*… (정확히 관찰하자면)
> *besser gesagt*… (보다 더 좋게 말하자면)
> *Falls erforderlich, wiederholen Sie die Behandlung am Abend.*
> (필요한 경우에는 저녁에 논의를 반복하라)

결과첨가어(Konsekutivangabe)는 오로지 뒤에 오는 부문장(*so dass*에 의

해 유도된)으로서만 등장한다.

> *Er drehte den Hahn ganz auf, so dass das Wasser über die Treppe spritzte.* (그가 수도꼭지를 완전히 틀어 올려서 물이 계단 위로 튀었다)

양보첨가어(Konzessivangabe)는 특히 부문장, 드물게는 전위문과 분사 구로서 등장한다.

> *Obwohl es regnet, ist die Stadt wunderschön.*
> *Wenn es auch regnet, ist die Stadt (doch) wunderschön.*
> *Auch wenn es regnet, ist die Stadt wunderschön.*
> (비록 비가 오지만 그 도시는 아주 아름답다)

> *Trotzdem sie schreckliche Kopfschmerzen hatte, erschien sie zur Arbeit.* (그녀는 극심한 두통이 있었지만 일하러 나왔다)

"효력이 없는 반대이유"는 의문사 다음에 추가적으로 *(auch) immer*를 통해서 감소될 수 있다.

> *Wer auch immer das gesagt hat, er irrt sich.*
> (누가 그 사실을 말했더라도 그의 생각은 틀린다)
> *Du kannst mich anrufen, wann immer du Lust hast.*
> (너는 언제라도 마음이 내키면 나에게 전화해도 된다)

양보적인 부문장이 뒤에 올 수도 있다.

> *Diese Stadt ist wunderschön, auch wenn es regnet.*

양보적인 선행문은 보통 앞에 오며 종종 *und*가 선행한다. 그러면 상 위문은 전장문이나 혹은 선행문으로 실현된다.

(Und) wäre sie krank, (so) würde sie trotzdem kommen.
(Und) wäre sie krank, sie würde trotzdem kommen.
(아픈데도 불구하고 그녀는 올 것이다)

명령적인 선행문은 대개 상위문에서 불변화사 *doch*를 요구한다.

Geh nur zum Chef, es wird dir doch nichts nützen.
(사장에게 가더라도 그것이 너에게는 아무런 도움이 되지 않을 것이다)

드물게 나타나는 양보적인 분사구(주격이 동일한 경우에만)는 해당 종속
접속사를 요구한다.

Obgleich gewarnt, ging er (doch) aus dem Haus.
(비록 경고를 받았지만 그는 집에서 나갔다)

목적첨가어(Finalangabe)는 부문장(*damit, auf dass, dass*를 통한)이나 혹
은 부정사 구조(*um zu*를 통한)로 나타난다.

Walter ließ die Tür offen, damit der Hund heraus konnte.
(발터는 개가 나갈 수 있도록 문을 열었다)
Walter öffnete die Tür, um den Hund heraus zu lassen.
(발터는 개를 내보내려고 문을 열었다)

도구첨가어(Instrumentalangabe)는 부문장(*indem*을 통한)이나, 드물게
는 분사구(분사 I을 통해서만)로 나타난다.

*Sie lernte die Sprache, indem sie täglich zwei Stunden Radio
hörte.* (그녀는 매일 두 시간씩 라디오를 들음으로써 언어를 배웠다)
Radio hörend lernte sie diese Sprache.
(라디오를 들으면서 그녀는 이 언어를 배웠다)

제약첨가어(Restriktivangabe)는 부문장(*außer dass/wenn, nur dass, kaum dass, sofern, soviel, soweit*를 통한)으로 나타난다.

> *Deine Arbeit ist ganz in Ordnung, nur dass das Literaturverzeichnis fehlt.*
> (너의 논문은 참고문헌이 없는 것만 제외하고는 나무랄 데가 없다)
> *Ich muss morgen um neun Uhr dort sein, soweit ich weiß.*
> (내가 아는 한 내일 아홉 시에 나는 거기에 가야 한다)

동반첨가어(Komitativangabe)는 부문장(*indem, während, statt dass, ohne dass*를 통한), 부정사 구조(*anstatt zu, ohne zu*를 통한), 분사구 혹은 주문장으로 나타난다.

> *Er liest immer Zeitung, während er isst.*
> (그는 식사 중에 항상 신문을 읽는다)
> *Er nimmt ständig diese Tabletten, ohne dass er krank wäre.*
> (그는 아프지도 않으면서 지속적으로 이 환약을 먹는다)
> *Anstatt dass Patrick seine Hausaufgaben macht, baut er an seinem Baumhaus.* (파트릭은 숙제는 하지 않고 나무꼭대기에 작은 오두막집 짓기 놀이를 하고 있다)

주격이 동일하며 결여된 상황이나 대신하는 상황에서만 부정사 구조가 사용된다.

> *Er nimmt ständig diese Tabletten, ohne krank zu sein.*
> (그는 아프지도 않으면서 지속적으로 이 환약을 먹는다)
> *Er nimmt ständig diese Tabletten, anstatt an die frische Luft zu gehen.* (그는 신선한 공기를 마시려 산책하는 대신에 지속적으로 이 환약을 먹는다)

동반적인 상황에서만 분사구가 사용된다.

Ständig den Kopf schüttelnd ging sie die Dorfstraße hinunter.
(계속해서 머리를 흔들면서 그녀는 마을길을 내려갔다)

부정첨가어(Negativangabe)는 단지 계속적인 부문장으로만 확장될 수 있다.

Engelbert sprach von Umweltzerstörung, was freilich übertrieben war. (엥엘베르트는 환경파괴에 대해서 이야기했는데 그것은 물론 과장되었다.)
Es hieß, die Nachfolgefirma werde die Leute weiter beschäftigen, was sich aber als unhaltbare Behauptung erwies. (후계자가 맡은 회사는 사람들을 계속해서 고용할 것이라는 소문이 있었지만, 그러나 그것은 근거 없는 주장으로 증명되었다)
Der Wagen soll nur 4 Liter auf 100 Kilometer verbrauchen, was ich aber nicht bestätigen kann. (그 자동차는 100km 가는데 다만 4리터의 휘발유만을 소비한다고 하지만 나는 그 사실을 증명할 수가 없다)

평가첨가어(existimatorische Angabe) 역시 계속적인 부문장으로 확장될 수 있다.

Irene ist aus dem Team ausgeschieden, was ich sehr bedauerlich finde. (이레네가 팀에서 추방되었는데 나는 그것을 매우 유감으로 생각한다)

하지만 평가첨가어는 상위문이나 삽입구(Parenthese)로서도 똑같이 나타날 수 있다.

Ich finde es sehr bedauerlich, dass Irene aus dem Team

ausgeschieden ist. (나는 이레네가 팀에서 추방된 것을 매우 유감으로 생각한다)
Irene ist - ich finde das sehr bedauerlich - aus dem Team ausgeschieden. (이레네가 팀에서 추방되었는데 나는 그것을 매우 유감스럽게 생각한다)

상이한 확장형태가 부분적으로는 테마 - 레마 구분과 관계가 있다. 평가첨가어적인 상위문은 앞이나 뒤에도 올 수 있으며 대개 레마이다. 계속적인 부문장은 상위문의 레마와 더불어 하나의 고유한 레마를 형성한다. 이에 반해 삽입구는 오히려 테마가 된다.

계속적인 첨가어문(weiterführender Angabesatz)에 대해 요약하면 다음과 같다.

· 이들은 항상 뒤에 온다.
· 이들은 의문사(*was* 혹은 전치사적 부사)에 의해 유도된다.
· 이들은 항상 전체 상위문과 관련된다.
· 이들은 상위문 사건에 종속하는 하나의 새로운 사상을 포함한다.

이들과 경쟁관계에 있는 문장으로서 쌍점에 의해 뒤의 문장과 분리되어 있는 앞에 오는 자립적인 부문장이 있다.

Was ich sehr bedauerlich finde: Irene ist aus dem Team ausgeschieden. (내가 아주 유감스럽게 생각하는 것은 이레네가 팀에서 추방된 것이다)

2.5.4 부가어문이 있는 복합문

명사, 대명사, 형용사, 부사에 대한 부가어는 문장형태의 구조로 "확장"
될 수 있다. 확장된 부가어의 표현형태는 부문장, 부정사 구조, 분사구
및 종속적인 주문장이다.

명사에 대한 부가어문

모든 가능한 표현형태들이 등장한다.
부문장(Nebensatz)은 명사의 일부, 즉 보충어에 한정되어 있다.

> *die Vorstellung, dass Irene ausscheiden könnte.*
> (이레네가 탈퇴할 수도 있다는 생각)
> *der Tag, als der Regen kam* (비가 왔던 날)
> *die Stelle, wo Albert starb* (알버트가 죽은 장소)
> *die Frage, ob wir so weitermachen sollen*
> (우리가 그렇게 계속해야 하는지에 대한 질문)

*ob*가 가능한 곳에서는 또한 임의의 의문사가 삽입될 수도 있다.

> *die Überlegung, wie man den Abfluss verbessern könnte*
> (우리가 어떻게 하수구를 개선할 수 있는지에 대한 생각)
> *die Frage, wann Katelbach kommt*
> (카텔바흐가 언제 오는지에 대한 질문)
> *die Frage, wer so etwas gemacht haben könnte*
> (누가 그런 것을 할 수 있었는지에 대한 질문)

하지만 가장 자주 사용되는 부가어적인 동사구는 **관계문**(Relativsatz),
즉 관계대명사에 의해 유도되는 정형의 부문장이다. 상위문에 독립적이

며 완전한 의미를 갖는 하나의 관계어(Bezugswort 선행사)가 있는 경우에
만 우리는 관계문에 관해서 말할 수 있다.

대부분의 다른 부가어적인 동사구에 비해서 관계문은 하나의 특성을
나타낸다. 즉 관계문의 유도어(=관계대명사)가 한편으로는 부문장을 상위
문의 한 요소에 종속시키지만, 다른 한편으로는 동시에 종속문 안에서 하
나의 통사적인 기능을 가진다. 우리가 관계대명사를 범주적으로 종속요
소와 하위문 성분으로 "분할"하면 이러한 이중 기능을 도식에서 일목요연
하게 표현할 수 있다. 몇몇 관계대명사(예컨대 *der*)에서는 표층에서도 나
란히 분할될 수 있다. 즉, *d*는 종속요소(sjk)이고 *er*는 하위문 성분이다.

der Vogel, der die ganze Nacht vor meinem Fenster gesungen hat
(밤새도록 내 창가에서 노래를 불렀던 그 새)

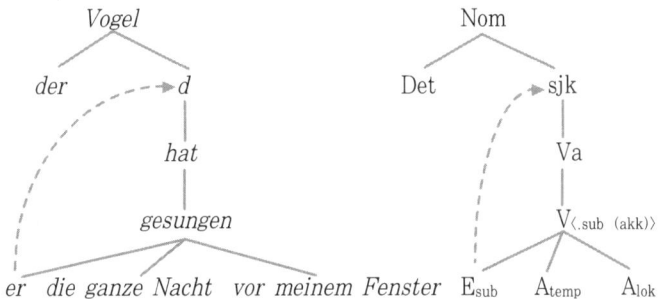

인도 유럽어에서는 두 가지 기능이 일반적으로 관계대명사 안에 통합
되어 있다. 하지만 이러한 기능이 여러 단어들에 분할되어 있는 언어(터
키어와 같은)도 있다.

관계대명사에 대한 또 다른 예들은 다음과 같다(하위문에서 관계대명사의
통사적 기능이 각각 괄호 안에 제시된다).

die beiden Männer, die sie vor der Bank gesehen haben will
(E_{akk}) (그녀가 은행 앞에서 보았다고 주장하는 그 두 남자들)
Hanna, der ich dein Buch geliehen hatte (E_{dat})
(내가 너의 책을 빌려준 한나)
Heinz, dessen Tochter das Lokal gepachtet hat (명사 *Tochter*에 대
한 부가어) (그 딸이 음식점을 임차한 하인츠)

관계대명사의 성과 수는 관계어(=선행사 Bezugswort)에 따르지만 격은
하위문의 기능에 따른다. 관계대명사의 형태에 대해서는 4.5.3을 참조하
기 바람.

관계대명사가 전치사적 기능을 가지는 경우 전치사는 해당 관계대명사
와 함께 등장한다.

Annette, auf die immer Verlass war (E_{prp})
(언제나 믿을 수 있었던 안네테)

그 대신에 (아주 드물게) 전치사적 부사도 나타날 수 있다.

die Gesellschaft der Zukunft, wovon sie immer geträumt hatte
(그녀가 항상 꿈꾸어 왔던 미래 사회)

이것과 경쟁하는 형태의 분포에 대해서는 2.2 "전치사적 보충어"를 참
조 바람.

관계적인 유도요소가 장소적인 의미를 가지면 *wo*도 사용될 수 있다.

das Hochtal, wo wir die Murmeltiere beobachtet haben.
(우리가 마못을 목격했던 고지의 골짜기)

그밖에 격식이 없는 일상어에서는 불변화사 *wo*가 일반적인 관계사로
서 나타난다. 이러한 형식은 표준어에서 벗어나므로 사용하지 말아야 한다.

＊*das Motrorad, wo dort steht*

수식적인 의미에서는 대개 *wie*가 사용된다.

die Art, wie er mich ansieht (그가 나를 바라보는 방법)

관계대명사 *welch-*에 대해서는 4.3.4와 4.5.3 "관계사" 참조.
관계대명사 앞에는 항상 선행사가 온다. 우리는 관계대명사를 의미적
으로 두 가지 종류로 구별해야 한다.

① 제한적인 관계문(restriktiver Relativsatz)은 관계개념의 필수적인 특
징을 포함한다. 이러한 관계문이 없다면 각각의 복합문은 옳은 문
장이 될 수 없을 것이다.

*Die Häuser, die von dieser Firma gebaut wurden, haben viele
Mängel.* (이 회사에 의해 지어진 집들은 많은 하자가 있다)

제한적인 관계문의 선행사 앞에는 항상 한정사 *d··jenig-*가 올 수 있
다.

*Diejenigen Häuser, die von dieser Firma gebaut wurden, haben
viele Mängel.*

② 비제한적인 관계문(nichtrestriktiver Relativsatz)은 관계개념의 비필
수적인 (다만 추가적인) 특징을 포함한다. 비제한적인 관계문의 존재
유무가 전체 복합문의 진리치에 아무런 변화도 초래하지 않는다.
이 관계문은 항상 *übrigens*(더욱이/그밖에)로 확대될 수 있다.

Die Häuser, die (übrigens) letzten Monat verkauft wurden, haben viele Mängel.
(그 집들은 - (더욱이) 지난달에 팔렸는데 - 많은 하자가 있다)

항상 새로운 독립적인 사상을 포함하는 비제한적인 관계문이 종종 "계속적인 관계문"(weiterführender Relativsatz)이라고도 일컬어진다.

부가어로서의 **부정사 구조** 역시 명사의 한정된 집합에 제한되어 있다. 부정사 구조는 관계대상이 (경우에 따라서는 생각만 할 수 있는) 하위문의 대상과 동일한 경우에만 가능하다.

ihre Hoffnung, diesen Tag noch zu erleben
(이 날을 다시 체험하고 싶어하는 그들의 희망)
die große Freude, auch die Nachbarin begrüßen zu dürfen
(이웃 집 여자에게 인사해도 되는 커다란 즐거움)
die Gewissheit, mich auf sie verlassen zu können
(그들을 신뢰할 수 있는 확신감)
seine Fähigkeit, komplexe Zusammenhänge zu vereinfachen.
(복잡한 관계를 단순화할 수 있는 그의 능력)

부가어적인 **분사구**가 명사에 대한 동격으로 나타난다. 이들은 항상 변화하지 않으며 주로 문어에 속한다.

der Förster, merklich hinkend…
(눈에 띄게 절뚝거리는 산지기)
über zwanzig Wildschweine, vor kurzem erlegt…
(조금 전에 죽은 스무 마리 이상의 멧돼지)

명사에 대한 **주문장 형태**의 부가어는 소수의 명사에서만 등장한다. 이들의 정동사는 대개 접속법으로 온다.

die Hoffnung, die Verhältnisse würden sich bessern
(상황이 개선되리라는 희망)
die Erwartung, Hans werde diesmal zeitig eintreffen
(한스가 이번에는 제 때에 도착하리라는 예상)

대명사에 대한 부가어문

대명사에 대한 부가어문으로서는 관계문만이 등장한다.

• 상대대명사에 대한 관계문

관계대명사가 주어기능을 갖는 경우 반복적인 관계문과 단순한 관계문을 구별해야 한다. 고상한 표현법을 나타내며 대개 보다 강조적으로 작용하는 반복적인 관계문에서는 선행사(상대 대명사, Partnerpronomen)가 반복되고 정동사는 이 선행사와 일치한다.

du, der du immer auf meiner Seite warst
(항상 내편에 서 있었던 너)
ich, der ich dich als Erben eingesetzt habe
(너를 상속자로 지정했던 나)

단순한 관계문에서는 선행사가 반복되지 않으며 정동사가 관계대명사와 일치하고, 즉 3인칭으로 온다.

du, der immer auf meiner Seite war
ich, der dich als Erben eingesetzt hat

선행사가 사격(斜格, obliquer Kasus)으로 올 수도 있다.

dir, den ich als meinen Nachfolger angesehen hatte
(내가 내 후계자로 간주했던 너에게)
dich, dem ich alles zugetraut hätte
(내가 모든 것을 믿어왔던 너를)

• 순수한 지시대명사에 대한 관계문

여기서도 반복적인 형태와 단순한 형태가 있다.

sie, die sie immer dabei war
sie, die immer dabei war
(항상 출석했던 그녀가)
sie, der ich immer vertraut habe
(내가 항상 믿어왔던 그녀가)
sie, auf deren Entwurf ich richtig stolz war
(내가 구상에 대해 진정으로 자랑했던 그녀가)

• 지시대명사에 대한 관계문

die, der ich alles erzählt habe
(내가 모든 것을 이야기했던 그녀가)
die, nach der ich gesucht habe
(내가 찾고 있었던 그녀가)

이 경우에서만 관계문을 앞에 놓을 수 있는 가능성이 존재한다.

Wer nicht arbeitet, der soll auch nicht essen.
Wer nicht arbeitet, soll auch nicht essen.
(일을 하지 않는 사람은 또한 먹어서도 안 된다)

지시대명사 *der*가 상위문에 없는 경우(위의 두 번째 문장)에는 이것이 확정 부문장이나 일반적인 부문장이 된다.

• 부정대명사에 대한 관계문

> niemand, den ich kenne
> (내가 알고 있는 어느 누구도…아니다)
> jemand, der informiert ist
> (소식을 들은 누군가가)

이러한 대명사가 추상적인 대상이나 부정의 대상을 표현하는 경우 관계대명사는 대개 was이다.

> nichts, was mich weiter interessieren könnte
> (계속해서 나의 관심을 끌 수 있는 것은 아무 것도 없다)
> alles, was ich je gesehen habe
> (내가 지금까지 보았던 모든 것)

형용사에 대한 부가어문

표현형태는 부문장(대개 종속접속사 dass를 갖는), 관계문(최상급의), 부정사 구조(종속접속사 zu, um zu를 갖는)이다.

> glücklich, dass alle wieder zu Hause waren
> (모두가 다시 집에 있게 되어 행복한)
> listenreich, wie er nun einmal war
> (그가 이전에 그랬던 것처럼 술수에 능란한)
> das Schönste, das/was ich je erlebt habe
> (내가 지금까지 체험했던 것 중에서 가장 아름다운)
> erfahren genug, um diese Dummheit kein zweites Mal zu machen

(이러한 우둔한 짓을 두 번 다시 하지 않을 만큼 노련한)

부사에 대한 부가어문 ▐▐▐▬

damals, als Albert verschüttet war
(알버트가 기분이 상했던 그 당시)
dort, wo ich ihr über den Bach half
(그녀가 개울을 건널 때 내가 도와주었던 그 곳에서)
öfter, als die Vernunft es zulässt
(이성이 그것을 허용하는 것보다 더 자주)
früher, als sie gedacht hätte
(그녀가 생각했던 것보다 더 빨리)
so leicht, wie ich es dir vorgemacht habe
(내가 너에게 그것에 대해 시범을 보였던 것처럼 아주 쉽게)
nicht so bequem, wie du meinst
(네가 생각하는 것처럼 그렇게 편안하지 않은)
nicht so warm, um sich auszuziehen
(옷을 벗기에는 그렇게 따뜻하지 않은)
zu oft, um es zu vergessen
(그것을 잊기에는 너무 자주)

2.6 문장의 어순

2.6.1 개 관

다음에서의 서술은 중장(Mittelfeld)의 기본어순(Grundfolge)에서 출발하여 중장 내부에서의 치환(Verschiebung, Permutation)과 중장 밖으로의 치환을 기술한다.

많은 독자들은 지금까지 알고 있다고 믿어왔던 것으로부터 벗어나야 할 것이다. 특히 특정한 요소들은 "첫 번째 위치", "두 번째 위치", "마지막 위치"에 온다는 생각으로부터 벗어나야 한다. 이 책에서 선택된 서술에 따르면 소위 문장의 시작과 끝이 존재하는 것이 아니라, 다만 중장에서의 순서와 중장의 좌우의 위치만이 존재한다. 이때 문장괄호(Satzklammer) 이외에 오직 하나의 중장만을 포함하는 문장이 독일어에서는 거의 나타나지 않는다는 사실은 중요하지 않다. 따라서 우리는 이론적인 구성물에서 출발해야 한다. 왜냐하면 이것은 어순(Wortstellung)의 기술과 설명을 더욱 분명하게 해주기 때문이다.

다른 한편으로는 독자들이 문장에서의 세 가지 **어순영역**(Stellungsfeld)에 익숙해지는 것이 필수적이다. 서술문(Konstativsatz)에서 출발하면 정동사 앞에 정확히 하나의 어순요소가 온다. 그밖에 주문장이 예컨대 완료형으로 오면 비정형 동사가 두 번째 경계를 형성한다. 이 두 번째 경계 앞에 대부분의 나머지 요소들이 오고 몇 요소들만이 이 경계 뒤에 올 수 있다. 동사복합체의 성분들은 우리가 알고 있는 바와 같이 **문장괄호**(Satzklammer)를 형성하며, 그리하여 문장을 전장(Vorfeld), 중장(Mittelfeld), 후장(Nachfeld)으로 나눈다.

*Bei uns **hat** es Spaghetti **gegeben** heute.*

전장   중장   후장

중요한 것은 정동사가 있는 부문장과 부정사 구조에서도 비록 모든 동사적 요소들이 우측에 있을지라도 이와 같은 문장괄호가 존재한다는 것

이다. 그러면 괄호의 좌측 부분은 보통 종속접속사가 차지한다.

*weil es bei uns Spaghetti **gegeben hat** heute*
(우리 집에서는 오늘 스파게티가 나왔기 때문에)
um** euch etwas Anständiges zum Essen **vorsetzen zu können
(너희들에게 식사로 만족할만한 것을 제공하기 위해서)

2.6.2 중장에서의 기본어순

개 관 ▐▐▐▬

우리는 모든 요소들이 "선형화" 되기 전에 이미 그들의 최종적인("어휘화된") 형태를 얻었다고 가정한다. 즉 다음의 형태는 한 범주의 변이형으로 간주되지 않고 각각 독립적인 어순요소로 간주된다.

diesem hageren Portier (이 마른 수위에게)
ihm (그에게)
dem (그에게)

이 말이 의미하는 바는 우리가 "그" 4격 보충어, "그" 주어, "그" 부정어 따위의 어순을 연구하는 것이 **아니라** 비교적 구체적인 표현형태를 연구한다는 것이다.

부문장에서는 어순규칙을 보다 쉽게 인식할 수 있으며 또한 보다 잘 기술할 수 있다. 그 이유는 부문장에서는 평균적으로 주문장에서보다는 첫째, 문장괄호가 더 자주 나타나고 둘째, 더 많은 요소들이 중장에 오기 때문이다. 따라서 다음 보기의 대부분은 부문장의 형태를 갖는다.

보충어와 첨가어는 상이한 어순규칙에 따르며, 그밖에 격 보충어는 여타의 보충어와는 다른 규칙에 따른다. 이러한 인식으로부터 다음의 분류가 생겨난다.

격 보충어

격 보충어(Kasusergänzung)에서는 세 가지 분류가 필요하다.

1. 그 자체 **강세가 없는 의무적인 대명사 보충어**(obligatorisch pronominale Ergänzung)는 중장의 가장 좌측에 온다. 우리는 이들을 세 소문자로 표기한다.

   *weil **sie ihn** noch nicht bemerkt hatte* (sub akk)
   (그녀가 그를 아직도 목격하지 못했기 때문에)

이러한 요소들에 대해서는 주어 - 4격 보충어 - 3격 보충어의 어순이 적용된다.

   *weil **ich es mir** nicht so vorgestellt habe* (sub akk dat)
   (내가 그것을 그렇게 상상하지 못했기 때문에)

전접적(前接的)인 4격 보충어에서만 다른 어순이 적용된다.

   *Könnten **Sie mir's** bitte nochmal erklären?* (sub dat akk)
   (나에게 그것을 다시 한 번 설명해주실 수 있겠습니까?)

하지만 여기서도 규칙적인 어순이 가능하다.

*Könnten **Sie's mir** bitte nochmal erklären?* (sub akk dat)

대명사적인 (강세가 없는) 술어보충어(prd) 역시 여기에 속한다.

> *weil **sie es** noch nicht geworden ist* (sub prd)
> (그녀가 아직도 그런 사람이 되지 않았기 때문에)
> *Ist **sie es** denn wirklich?* (sub prd)
> (그녀가 도대체 정말로 그런 사람입니까?)

2격 보충어는 이 첫 번째 부류에 속하지 않는다.

강조되지 않는 재귀대명사는 해당 보충어(E_{akk}, E_{dat})처럼 다루어진다.

> *dass du **dich** nicht mit ihm einlassen sollst*
> (네가 그 사람과 상종해서는 안 된다는 사실)
> *dass du **dir** nicht die Hände schmutzig machen sollst*
> (네가 더러운 일을 해서는 안 된다는 사실)

② **확정 보충어**(definite Ergänzung)는 대명사나 명사구로서 나타날 수 있으며 대개 (중간 정도) 강세가 있다. 이들은 예외 없이 의미자질 'bekannt'(알려진)를 갖는다.

기본어순에서 이들은 의무적인 대명사적 보충어의 우측에 온다. 우리는 이들을 첫 글자만 대문자인 세 글자로 표기한다.

> *weil **sie den** noch nie so erlebt hatte* (sub Akk)
> (그녀는 그 사람을 지금까지 그렇게 겪어보지 못했기 때문에)
> *weil **sie den jungen Verkäufer** noch nie so erlebt hatte* (sub Akk)
> (그녀는 그 젊은 상인을 지금까지 그렇게 겪어보지 못했기 때문에)

2격 보충어의 가능한 형태들 중에서 대명사적 확정 형태인 *derer*,

dessen 이 여기에 속할 수 있겠다. 우리는 이 둘을 "Gen"으로 표기한다.

> *weil **sich Sabeth** damals **dessen** nicht mehr entsinnen konnte*
> (akk Sub Gen)
> (자베트가 그 당시 그것을 더 이상 상기할 수 없었기 때문에)
> *weil **sie Paul dessen** gar nicht beschuldigt hatte* (sub Akk Gen)
> (그녀는 파울에게 그것에 대해 전혀 죄를 씌우지 않았기 때문에)

이 부분부류의 많은 요소들이 동시에 나타나면 Sub - Dat - Akk - Gen 의 어순이 적용된다.

> *auch wenn **ich dém den Wagen** überlassen habe* (sub Dat Akk)
> (비록 내가 그 사람에게 자동차를 넘겼지만)
> *auch wenn **ích dén des Diebstahls** bezichtigt hätte* (Sub Akk Gen)
> (비록 내가 그 사람에게 절도죄를 씌었지만)

확정적이며 강세가 있는 대명사적 술어보충어(Prd) 역시 이 부분부류에 속한다. Sub - Akk - Prd의 어순이 적용된다(E_{dat}, E_{prd}가 함께 나타나지는 않는다).

> *weil **Anna das** nicht geworden ist* (Sub Prd)
> (안나가 그런 사람이 되지 않았기 때문에)
> *dass **wír íhn só** genannt haben* (Sub Akk Prd)
> (우리가 그를 그렇게 불렀던 사실)

③ **비확정 보충어**(indefinite Ergänzung)(자질 "bekannt"가 없는)에 대해서도 역시 주어 - 3격 - 4격의 어순이 적용된다. 이 부류의 요소들은 본질적으로 확정적인 격 보충어의 우측에 온다. 비확정 보충어 역시 대명사나 명사구로 나타날 수 있다. 우리는 이들을 세 가지 대

문자로 표기한다.

*weil **niemand etwas** gemerkt hat* (SUB AKK)
(어느 누구도 무엇인가를 인지하지 못했기 때문에)
*nachdem von all diesen Vorgängen in der besagten Nacht **einer nur einen Teil** bemerkt hat* (SUB AKK) (어떤 사람이 그날 밤에 있었던 이 모든 과정들 중에서 일부만을 진술한 이후로)
*obwohl **so etwas keinem von uns** eingefallen wäre* (SUB DAT)
(비록 그러한 생각이 우리들 중의 어느 누구에게도 떠오르지 않았지만)

다양한 부분부류의 요소들이 동시에 나타나면 이들은 다음의 도식에 따라서 배열된다.

sub - akk - prd - dat - Sub - Dat - Prd - Akk - Gen - DAT - AKK
SUB

이에 대한 보기를 들어보면 다음과 같다.

*nachdem **ihr der Pfarrer den Schlüssel** ausgehändigt hatte*
(dat Sub Akk) (목사님이 그녀에게 열쇠를 넘겨준 이후로)
*obwohl **er der Nachbarin einen Zweitschlüssel** gegeben hatte*
(sub Dat AKK) (그가 이웃여인에게 두 번째 열쇠를 주었지만)
*obwohl **ihn der Küster einem Nachbarn** gegeben hatte*
(akk Sub DAT) (교회 관리인이 이웃사람에게 그것을 주었지만)

여타의 보충어

여타의 보충어는 광범위하게 상호 배제한다. 즉, 이들이 결코 동시에 나타나지는 않는다. 따라서 우리는 이들을 단일한 어순부류로 간주할 수 있다. 이들은 그 형태와는 상관없이 중장의 우측 끝에 온다. 우리는 이들을 세 개의 대문자로 표기한다.

> da **Bernd** *meines Wissens sehr lange* **dort** *gelebt hat* (Sub SIT)
> (내가 알기로는 베른트가 매우 오랫동안 거기서 살았기 때문에)
> *als* **sie** *vergangenen Sommer* **nach Österreich** *gefahren sind*
> (sub DIR) (그들이 지난여름에 오스트리아로 떠났을 때)
> *obwohl* **er** *am Ende doch noch* **zum Amtsleiter** *aufgestiegen ist*
> (sub PRD) (그가 결국 기관장으로 승진했지만)
> *dass* **Peter** *doch noch hätte* **die Puppen tanzen lassen** *sollen*
> (Sub VRB) (페터가 인형이 춤을 추도록 했어야 했다는 사실)

동사적 보충어로서 사용되는 부문장에서는 필수적인 치환규칙이 적용된다. 즉, 부문장은 후장으로 이동한다.

*deren, dessen*을 제외하고는 2격 보충어의 모든 형태(강세가 있는 술어 보충어와 더불어)가 여타의 보충어에 속한다.

> *dass* **Karl seinen Nachbarn der üblen Nachrede** *überführt hat*
> (Sub Akk GEN)
> (카알이 자기 이웃사람에게서 악의적인 비방을 확인한 사실)

한 문장에 간혹 두 개의 전치사적 보충어가 나타난다. 그러면 이들의 순서는 테마 - 레마의 구분에 따른다. 좀 더 강세가 있는/좀 더 중요한 요소가 두 번째 위치에 온다.

> *Schließlich hat* **er** *das Haus für 10.000 Mark an die Stadt*
> *verkauft.* (sub Akk Prp$_1$ Prp$_2$)
> (결국 그는 그 집을 10,000마르크 받고 시에 팔았다)

그밖에 여타 보충어의 다른 집단이 나타나지 않기 때문에 우리는 이런

요소들을 SON으로 총괄할 수 있다. 우리는 이들을 다음과 같이 한 집단
으로 묶을 수 있다.

```
SIT
DIR
EXP          ⎫
NOM  ⎫ PRD   ⎬ SON
ADJ  ⎭       ⎭
VRB
```

동사첨가어 ▐▐▐■━━━━━━━━━━━━━━━━━━━━━━━━━━━━━━

첨가어를 네 가지 큰 부류 - 상황첨가어, 평가첨가어, 부정첨가어, 수식
첨가어 - 로 구분하는 것은 어순의 관점에서도 도움이 되는 것으로 증명
된다. 또 다른 구분은 합당하지 않은 것으로 나타난다. 첨가어의 집단에
서는 특히 적용범위("무엇이 무엇에 적용되는가?")만이 어순을 결정하기 때문
이다.

> *Wir wollen die Sache trotzdem heute erledigen.*
> (우리는 그 일을 어쨌든 오늘 중으로는 끝마치려고 한다)

이 문장에서의 양보첨가어 *trotzdem*은 우측에 있는 *heute erledigen*
에 적용된다. 따라서 특정한 시점에서 해당 사건은 (너무 약한) 반대이유에
도 불구하고 현실적(real)이 된다.

> *Wir wollen die Sache heute trotzdem erledigen.*
> (우리는 그 일을 오늘 중으로 어쨌든 끝마치려고 한다)

상황첨가어 *heute* 는 우측에 있는 *trotzdem erledigen* 에 적용된다. 따라서 효과가 없는 반대이유에도 불구하고 현실적인 사건은 오늘 중으로 일어난다.

우리는 첨가어를 각각 소문자로 축약하여 표현한다 ： s=상황첨가어, e=평가첨가어, n=부정첨가어, m=수식첨가어. 또 다른 하위분류가 필요한 곳에서는 하위지표를 사용한다.

s_{konz} 양보첨가어
s_{temp} 시간첨가어
e_{abt} 어조첨가어(평가첨가어의 집합에서 나온)

상황첨가어와 평가첨가어는 기본어순에서 동일한 위치를 갖는다. 즉 이들은 확정 보충어와 비확정 보충어 사이에 온다. 이들 다음에 부정첨가어가 오는데 부정첨가어는 비확정 보충어 앞에도 올 수 있다. 개별 첨가어의 구체적인 어순에서 중요한 것은 다시금 첨가어의 적용범위이다.

weil Andrea **gestern natürlich** *einen großen Fehler gemacht hat*
(s e) (안드레아가 어제 물론 큰 과오를 저질렀기 때문에)
ob Michael **tatsächlich dort** *einen Kuchen gestohlen hat* (e s)
(미카엘이 실제로 거기서 케이크를 훔쳤는가의 여부)

수식첨가어가 가장 우측에 온다. 즉, 이들은 비확정 격 보충어 뒤에, 여타의 보충어 앞에 온다.

dass mir die Kinder gerne aufs Pferd geholfen hätten
(dat Sub m DIR)
(아이들이 기꺼이 내가 말을 타는 데 도와주었다는 사실)
obwohl Martin **nur gezwungen** *zum Minister geworden ist*
(Sub m PRD) (마르틴이 단지 강압에 의해 장관이 되었지만)

부가어와 기능명사

　부가어(Attribut)는 일반적으로 그 핵어와 결합해서만 치환될 수 있으므로 문장 층위에서는 근본적으로 특별한 규칙이 필요 없을 것이다. 하지만 명사에 대한 소수의 부가어와 형용사에 대한 다양한 부가어는 핵어와 분리될 수 있다. 다음 보기에서는 핵어와 부가어만이 진한 글자체로 되어 있다.

> *weil die Regierung* **auf einen künftigen Frieden** *trotzdem* **begründete Hoffnung** *hatte* (Atr Kopf) (그럼에도 불구하고 정부는 미래의 평화에 대한 근거 있는 희망을 가지고 있었기 때문에)
> dass wir **Anna** noch nicht **als Köchin** begrüßen dürfen (Kopf Atr) (우리는 아직은 요리사로서의 안나에 대해 동의해서는 안 된다는 사실)
> obwohl sie **mir** immer **vertraut** gewesen ist (Atr Kopf) (그녀가 항상 나에게 친절했지만)
> weil er **der Fleischkost** in Wirklichkeit seit langem **entwöhnt** war (Atr Kopf) (그가 실제로 오래 전부터 육식을 멀리했기 때문에)

　기능명사(Gefügenomen=GN, 기능동사구의 명사부분)는 중장의 가장 우측에 온다. 기능명사가 "여타의 보충어"와 동시에 나타나는 경우에는 기능명사가 기본어순에서 대개 우측에 온다.

> *nachdem die Familie* **in Warschau ihren Wohnsitz** *genommen hatte* (E_{sit} GN) (그 가족이 바르샤바에 그들의 주거지를 둔 이후로)

전체적인 기본어순

　지금까지의 논의로부터 다음과 같은 기본어순에 대한 도식이 나온다.

```
sub - akk - dat - Sub - Dat - Akk - s - n - DAT - AKK - m - SON - GN
      prd     SUB    Prd     e
```

2.6.3 치 환

기본어순은 "정상적인" 중립적 무표 어순으로 간주될 수 있다. 기본어순에 따르면 – 몇 가지 의무적인 치환(Permutation)을 제외하고 – 항상 올바른 문장이 생겨난다. 기본어순의 일탈을 통해서 특수한 효과가 성취된다. 즉 개별적인 요소들의 비중이 변화하거나 혹은 문장의 의미구조가 변화한다. 첫 번째 효과는 테마 – 레마 구분과 관계가 있으며 특히 보충어, 그러나 첨가어에도 적용된다. 두 번째 효과는 첨가어의 적용범위와 관계가 있다. 따라서 치환에서도 보충어와 첨가어를 구분하는 것이 다시금 도움이 된다.

발화의 **테마/주제**(Thema)는 무엇에 대해서 말하는 일종의 정보의 틀로서 사전정보이다. 테마는 강세가 있거나 혹은 강세가 없을 수도 있지만 결코 중심점을 갖지는 않는다. **레마/평언**(Rhema)은 문제되는 중요한 정보의 틀을 채워주는 발화의 부분이며 가장 중요한 정보이다. 레마는 항상 제1강세를 갖는다.

치환은 중장의 내부에서나 혹은 중장의 밖에서 일어난다.

모든 치환에서는 테마 – 레마의 구분이 고려되어야 한다. 대략적인 규칙으로서 중장의 좌측은 테마이고 우측은 레마이다. 테마 영역과 레마 영

역 사이에는 이 두 영역의 어디에도 속하지 않는 평가첨가어와 부정첨가
어, 그리고 이 두 영역 중의 어느 하나에 속할 수 있는 상황첨가어가 온
다. 이것을 앞 절의 기본어순 도식에 적용해보면 다음과 같다.

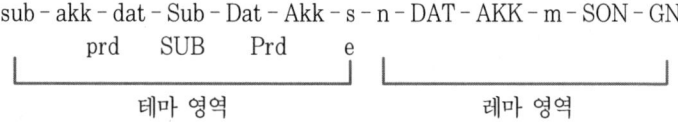

중장으로부터의 많은 치환이 의무적이며 그래서 특정한 문장유형에서
는 전장치환이 이루어진다. 예컨대 서술문에서는 전장이 하나의 요소를
포함해야 한다("주문장 규칙 Hauptsatzregel").

> *Heute* hat es bei uns Spaghetti gegeben.
> (오늘 우리 집에서는 스파게티가 나왔다)
> *Bei uns* hat es heute Spaghetti gegeben.
> (우리 집에서는 오늘 스파게티가 나왔다)
> *Spaghetti* hat es heute bei uns gegeben.
> (스파게티가 오늘 우리 집에서 나왔다)

중장이 전장에 올 수 있는 요소를 포함하지 않거나 혹은 항상 어떤 이
유에서 적당한 요소를 중장에 두려고 하는 경우에는 전장에 "허사 *es*"가
나타난다.

> *Es fiel ein Reif in der Frühlingsnacht.* (Volkslied)
> (봄날 밤에 서리가 내렸다) (민요)
> *Es ritt eine Prinzessin durch den Wald.*
> (한 공주가 숲 속으로 말을 달렸다)

w-의문사도 전장에 의무적으로 하나의 요소를 갖는다.

Warum *ist die Prinzessin zum Wald geritten?*
(그 공주가 왜 숲 속으로 말을 달렸는가?)

보충어와 기능명사의 치환

보충어와 기능명사의 치환가능성은 몇 가지 의무적인 어순에 의해 제약된다. 그래서 의무적인 대명사적 격 보충어(주어 sub을 제외하고)는 중장의 가장 왼쪽 위치에 확고히 고정되어 있으며 이들 사이에서도 서로 치환할 수 없다.

＊Ihn kann sie doch gar nicht gemeint haben.

요소 *ihn*(akk)이 강조되지 않는 격 보충어의 부분집합으로부터 확정적인 (강조된) 격 보충어의 부분집합으로 옮겨간 경우에만 이 문장은 옳은 문장이 될 것이다.

기능명사는 의무적으로 중장의 가장 우측 가장자리에 온다. 기능명사가 물론 특정한 조건하에서는 전장으로 치환될 수 있다.

Ihren Wohnsitz *hatte die Familie in Warschau genommen.* (GN)
(그 가족은 그들의 주거지를 바르샤바에 두었다)

일반적으로 치환할 수 있는 보충어와 기능명사에 대해서는 다음 규칙이 적용된다.

① 좌측치환이 테마화를 야기한다.

좌측치환을 통해서 레마적인 보충어가 테마영역으로 옮겨진다.

> *Jan hat sämtliche Bücher **nach Warschau** geschickt.* ⇒
> *Jan hat **nach Warschau** sämtliche Bücher geschickt.*
> (얀은 바르샤바로 책 전부를 보냈다)

② 좌측치환이 강조적인 테마화를 야기한다.

이 규칙은 특히 전장으로 치환되는 확정 보충어에 적용된다.

> *Am Samstag hat Bruno dort niemanden angetroffen.* ⇒
> *Bruno hat am Samstag dort niemanden angetroffen.*
> (브루노는 토요일에 거기서 아무도 만나지 않았다)

레마적인 보충어가 전장으로 치환되면 이것은 대개 아주 강하게 강조
된다.

> *Am Samstag hat Bruno dort niemanden angetroffen.* ⇒
> *Niemanden hat Bruno am Samstag dort angetroffen.*
> (어느 누구도 브루노는 토요일에 거기서 만나지 않았다)

이것은 레마가 맨 왼쪽으로 오는 보기 드문 경우들 중의 하나이다. 하
지만 레마적인 보충어가 좌측치환을 통해서 테마로 약화될 수도 있지만
동시에 제한적으로는 강조될 수도 있다.

문장을 앞 텍스트에 연결하기 위해서는 보충어의 테마적인 전장위치가
다양하게 선택된다. 그러면 앞 텍스트의 레마가 다음 문장의 테마가 된다.

*Ich habe letzte Woche **deinen Schwager** kennen gelernt.* ⇒
*- **Mein Schwager** ist ein interessanter Mensch.*
(나는 지난주에 너의 매형을 알게 되었다 – 나의 매형은 재미있는 사람이다)

③ **우측치환이 레마화를 야기한다.**

이 규칙은 특히 확정적인 격 보충어의 일부에서 적용된다.

*Ich habe **deinen Schwager** letze Woche kennen gelernt.* ⇒
*Ich habe letzte Woche **deinen Schwager** kennen gelernt.*
(나는 지난주에 너의 매형을 알게 되었다)

의무적인 대명사적 보충어는 그 위치가 고정되어 있다. 비확정 보충어
는 어차피 레마이다.

단순 보충어는 일반적으로 **후장**(Nachfeld)으로 치환될 수 없다. 소수의
전치사 보충어는 예외에 속한다.

Bastian hat sich heute fest auf euch verlassen. ⇒
Bastian hat sich heute fest verlassen auf euch.
(바스티안은 오늘 너희들을 확실히 믿었다)

이러한 후장위치가 대개 테마화("테마적인 추가")와 결부되어 있으며 추
가적으로는 일종의 강조로 작용할 수 있다.

물론 **문장형태의 보충어**(satzartige Ergänzung)가 중장에 나타나는 일은
드물다. 이들은 보통 전장이나 후장으로 치환된다. 이들이 전장에서는 강
조된 테마를 형성하고, 후장에서는 가끔 레마를, 가끔 테마적인 추가
(Nachtrag)도 형성한다.

*Er wollte, dass er krank war, nicht wahrhaben. ⇒
Dass er krank war, wollte er nicht wahrhaben./Er wollte nicht
wahrhaben, dass er krank war.
(그는 그가 아팠다는 사실을 인정하려고 하지 않았다)

zu 없는 **부정사 구조**는 전장으로 치환될 수 있거나 혹은 중장에 그대
로 남아 있을 수 있다. 이 두 경우에서 이들은 문장의 레마를 형성하며
(비일상적인) 전장위치에서는 이들이 특히 강하게 강조된다.

Peter will **die Puppen tanzen lassen**./**Die Puppen tanzen lassen**
will Peter. (페터는 인형이 춤을 추도록 하고자 한다)

zu 있는 부정사 구조는 세 가지 모든 장에서 나타날 수 있다.

Ich habe mich nicht **ihn anzurufen** getraut. (레마)
Ihn anzurufen habe ich mich nicht getraut. (테마, 강조적)
Ich habe mich nicht getraut **ihn anzurufen**. (레마, 강조적)
(나는 감히 그에게 전화할 용기가 없었다)

Die Regierung hatte **die Truppen abzuziehen** geplant. (레마)
Die Truppen abzuziehen hatte die Regierung geplant.
(테마, 아주 강조적)
Die Regierung hatte geplant, **die Truppen abzuziehen**. (레마, 강조적)
(정부는 군대를 철수할 계획을 세웠었다)

끝에서 두 번째의 보기는 전장위치가 모든 다른 위치보다도 강하게 강
조될 수 있다는 사실을 보여준다.

첨가어의 치환

　많은 부정첨가어와 일부의 평가첨가어는 중장에만 올 수 있다. 여타의
첨가어는 세 가지 모든 장에서 나타날 수 있다.

　중장에서는 다음 규칙이 적용된다 : **모든 첨가어는 우측 성분을 한정/
수식한다**. 추가적으로 좌측치환은 종종 비중약화로 작용하고, 우측치환
은 종종 비중강화(강조)로 작용한다.

> *Annabell hatte das Haus **nicht** gefunden.* ⇒
> *Annabell hatte **nicht** das Haus gefunden.*

　*nicht*가 첫 번째 예문에서는 동사(따라서 전체문장, "문장부정"이라고 일컬
음)를 한정하고, 두 번째 예문에서는 단지 *das Haus*("특수부정", "성분부정")
만을 한정한다. 물론 두 번째 예문에서의 동사 역시 적용영역 안에 있을
수 있다. 하지만 그러한 경우에도 전체문장이 부정되는 것은 아니다.

　다른 보기를 살펴보자.

> *Man sollte den Kassierer **einfach** fragen.* ⇒
> *Man sollte **einfach** den Kassierer fragen.*
> (우리가 곧장 경리에게 물어보아야 한다)

　평가첨가어 *einfach*가 첫 번째 문장에서는 동사 *fragen*을 한정하고,
두 번째 문장에서는 4격 보충어 *den Kassierer*를 한정한다.

　전장으로의 치환은 강조적인 테마화를 야기한다.

> *Man sollte den Kassierer heute Abend fragen.* ⇒
> *Heute Abend sollte man den Kassierer fragen.*

(오늘 저녁에 우리는 경리에게 물어보아야 한다)

상황첨가어 *heute Abend* 가 첫 번째 문장에서는 테마이고, 두 번째 문장에서도 테마이지만 강조와 결부되어 있다.

단순 첨가어의 후장 치환은 대개 비의도적으로("추가"로서) 일어나며 테마의 일부로서 증명된다. 하지만 특정한 경우에서는 후장 치환이 완전한 의도 속에서 일어나며, 경우에 따라서는 의무적인 규칙에 위반하면서까지 일어난다. 그러면 치환된 요소는 아주 강조된 것으로 증명되며, 부분적으로는 심지어 레마로서 증명된다.

> *Schließlich haben wir die Botschafter und andere Regierungs-vertreter aus sämtlichen Nachbarstaaten eingeladen **für heute Abend**.* (마침내 우리는 모든 우방에서 온 대사들과 다른 정부 대표자들을 오늘 저녁에 초대했다)

상황첨가어 *für heute Abend* 가 이러한 비일상적인 위치에서는 분명히 강조적인 작용을 한다.

문장괄호 안에 있는 동사형의 어순에 대해서는 3.7장에서 논의될 것이다.

주문장 규칙(Hauptsatzregel)이 정동사를 좌측 문장괄호 안으로 이동시킨다. 이 규칙을 통해서 다음과 같은 문장이 생겨난다. 모든 서술문에서 이 규칙이 적용되어야 한다.

> *Sie hätte ihn kommen lassen wollen.*

끝으로 어순규칙의 기능에 대한 하나의 중요한 제약을 언급하지 않을 수 없다.

어순규칙(Stellungsregel)과 음성적인 강세규칙(phonische Beto-

nungsregel)은 **광범위하게 동일한 기능을 갖는다.** 이것은 특히 발화의 테마 – 레마의 구분에서 적용된다. 어순에 의해 강조되는 요소에 동시에 강세가 오는 경우가 많이 있다. 하지만 하위체계의 경합이 배제될 수는 없다. 그래서 어순에 의해 아주 주변적인 테마로 증명되는 요소가 강한 강세를 통해서 레마가 될 수도 있다(그리고 그 역도 가능하다). 언어실습에서 자주 이용되는 이러한 음성적인 가능성이 이 책에서는 체계적으로 기술되지 않는다.

3.1 개 관

동사는 활용할 수 있는 단어이다.

활용(Konjugation)은 우선 정동사와 부정동사를 구분한다. **정동사**(finites Verb)는 인칭과 수에 따라 다섯 범주(현재, 과거, 접속법Ⅰ, 접속법Ⅱ, 명령법)로 활용한다. **부정동사**(infinites Verb)는 세 범주(분사Ⅰ, 분사Ⅱ, 부정사)로서 변화하지 않는다.

동사는 모두 주동사, 부동사, 기능동사로 나뉜다. **부동사**(Nebenverb)는 항상 다른 (대부분의 경우 부정형) 동사와 결합되어 나타난다. **기능동사** (Funktionsverb)는 항상 명사구나 전치사구와 결합되어 나타난다. 남아 있는 잔여동사 – 대다수의 동사 – 가 **주동사**(Hauptverb)이다.

의미에 따라서 상태동사(*sein, bleiben* 등), 과정동사(*fallen, rollen* 등), 동작동사(*lachen, kommen* 등), 행위동사(*bringen, schreiben* 등)로 구분될

수 있다.

조동사의 도움으로 동사에 대한 **완료형**(Perfektform)을 형성할 수 있다. 대부분의 동사는 *haben*으로 완료형을 형성하고 일부의 동사는 *sein*으로 완료형을 형성한다. 많은 동사는 다시 조동사의 도움으로 **수동형**(Passivform), 특히 완전수동(*bringen, machen, schreiben* 등)이나 일반적인 수동(*lachen, tanzen* 등)을 형성할 수 있다. 완전수동을 갖는 동사에 대해서는 종종 일반적인 수동도 가능하다.

재귀동사(reflexives Verb) 중에는 의무적인 재귀동사(*sich verirren* 등)와 부분적인 재귀동사((*sich*) *achten*, (*sich*) *waschen* 등)가 있다.

끝으로 어형변화(Flexion)에 따라 동사를 두 부류로 나눌 수 있다. 항상 증가하고 있으며 보다 많은 첫 번째 동사부류는 그 형태를 아주 규칙적으로 형성한다. 과거와 분사II가 t-접미사(*mach-t-en, ge-mach-t*)를 갖는다. 언어사가들은 이들에 대해 "**약변화 동사**"(schwaches Verb)라는 명칭을 부여하였다. 점점 감소하고 있으며 보다 작은 다른 동사부류는 일반적으로 "**강변화 동사**"(starkes Verb)라고 일컫는다. 이들은 과거와 분사 II를 모음교체(Vokalwechsel, "Ablaut")를 통해 형성한다 : (*nehmen*), *nahm, genommen*.

세 번째 소수의 동사부류는 약변화 동사에도, 강변화 동사에도 귀속될 수 없다. 우리는 이들을 여기서 네 가지 어간형태를 통해서 제시한다.

backen	*bäckt*	*backte/buk*	*hat gebacken*
brennen	*brennt*	*brannte*	*hat gebrannt*
bringen	*bringt*	*brachte*	*hat gebracht*
denken	*denkt*	*dachte*	*hat gedacht*
mahlen	*mahlt*	*mahlte*	*hat gemahlen*
melken	*milk/melkt*	*molk/melkte*	*hat gemelkt/gemolken*
müssen	*muss*	*musste*	*hat müssen*

원칙적으로 화법동사 *brauchen, dürfen, können, mögen, sollen, wollen*도 위
와 같이 변화한다.

sein	*ist*	*war*	*ist gewesen*
senden	*sendet*	*sendete/sandte*	*hat gesendet/gesandt*
salzen	*salzt*	*salzte*	*hat gesalzt/gesalzen*
sieden	*siedet*	*siedete/sott*	*hat gesiedet/gesotten*
spalten	*spaltet*	*spaltete*	*hat gespaltet/gespalten*
wenden	*wendet*	*wendete/wandte*	*hat gewendet/gewandt*
wissen	*weiß*	*wusste*	*hat gewusst*

3.2 강변화 동사

약변화 동사는 더 이상의 설명을 요구하지 않으며, 강변화 동사에 대
해서는 다음에 어느 정도 완전한 목록을 제시한다. 이 목록은 각각 네 가
지 어간형태, 즉 부정사, 3인칭 단수 현재형, 3인칭 단수 과거형, 분사 II
를 나타낸다. 잘 쓰이지 않는 동사나 낡은 동사들은 제외되었다. 인용된
동사가 부분적으로는 다수의 전철동사를 대신한다.

befehlen	*befiehlt*	*befahl*	*hat befohlen*
beginnen	*beginnt*	*begann*	*hat begonnen*
beißen	*beißt*	*biss*	*hat gebissen*
bergen	*birgt*	*barg*	*hat geborgen*
bewegen	*bewegt*	*bewegte/bewog*	*hat bewegt/bewogen*
biegen	*biegt*	*bog*	*hat gebogen*
bieten	*bietet*	*bot*	*hat geboten*

binden	bindet	band	hat gebunden
bitten	bittet	bat	hat gebeten
blasen	bläst	blies	hat geblasen
bleiben	bleibt	blieb	ist geblieben
braten	brät/bratet	briet	hat gebraten
brechen	bricht	brach	hat gebrochen
dringen	dringt	drang	ist gedrungen
empfehlen	empfiehlt	empfahl	hat empfohlen
empfinden	empfindet	empfand	hat empfunden
erschrecken	erschrickt	erschrak	ist erschrocken
essen	isst	aß	hat gegessen
fahren	fährt	fuhr	ist gefahren
fallen	fällt	fiel	ist gefallen
fangen	fängt	fing	hat gefangen
finden	findet	fand	hat gefunden
fliegen	fliegt	flog	ist geflogen
fliehen	flieht	floh	ist geflohen
fließen	fließt	floss	ist geflossen
fressen	frisst	fraß	hat gefressen
frieren	friert	fror	hat gefroren
geben	gibt	gab	hat gegeben
gehen	geht	ging	ist gegangen
gelingen	gelingt	gelang	ist gelungen
gelten	gilt	galt	hat gegolten
gewinnen	gewinnt	gewann	hat gewonnen
gießen	gießt	goss	hat gegossen
graben	gräbt	grub	hat gegraben
greifen	greift	griff	hat gegriffen
halten	hält	hielt	hat gehalten
heben	hebt	hob	hat gehoben
hängen	hängt	hängte/hing	hat gehängt (gehangen)
heißen	heißt	hieß	hat geheißen
helfen	hilft	half	hat geholfen
klingen	klingt	klang	hat geklungen
kommen	kommt	kam	ist gekommen

kriechen	kriecht	kroch	ist gekrochen
laden	lädt/ladet	lud	hat geladen
lassen	lässt	ließ	hat gelassen
laufen	läuft	lief	ist gelaufen
leiden	leidet	litt	hat gelitten
leihen	leiht	lieh	hat geliehen
lesen	liest	las	hat gelesen
liegen	liegt	lag	hat/ist gelegen
lügen	lügt	log	hat gelogen
messen	misst	maß	hat gemessen
nehmen	nimmt	nahm	hat genommen
pfeifen	pfeift	pfiff	hat gepfiffen
raten	rät	riet	hat geraten
reiben	reibt	rieb	hat gerieben
reißen	reißt	riss	hat/ist gerissen
reiten	reitet	ritt	ist geritten
riechen	riecht	roch	hat gerochen
rinnen	rinnt	rann	ist geronnen
rufen	ruft	rief	hat gerufen
scheinen	scheint	schien	hat geschienen
schieben	schiebt	schob	hat geschoben
schießen	schießt	schoss	hat/ist geschossen
schlafen	schläft	schlief	hat geschlafen
schlagen	schlägt	schlug	hat geschlagen
schleichen	schleicht	schlich	ist geschlichen
schließen	schließt	schloss	hat geschlossen
schneiden	schneidet	schnitt	hat geschnitten
schreiben	schreibt	schrieb	hat geschrieben
schreien	schreit	schrie	hat geschrieen
schweigen	schweigt	schwieg	hat geschwiegen
schwimmen	schwimmt	schwamm	hat/ist geschwommen
sehen	sieht	sah	hat gesehen
singen	singt	sang	hat gesungen
sinken	sinkt	sank	ist gesunken
sitzen	sitzt	saß	hat/ist gesessen

sprechen	*spricht*	*sprach*	*hat gesprochen*
springen	*springt*	*sprang*	*ist gesprungen*
stechen	*sticht*	*stach*	*hat gestochen*
stehen	*steht*	*stand*	*hat/ist gestanden*
stehlen	*stiehlt*	*stahl*	*hat gestohlen*
steigen	*steigt*	*stieg*	*ist gestiegen*
sterben	*stirbt*	*starb*	*ist gestorben*
stoßen	*stößt*	*stieß*	*hat gestoßen*
streichen	*streicht*	*strich*	*hat gestrichen*
streiten	*streitet*	*stritt*	*hat gestritten*
tragen	*trägt*	*trug*	*hat getragen*
treffen	*trifft*	*traf*	*hat getroffen*
treiben	*treibt*	*trieb*	*hat getrieben*
treten	*tritt*	*trat*	*hat/ist getreten*
trinken	*trinkt*	*trank*	*hat getrunken*
tun	*tut*	*tat*	*hat getan*
verderben	*verdirbt*	*verdarb*	*hat/ist verdorben*
vergessen	*vergisst*	*vergaß*	*hat vergessen*
verlieren	*verliert*	*verlor*	*hat verloren*
wachsen	*wächst*	*wuchs*	*ist gewachsen*
waschen	*wäscht*	*wusch*	*hat gewaschen*
weisen	*weist*	*wies*	*hat gewiesen*
werden	*wird*	*wurde*	*ist geworden*
werfen	*wirft*	*warf*	*hat geworfen*
wiegen	*wiegt*	*wog*	*hat gewogen*
ziehen	*zieht*	*zog*	*hat/ist gezogen*
zwingen	*zwingt*	*zwang*	*hat gezwungen*

조동사 *haben, sein* 의 경쟁은 부분적으로는 지역적인 차이에 근거하고, 부분적으로는 의미차이에 근거한다.

3.3 동사의 의미

일반적으로 동사에 대해서 말할 수 있는 것은 다만 동사가 사태의 주요성분으로서 사건(상태/과정/동작/행위)을 표현한다는 것뿐이다.

동사가 본질적으로 시간이나 시간관계를 반영한다는 널리 알려진 견해 - 동사를 독일어로 "시간어"(Zeitwort)라고 번역하는 사실에서도 알 수 있는 가정 - 는 상대적인 것으로 간주되어야 한다. 우리는 이러한 가정을 대체적으로 정동사에서 확인했다. 즉 현재시제가 "현재"를, 과거시제가 "과거"를, 미래시제가 "미래"를 표현한다고 말한다. 이처럼 동사의 시간단계와 형태범주를 동일시하는 것이 불합리하다는 사실은 이미 몇 가지 보기를 통해서도 증명될 수 있다.

> *Geht ihr mit zu der Sitzung?* (현재시제, 그러나 미래)
> (너희들도 회의에 같이 갈거니?)
> *Wie war noch Ihr Name?* (과거시제, 그러나 현재)
> (당신 이름이 뭐라고 했지요?)
> *Harald wird wohl im Bett liegen.* (미래시제, 그러나 현재)
> (하랄드는 아마도 자고 있을 것이다)
> *Am 11.9.2001 wird das World Trade Center in New York zerstört.*
> (현재시제, 그러나 과거)
> (2001년 9월 11일에 뉴욕에 있는 세계무역센터가 파괴되었다)

사태의 시간상황은 본질적으로 비동사적인 다른 요소로부터 전수 받으며, 동사는 시간에 관련된 역할 이외에 보다 중요한 다른 과제를 떠맡는다는 사실을 제시할 수 있다. 특히 정형동사는 사태의 현실에 대한 정보를 제공한다. 즉, 현재시제와 과거시제는 현실을 표현하고, 두 가지 접속법은 가설적인 현실을 표현하며, 비현실(Irrealität)을 예고하는 명령법은 동시에 실현될 것을 요구한다. 그밖에 정형동사는 사태가 대화 참여자에게 중요한지, 그렇지 않은지를 진술한다. 현재시제(복합 현재완료와 복합 미래를 포함하여)와 명령법만이 'belangvoll'(중요한)이라는 자질을 가지며, 여타의 정형동사는 사태를 직접적으로는 중요하지 않은 것으로 특징짓는다. 그밖에 전수된 시간적인 정보는 그대로 수용된다. 즉 과거시제는 사태를 '지나간' 것으로, 복합 미래는 '지나가지 않은' 것으로, 명령법은 '미래에 실현될' 것으로 특징짓는다. 기타의 정형범주(현재시제, 접속법 I, 접속법 II)는 특정한 시간단계에 고정될 수 없다.

앞에서 논의한 것을 간단히 도표로 표현하면 다음과 같다.

	현 실	'belangvoll'	시 간
현재시제	+	+	특별히 고정되지 않음
과거시제	+	-	과거
접속법 I	가설적	-	특별히 고정되지 않음
접속법 II	가설적	-	특별히 고정되지 않음
명령법	-	+	미래

완료형과 미래형은 동사의 활용형태가 아니라 동사복합체(verbales Komplex)이다. 이들의 의미는 부분들의 의미에서 나온다.

3.4 동사의 어형변화와 기능 및 사용

3.4.1 정동사

우리는 3.3에서 간단히 기술한 형태범주를 정동사의 범주로 간주한다.
현재시제와 과거시제는 또한 **직설법**(Indikativ)으로 총괄된다.

현재시제(Präsens)는 다음의 활용형태를 갖는다.

	약변화 동사	강변화 동사
1인칭 단수	ich lache	ich gebe
2인칭 단수	du lachst	du gibst
3인칭 단수	sie lacht	sie gibt
1인칭 복수	wir lachen	wir geben
2인칭 복수	ihr lacht	ihr gebt
3인칭 복수	sie lachen	sie geben

> 현재시제는 사태가 특정한 (다른 곳에서 확정된) 시간에 현실이며 대화참여자에게 직접 관련된다는 사실을 표현한다.

시간적인 확정은 다음과 관련될 수 있다.

• 임의의 시간

    Wasser kocht bei 100 Grad Celsius.
    (물은 섭씨 100도에서 끓는다)
    Alter schützt vor Torheit nicht.
    (나이가 들어도 바보짓은 한다)

• 미 래

    Nachher gehe ich einkaufen.
    (나중에 나는 쇼핑하러 갈 것이다)
    Am Donnerstag kommt Annabell.
    (목요일에 아나벨이 온다)

• 발화시간과 "일치하는" 시간

    Dieses Jahr misslingt mir alles.
    (금년에는 내가 모든 일에 실패한다)
    Heute ist Donnerstag.
    (오늘은 목요일이다)

• 발화시점

    Er schießt – Tor!
    (그가 찼습니다 – 골입니다)

• 과 거

    Letzte Woche ruft mich einer an und stellt sich als mein Bruder vor. (지난주에 누군가가 나에게 전화하여 자신을 내 형이라고 소개했다)
    1348 gründet er die erste deutsche Universität – in Prag.

(1348년에 그는 독일 최초의 대학을 프라하에 세웠다)

과거시제(Präteritum)는 다음과 같은 활용형태를 갖는다.

	약변화 동사	강변화 동사
1인칭 단수	*ich lachte*	*ich gab*
2인칭 단수	*du lachtest*	*du gabst*
3인칭 단수	*sie lachte*	*sie gab*
1인칭 복수	*wir lachten*	*wir gaben*
2인칭 복수	*ihr lachtet*	*ihr gabt*
3인칭 복수	*sie lachten*	*sie gaben*

> 과거시제는 일차적으로 사태가 과거에 현실이었으며 다만 거리를 두고서만
> 대화참여자에게 관심을 갖는다는, 즉 대화참여자에게 직접 관련되지는 않는
> 다는 사실을 표현한다.

Hasenmaier war über dreißig Mal unten.
(하젠마이어는 30번 이상이나 남쪽에 가 봤다)
Ein dritter Urahn kam aus Schottland.
(셋째 증조부는 스코틀랜드에서 왔다)
Der Krieg begann am ersten September.
(그 전쟁은 9월 1일에 시작되었다)

> 과거시제는 이차적으로 사태가 - 발화시간이나 혹은 발화시점과 일치하는
> 시간에 - 현실이며 다만 거리를 두고서만 대화참여자에게 관심을 갖는다는
> 사실을 표현한다.

거리를 둔다는 말은 여기서 거리를 두는 공손함을 표현하기 위해서 사
용된다. 이러한 사용은 특히 음식점 종업원에게서 일상적이다.

> *Wer bekam das Schnitzel?*
> (누가 커틀릿을 주문하셨죠?)
> *Wo war noch ein Pils?*
> (어느 분이 다시 필스 맥주 한 잔을 주문하셨죠?)

그러나 거리를 두는 과거시제가 다른 곳에서도 나타난다.

> *Wie war noch Ihr Name?*
> (당신의 이름이 뭐라고 했지요?)
> *Wer sollte noch unterschreiben?*
> (또 누가 서명해야 하지요?)

과거시제는 남부독일의 방언에서나 일부 남부독일의 일상어에서도 현
재완료로 대체된다.

접속법 I (Konjunktiv I)은 다음의 활용형태를 갖는다.

	약변화 동사	강변화 동사
1인칭 단수	*ich lache*	*ich gebe*
2인칭 단수	*du lachest*	*du gebest*
3인칭 단수	*sie lache*	*sie gebe*
1인칭 복수	*wir lachen*	*wir geben*
2인칭 복수	*ihr lachet*	*ihr gebet*
3인칭 복수	*sie lachen*	*sie geben*

접속법 I의 많은 형태는 오늘날 해당하는 현재시제의 형태와 더 이상

구별되지 않는다. 이러한 경우와 그리고 또한 다른 경우에서도 접속법 I 이 접속법Ⅱ의 형태로 대체될 수 있다.

> 접속법 I은 일차적으로 원래의 화자가 진실을 말한 경우에만 이전에 다른 사람에 의해 구두로 표현된 사태가 현실이거나 현실이었으며, 그리고 이 사태가 대화참여자에게는 더 이상 중요하지 않다는 사실을 표현한다.

> *Ich habe gehört, die Straße müsse gesperrt werden.*
> (나는 거리가 차단되어야 한다고 들었다)
> *In der Zeitung steht, Hanna Kowalski sei gestorben.*
> (한나 코발스키가 죽었다는 기사가 신문에 났다)

따라서 접속법 I은 화자가 자신이 말한 것에 대해 스스로 책임을 지려고 하지 않는다는 것을 표현한다. 오히려 화자는 이전에 동일한 말을 한 누군가를 증인으로 끌어들인다. 이러한 책임의 양도는 대개 말하기와 인지 등의 표현을 통해서 예고된다. 그러나 다음의 발화가 보여주는 바와 같이 이것이 항상 필요한 것은 아니다.

> *Der Kanzler wies auf den Rückgang der Konjunktur hin, der durch die falsche Wirtschaftspolitik der letzten Regierung verursacht worden ist.* (수상은 지난 정부의 잘못된 경제정책으로 야기되었던 경기의 하강을 지적했다)

이차적으로 "비현실적인 비교문"에서는 접속법 I이 **사태의 비현실성**을 나타낸다.

> *Er taumelte, als ob er betrunken sei.*
> (그는 마치 술이 취한 것처럼 비틀거렸다)

접속법II(KonjunktivII)는 일차적으로 언급된 조건이 충족되어 있는 경우에만 어떤 사태가 과거가 아닌 어느 (다른 곳에서 확정된) 시간에 현실이며, 그리고 이 사태가 대화참여자에게는 더 이상 중요하지 않다는 사실을 표현한다.

접속법II(Konjunktiv II)는 다음의 활용형태를 갖는다.

	약변화 동사	강변화 동사
1인칭 단수	*ich lachte*	*ich gäbe*
2인칭 단수	*du lachtest*	*du gäbest*
3인칭 단수	*sie lachte*	*sie gäbe*
1인칭 복수	*wir lachten*	*wir gäben*
2인칭 복수	*ihr lachtet*	*ihr gäbet*
3인칭 복수	*sie lachten*	*sie gäben*

많은 약변화 동사에서는 접속법II의 형태와 과거의 형태가 더 이상 구별되지 않는다. 이러한 경우와 그리고 다른 경우에서도 대개 보다 복잡하지만 단순한 형태인 *würde*- 바꿔쓰기가 사용된다.

Ich öffnete die Tür. (접속법II!) ⇒ *Ich würde die Tür öffnen.*

이러한 대체형태는 옛날의 형태에서도 나타난다.

Wir frören, wenn das Feuer ausginge. ⇒ *Wir würden frieren, wenn···* (불이 꺼지면 우리는 얼게 될 것이다)
Wir könnten die Straße sperren, wenn dieser Baum gefällt wird.

(이 나무가 베어지면 우리는 길을 차단할 수 있을 것이다)
Eigentlich solltet ihr jetzt schlafen.
(자 이제 너희들은 잠을 자야만 한다)

이차적으로 접속법Ⅱ는 오직 **거리를 두는 공손한 표현의 요구**에서만 사용된다.

> *Sie könnten uns vielleicht mal die Tür aufhalten.*
> (당신은 우리를 위해 문을 열어주실 수 있겠지요)
> *Dürfte ich Sie bitten, sich um die Kinder zu kümmern?*
> (우리 애들을 돌봐달라고 당신께 부탁드려도 되겠습니까?)

이차적으로 "비현실적 비교문"에서는 접속법Ⅱ가 **사태의 비현실성**을 나타낸다.

> *Er taumelte, als ob er betrunken wäre.*
> (그는 마치 술이 취한 것처럼 비틀거렸다)

이러한 사용에서는 두 접속법이 인식할만한 의미차이 없이 상호 경합한다.

두 가지 접속법에서 접속법 형태의 시가(時價)는 문맥을 통해서, 대개 부사적인 첨가어나 간혹 상위문에 의해서도 확정된다. 하지만 과거로의 "회상관점"은 접속법 단독으로는 불가능하며 완료형의 도움을 통해서만 형성될 수 있다. 이에 대해 다음 두 문장을 비교하기 바란다.

> *Man hörte, er sei/wäre krank.* (듣는 시점에 병이 남)
> (우리는 그가 아프다고 들었다)
> *Man hörte, er sei/wäre krank gewesen.* (듣는 시점 이전에 병이 남)
> (우리는 그가 아팠다고 들었다)

> **명령법**(Imperativ)은 일차적으로 사태가 발화시점에는 현실이 아니지만 미
> 래에는 실현되어야 하며, 그리고 이 사태가 대화참여자에게 직접 중요하다
> 는 것을 암시한다.

Geben Sie mir bitte die Akte Kretschmer.
(나에게 크레취머 서류를 주십시오)
Mach doch mit!
(같이 일하자)

독일어 명령법은 거칠고 불손하게 작용하므로 요구를 위해서는 물론
적절하지 않다. 요구는 대개 의문문의 억양이 있는 선행문(Frontsatz)에
의해 형성되며, 간혹 접속법Ⅱ의 화법동사에 의해서도 형성된다.

Könnten Sie mir bitte mal die Akte Kretschmer geben?
(저에게 크레취머 서류를 주실 수 있습니까?)
Willst du nicht mitmachen?
(같이 일하지 않겠니?)

명령법을 요구로서 사용하는 경우 명령법은 불변화사를 통해 완화되어
야 한다.

Geben Sie mir doch bitte mal die Akte Kretschmer.
(저에게 크레취머 서류를 꼭 좀 주십시오)

명령법은 다음의 활용형태를 갖는다.

	약변화 동사	강변화 동사
2인칭 단수	lach(e)	gib
1인칭 복수	lachen wir	geben wir
2인칭 복수	lach(e)t	geb(e)t

이차적으로 명령법은 **조건구조**(가끔 위협적인 기능을 갖는)로 사용될 수도 있다.

> Drücken Sie den Hebel nach unten, dann leuchtet die grüne Lampe auf.
> (손잡이를 밑으로 눌러라. 그러면 녹색 등이 환하게 빛날 것이다)
> Sag das nochmal, und du siehst mich nie wieder.
> (그것을 다시 한 번만 말해봐라. 그러면 너는 나를 영원히 보지 못할 것이다)

3.4.2 부정동사

부정동사(infinites Verb)에는 부정사와 분사 I, 분사 II 가 있다. 부정동사는 원칙적으로 변화하지 않는다. 하지만 부정동사가 다른 품사(명사, 형용사)로 전환되는 경우에는 이들의 어형변화를 전수 받는다.

분사 I (Partizip I)은 제1 어간형태의 어간(Stamm)에 어미 (e)nd를 첨가함으로써 형성된다.

> lach-end
> schimpf-end
> sei-end
> lispel-nd

schiller-nd
geb-end

> 분사 I 은 분사에 의해 표현된 사태와 문장에서 표현된 사태가 **동시에** 존재
> 한다는 사실을 표현한다.

Sie trat lachend näher. ≅ *Sie trat näher.* + *Sie lachte.*
(그녀가 웃으면서 가까이 다가왔다 - 그녀가 다가왔다 + 그녀가 웃었다)

분사 I 은 종종 부가어적인 형용사로 사용된다.

Die stinkende Brühe glänzte bräunlich.
(악취를 풍기는 수프가 연갈색으로 빛났다)
Er hielt eine ergreifende Grabrede.
(그가 감동적인 조사를 했다)

여기서도 두 사태의 동시성(보다 정확히 말해서 시간의 겹침)이 적용된다.
현대 독일어의 동사 복합체에서는 분사 I이 더 이상 사용되지 않는다.
분사 I이 *zu*와 결합하여 부가어적으로 사용되는 **미래수동 분사**(Ge-
rundivum)가 하나의 특수한 용법을 나타낸다.

ein zu förderndes Unternehmen
(장려되어야 하는 기업)
eine kaum zu akzeptierende Bedingung
(거의 수용될 수 없는 조건)

미래수동 분사는 사태가 실현되어야 하거나 혹은 실현될 수 있다는 것
을 표현하며, 즉 수동적인 의미를 갖는다('장려되어야 하는 기업', '거의 수용될

수 없는 조건').

접두사 *ge* 와 접미사 *t* (약변화 동사에서) 혹은 *en* (강변화 동사에서)이 제4 어간형태의 어간과 결합함으로써, 제4 어간형태의 핵심요소인 **분사Ⅱ** (PartizipⅡ)가 형성된다.

> *ge-lach-t*   *ge-geb-en*
> *ge-press-t*   *ge-holf-en*
> *ge-schmück-t*   *ge-nomm-en*
> *ge-träum-t*   *ge-strich-en*

고정된 접두사(비분리 전철)에서는 *ge* 가 탈락한다.

> *erdrückt*   *vermacht*   *entsagt*

동사 첨부어(Verbzusatz, 분리 전철)에서는 동사 첨부어와 어간 사이에 *ge* 가 온다.

> *aus-ge-lach-t*   *ab-ge-geb-en*
> *ab-ge-press-t*   *mit-ge-holf-en*
> *aus-ge-schmück-t* *vor-ge-nomm-en*
> *aus-ge-träum-t*   *auf-ge-strich-en*

> 분사Ⅱ는 사태가 지나갔거나 혹은 종결되었음을 표현한다.

여기서 미완료적(imperfektiv)인 동사와 완료적(perfektiv)인 동사 사이에 있는 하나의 중요한 차이를 고려해야 한다. 미완료적인 동사(진행동사)에서는 분사Ⅱ가 '과거'를 표현하고, 완료적인 동사에서는 '종결'을 표현한다. 이것은 완료복합체에서 분명해진다.

> *Oma hat zwei Stunden geschlafen.* (할머니는 두 시간 동안 주무셨다)
> '두 시간 동안 지속되는 할머니의 잠은 과거에 속한다'

> *Oma ist vor einer Viertelstunde eingeschlafen.* (할머니는 15분전에
> 잠이 드셨다) '할머니의 수면 시작은 15분전에 종결되었다'

이에 대해 보다 자세한 것은 3.6.2를 참고하기 바란다.

완료적인 동사의 분사Ⅱ는 부가어적으로 사용될 수 있다(미완료적인 동사의 분사Ⅱ에서는 이것이 불가능하다).

> *meine ausgeschlafenen Kinder*
> (충분히 잠을 잔 내 아이들)
> *die zugewanderten Russlanddeutschen*
> (이주해온 러시아의 독일인)
> *der wiederauferstandene Herr K.*
> (오랜 병 끝에 다시 소생한 K.씨)

> *die geschlafenen Kinder*
> *einige gewanderte Schüler*
> *der gestandene Herr K.*

분사Ⅱ는 완료형(3.6.2 참조)에서 사용된다. 수동이 가능한 동사의 분사Ⅱ는 수동 복합체(3.6.3 참조)에서도 사용된다.

부정사(Infinitiv)는 오늘날 일상적인 방법에 따른 동사의 "사전형태"이다. 부정사는 어간에 어미 (e)*n*을 첨가함으로써 동시에 제1 어간형태를 형성한다.

> *lach-en*   *geb-en*

press-en	*helf-en*
schmück-en	*nehm-en*
lispel-n	*streich-en*
schimmer-n	

부정사는 두 분사와는 반대로 "구조적인 의미"를 갖지 않으며, 따라서 동사의 어휘적인 의미 이외에는 아무 것도 표현하지 않는다.

부정사는 많은 동사 복합체에서, 소위 말하는 미래(*werden*-구조)에서도 사용된다.

Ich werde jetzt aussagen.
(내가 지금 말하겠다)

그밖에 부정사는 종종 명사화 되며 이때 대문자로 표기된다.

das Ende des Schweigens (침묵의 종언)

3.5 동사의 조어

3.5.1 개 관

어간 조어(Stammbildung), 접두 조어(Präfigierung), 접미 조어(Suffigierung), 모음교체를 통한 파생어(Ableitung) 그리고 합성어(Zusammensetzung)를 구별해야 한다. 접두 조어가 가장 생산적이다.

3.5.2 어간 조어

어간 조어는 다른 추가적인 요소 없이 간혹 변모음을 동반하는, 다른 품사의 단어들에 대한 "동사화"이다 : *dieseln, hamstern, kalben, stranden, träumen, bräunen, glätten, säubern.*

3.5.3 접두 조어

우리는 (비분리) 접두사(untrennbares Präfix)와 동사첨부어(Verbzusatz)를 구별해야 한다. 고정된 접두사는 항상 어간에 결합되어 있으며, 동사 첨부어는 다만 부정형, 부문장, 부정사 구조에서만 나타난다. 일반적으로 접두사는 단순 동사어간에서 나타난다. 외래어의 접두사는 f로 표기된다.

항상 강세가 없는 **고정된 접두사**(festes Präfix)는 *be,* f *de,* f *dis, durch, ent, er, hinter, in, miss,* f *re, über, um, unter, ver, wider, wieder, zer* 이다.

> *belegen, demontiern, disqualifizieren, durchleuchten, entlaufen, erleben, hinterziehen, infiltrieren, missachten, reprivatisieren, überziehen, überfliegen, umgeben, unterschreiben, verblühen, versprechen, widerlegen, wiederholen, zerschneiden.*

항상 강세가 있는 **동사첨부어**(Verbzusatz)는 *ab, an, auf, aus, bei, durch, ein, fehl, los, mit, nach, über, um, unter, vor, weiter, wieder, zu, zurecht, zusammen* 이다.

abbauen, anbauen, aufbauen, ausbauen, beilegen, durchführen, einbauen, fehlschlagen, losfahren, mitmachen, nachbauen, überlaufen, umstimmen, untergehen, vorziehen, weitermachen, wiederkommen, zuschließen, zurechtkommen, zusammenfließen.

동사첨부어가 있는 동사에서의 원거리 위치(Distanzstellung)는 주문장의 현재와 과거에서 나타난다.

Man baut hier Kali ab.
(사람들은 여기서 칼리 염료를 분해한다)
Wir fuhren um drei Uhr los.
(우리는 세 시에 출발했다)
Die Milch läuft über! (우유가 넘친다)
Mach ruhig so weiter. (조용히 그렇게 계속해서 일해라)
Wann kommt ihr wieder? (너희들이 언제 다시 올 것인가?)

우리가 알고 있는 바와 같이 durch, über, um, unter, wieder 는 고정된 접두사로서 뿐만 아니라 동사첨부어로서도 나타난다. 이들은 강세를 통해서 쉽게 구별될 수 있다.

3.5.4 접미 조어

접미사(Suffix)에 의한 조어는 접두사(Präfix)에 의한 조어보다 훨씬 드물다. 독일어에서는 다음과 같은 접미사가 아직도 활성적이다.

el (축소적 혹은 반복적) : hüsteln, lächeln, kriseln
ier : frisieren, marschieren, suggerieren
ifizier (대개 사역적) : elektrifizieren, qualifizieren

isier (대개 사역적) : *elektrisieren, sympathisieren*

3.5.5 모음교체를 통한 파생어

더 이상 생산적인 아닌 모음교체를 통한 파생어는 대개 사역적이다. 이들은 사건의 사역(Bewirkung)을 표현한다. 비사역적인 동사가 이들에 대립된다.

> *fallen* : *fällen* (넘어지다 - 넘어뜨리다)
> *liegen* : *legen* (놓여 있다 - 놓다)
> *saugen* : *säugen* (빨다 - 젖을 먹이다)
> *sitzen* : *setzen* (앉아 있다 - 앉히다)

3.5.6 합성어

동사의 합성어(Zusammensetzung, Komposition)는 명사나 형용사의 합성어보다는 훨씬 적다. *haushalten, hochrechnen, notlanden* 등과 *schälfräsen*과 같은 소수의 "연결합성어"(의미적으로 등가인 두 구성성분을 갖는)를 언급할 수 있다.

heimkommen 과 같은 표현은 합성동사가 아니라 방향보충어와 동사의 결합이다. 이들은 아주 큰 의미를 갖지는 않는 정서법 규칙을 토대로 해서만 붙여쓴다.

3.6 동사복합체

3.6.1 개 관

문장이나 문장형태의 구성체가 적어도 두 가지 구조적으로 결합된 동사를 포함하면 동사복합체(Verbalkomplex)가 생겨난다.

*Hanna **glaubte** die Lage **zu durchschauen**.*
(한나는 그 상황을 간파하고 있다고 믿었다)

이 문장에서는 주동사 *glauben* 과 *durchschauen* 이 결합하여 하나의 동사복합체를 형성하였다.

하지만 대부분의 경우에 동사복합체는 하나의 주동사 이외에 부동사(조동사, 화법동사, 양상동사 등)를 포함한다. 이러한 구조가 동사복합체의 대부분을 형성한다. 따라서 동사복합체는 조동사(완료형, 수동형)와 화법동사(화법동사 복합체) 등으로 구성된다. 이러한 동사복합체 역시 상호 결합할 수 있기 때문에, 예컨대 화법동사 복합체가 완료형과 결합하고, 수동복합체가 "양태화"될 수 있기 때문에, 여기서 5개(경우에 따라서는 6개)의 동사형태를 갖는 복합체가 생겨난다. 이로 인해 의미문제와 어순문제도 발생하는데 이에 대해서는 3.7에서 논의될 것이다.

3.6.2 시간의 동사복합체

오직 다양한 완료형만이 시간의 동사복합체에 속한다. "미래"는 3.6.4
의 화법동사 복합체에서 다루어질 것이다.

완료형은 조동사 *haben* 혹은 *sein*과 주동사의 분사 II로 구성된다. 조
동사는 대부분의 경우에서 정형(부정사 구조에서는 물론 부정형)을 취하며,
주동사가 완료복합체의 부정사(분사)적 성분을 형성한다.

> *Der Senat* **hat** *die Verleihung der Auszeichnung einstimmig*
> **beschlossen**. (상원은 표창수여를 만장일치로 결정했다)
> *Marian* **war** *zu den Bauern Galiziens* **geflohen**.
> (마리안이 가르시아의 농부들한테로 도망을 갔다)

조동사의 선택은 주동사에 의해 유도된다. 대부분의 동사는 *haben*을
요구한다. 이것은 수동을 만들 수 있는 모든 동사(*trennen*과 같은)와 다수의
동작동사(*lachen*과 같은)에서 적용된다. 소수의 목표 지향적(zielgerichtet)
인 이동동사는 *sein*을 요구한다.

> *Marian* **ist** *nach Wolfenbüttel* **gefahren**.
> (마리안은 볼펜뷔텔로 차를 타고 갔다)
> *Isabelle* **ist** *über den Teich* **geschwommen**.
> (이자벨레는 연못을 수영해 건넜다)
> *Erna* **ist** *in diesem Jahr nur zweimal krank* **gewesen**.
> (에르나는 금년에 단지 두 번만 병이 났다)

소수의 상태동사와 순수한 이동동사(*liegen, schwimmen*)는 지역적인 차이를 나타낸다. 남쪽지방에서는 *sein*이 사용되고 북쪽지방에서는 *haben*이 사용된다.

완료형은 조동사의 정형범주에 따라서 구별된다. 즉 정동사가 현재로 오면 **현재완료**(Perfekt), 과거로 오면 **과거완료**(Plusquamperfekt)라고 말한다.

이 두 완료형은 다음과 같이 활용한다.

	현재완료	과거완료
1인칭 단수	*ich habe gelacht*	*ich hatte gelacht*
2인칭 단수	*du hast gelacht*	*du hattest gelacht*
3인칭 단수	*sie hat gelacht*	*sie hatte gelacht*
1인칭 복수	*wir haben gelacht*	*wir hatten gelacht*
2인칭 복수	*ihr habt gelacht*	*ihr hattet gelacht*
3인칭 복수	*sie haben gelacht*	*sie hatten gelacht*

모든 여타의 동사복합체에 대해서 완료형이 형성될 수 있다.

• 수동복합체

　　Karl wird informiert. ⇒ *Karl ist informiert worden.*
　　(카알은 통지를 받는다 – 카알은 통지를 받았다)

• 화법동사 복합체

　　Susanne will weggehen. ⇒ *Susanne hat weggehen wollen.*

(수잔은 떠나려고 한다 - 수잔은 떠나려고 했다)

• 양상동사 복합체

Die Störenfriede versuchen zu fliehen. ⇒ *Die Störenfiede haben zu fliehen versucht.* (치안 교란자들은 도망가려고 시도한다 - 치안 교란자들이 도망가려고 시도했다)

완료형 복합체 역시 명령문을 제외한 모든 정형범주의 형태로 변할 수 있다.

Veronika ist gekommen.
Veronika war gekommen.
Veronika sei gekommen.
Veronika wäre gekommen.

완료복합체의 구조적인 **의미**(Bedeutung)는 부분들의 구조적인 의미, 즉 조동사와 분사의 개개 정형범주의 의미들로 구성된다. 그래서 완료복합체 (*sie*) *hat geschwiegen*은 *hat*(현재 : 현실적+중요한+시간적으로 가변적인)의 구조적인 의미와 *geschwiegen*(분사 II : '과거')의 의미를 포함한다. 분사의 의미가 현재의 시간적인 의미성분을 제거하기 때문에 이로부터 구조적인 전체의미가 생겨난다.

'현실적+중요한+과거'(real+belangvoll+vergangen)

sie hat geschwiegen 과 *sie schwieg* 라는 표현은 틀림없이 의미적으로 유사하지만 이들은 자질 '±belangvoll'을 통해서 구별된다. 즉 과거형은 여기서 항상 거리감을 표시하는 자질 'belanglos'를 갖는다. 이러한 이

유에서 현재완료와 과거는 결코 교환될 수 없다.

정형범주 "과거"를 통해서 자질 'belanglos'를 갖는 과거완료(*sie hatte geschwiegen*)가 그 점에서는 물론 과거와 구별되지 않지만, 과거에 의해서는 실현될 수 없는 시간자질 'vor-vergangen'(대과거)에 의해서는 구별될 것이다.

3.6.3 수동복합체

우리는 먼저 완전한 수동과 일반적인 수동을 구별한다.

완전한 수동(volles Passiv)은 항상 문법적인 주어를 요구한다. 완전한 수동은 부동사 *werden, sein, gehören, bekommen*과 주동사의 분사II로 형성된다. 활용은 전체의 인칭과 수를 포함한다.

	werden-수동	*sein*-수동	*gehören*-수동
1인칭 단수	*ich werde entlassen*	*ich bin entlassen*	*ich gehöre entlassen*
2인칭 단수	*du wirst entlassen*	*du bist entlassen*	*du gehörst entlassen*
3인칭 단수	*sie wird entlassen*	*sie ist entlassen*	*sie gehört entlassen*
1인칭 복수	*wir werden entlassen*	*wir sind entlassen*	*wir gehören entlassen*
2인칭 복수	*ihr werdet entlassen*	*ihr seid entlassen*	*ihr gehört entlassen*
3인칭 복수	*sie werden entlassen*	*sie sind entlassen*	*sie gehören entlassen*

조동사 *werden*의 분사II는 *worden*이다. 따라서 다음과 같은 *werden*-수동의 완료형이 생겨난다.

	현재완료
1인칭 단수	*ich bin entlassen worden*
2인칭 단수	*du bist entlassen worden*
3인칭 단수	*sie ist entlassen worden*
1인칭 복수	*wir sind entlassen worden*
2인칭 복수	*ihr seid entlassen worden*
3인칭 복수	*sie sind entlassen worden*

sein-수동과 *gehören*-수동에 대한 직설법 완료형은 일상적이 아니지만 접속법 완료형은 가능하다.

> *Sie wäre entlassen gewesen.*
> *Sie hätte entlassen gehört.*

대부분의 4격지배 동사에서 *werden*-수동, *sein*-수동, *gehören*-수동이 형성될 수 있다. 대부분의 소유의 동사들(*haben* 등)은 예외를 형성한다. 한 동사에 대해 *werden*-수동이 형성될 수 없으면 대개 *sein*-수동도 불가능하다. 수동이 가능한 동사들 중에서도 능동문이 사람의 "행위자"를 포함하는 경우, 즉 사건의 담당자가 책임을 지고 반응할 수 있는 생명체인 경우에만 *gehören*-수동이 가능하다.

bekommen-수동은 기저의 능동문이 생명체를 표현하는 3격 보충어를 포함하는 것을 전제로 한다.

> *Sie räumen mir das Zimmer auf.* ⟹
> *Ich bekomme das Zimmer aufgeräumt.*
> (그들은 나를 위해 방을 정리한다)

원래의 행위자(능동문의 주어)는 수동문에서 원칙적으로 삭제된다. 그러나 행위자가 *von*이나 *durch*를 취하는 전치사구에 의해 다시 도입될 수 있다. 이때 *von*은 주로 사건에 대해 책임을 질 수 있는 구체적인 대상에서 나타나고, *durch*는 도구격으로 간주돼는 추상적인 대상이나 불분명한 대상에서 나타난다.

> *Das Gesetz ist von der Mehrheit der Abgeordneten beschlossen worden.* (그 법은 과반수의 국회의원에 의해 결정되었다)
> *Das Gesetz ist vom Parlament beschlossen worden.*
> (그 법은 국회에서 결정되었다)
> *Das Gesetz ist durch den Wahlausgang bestätigt worden.*
> (그 법은 선거 결과를 통해 증명/확인되었다)

sein-수동, *gehören*-수동, *bekommen*-수동은 단지 제한적으로만 전치사적 행위자 규정어를 허용한다.

> *Das Gesetz ist vom Senat bestätigt.*
> (그 법은 상원에 의해 추인되었다)
> *Das Gesetz gehört von diesem Ausschuss beschlossen.*
> (그 법은 이 위원회에서 결정되어야 한다)
> *Ich bekam den Entwurf vom Staatssekretär genehmigt.*
> (나는 그 초안을 차관으로부터 허락 받았다)

대부분의 경우에서 수동문의 행위자 규정어는 실현되지 않는다.

일반적인 수동(generelles Passiv)은 의도적이며 책임 있게 수행된 동작을 표현하는 동사에서 가능하다(원칙적으로 완전한 수동을 갖는 동사에서도 가능함).

> *Hier wurde gezecht.* (여기서 술을 마셨다.)

Es wurde lange diskutiert. (오랫동안 논의되었다.)

여기서도 행위자 규정어가 가능하지만 아주 드물게 나타난다. 다음과
같은 문장이 여전히 존재한다.

Hier wurde von Soldaten gezecht.
(여기서 군인들이 술을 마셨다)

행위자 규정어가 드물게 실현되는 것은 수동의 의미적인 주기능이 다
음과 같음을 암시한다 : **수동은 사태를 "사건과 관련하여" 표현하다.**

이것이 의미하는 바는 원래(동사에 의해 표현된)의 사건이 관심의 중심에
있다는 것이다. 사건의 유발자, 즉 인도 유럽어에서 일반적으로 아주 중
요한 행위자는 배제되거나 혹은 주변으로 밀려난다. 수동을 사용하는 사
람은 사태를 본질적으로 행위자 없이 보려고 한다.

분사 II는 원칙적으로 '종결된', '과거의' 의미를 갖는다. 하지만 이러한
의미가 강력한 미래 지향적인 조동사 *werden*에 의해서 제거되어 현재의
werden-수동(*Dort wird getanzt.* 거기서 춤을 춘다)은 "사건에 관련된 현재"
의 의미를 갖는다. 동일한 것이 *gehören*-수동과 *bekommen*-수동에서
도 적용된다. 그러나 *sein*-수동에서는 사정이 다르다. 왜냐하면 조동사
*sein*은 분사 II의 원래의 의미를 중화하지 않기 때문이다.

물론 부차적인 효과도 있다. 예컨대 형식화하는 데 어려움이 있는 사
람, 즉 발화내용을 어떻게 말로 표현해야 하는지를 아직도 모르는 사람
은, 가끔 주어(종종 문두에 오는)로 시작하는 것이 아니라 오히려 사건의
목적어로 시작하며 그런 경우에 책임 있는 주격은 뒤에 온다. 그것으로부
터 수동의 형식화(문두에 수동주어가 오는)가 쉽게 나타난다

Diese Unordnung haben die Pfadfinder angerichtet.
(이러한 무질서를 소년단원들이 저질렀다)
Diese Unordnung wurde ⋯ von den Pfadfindern ⋯ angerichtet.
(이러한 무질서가 소년단원들에 의해 저질러졌다)

문맥도 역시 수동사용을 야기할 수 있다. 선행 발화에서 주정보(레마)
가 4격 보충어로 포장되어 이 보충어가 일상적으로 문미에 놓여 있으면,
후행 발화는 동일한 정보를 테마로서 문두에 다시 내세우곤 한다. 이것은
비일상적인 어순이 될 수 있다.

Wir beobachten seit drei Wochen den Spediteur Moninger.
Den hat man schon mehrfach verdächtigt, Altöl in den Bach zu
"entsorgen". (우리는 3주전부터 운송업자 모닝어를 관찰하고 있다. 우리
는 이미 여러 번 그가 폐유를 개울에 "버리고 있다"고 의심해 왔다)

4격 보충어가 문두에 오는 경우는 아주 드물다. 신중하게 미리 계획을
세우지 않은 사람은 주어를 문두에 두는 가장 자주 사용되는 어순을 선택
한다. 이것은 수동을 통해서 가능해진다.

Wir beobachten seit drei Wochen den Spediteur Moninger.
Der wurde schon mehrfach verdächtigt, Altöl in den Bach zu
"entsorgen". (우리는 3주전부터 운송업자 모닝어를 관찰하고 있다. 그는
이미 여러 번 폐유를 개울에 "버리고 있다"고 의심받아 왔다.)

3.6.4 화법동사 복합체

화법동사는 종속적인 동사의 부정사와 함께 하나의 복합체를 형성한다.

*Du **darfst** noch etwas **essen**.*
(너는 무엇을 좀 먹어도 된다)
*Sie **will** nicht weiter **diskutieren**.*
(그녀는 계속해서 논의하려고 하지 않는다)

종속적인 동사는 대개 주동사이다. 다성분으로 구성된 동사복합체에서
는 종속적인 부동사도 나타난다.

*Wir **sollten** die Leute **gehen lassen**.*
(우리는 그 사람들을 보내도록 해야 한다)

화법동사 역시 (예컨대 완료구조에서는) 종속적이 될 수 있다.

*Holger **hat** sie gehen lassen **wollen**.*
(홀거는 그녀를 보내도록 원했다)

화법동사에는 *dürfen, können, mögen, müssen, sollen, wollen,*
*brauchen*이 있다. 부정적인 발화에서는 보통 *brauchen*이 *müssen*을
대체한다.

Sie müssen noch unterschreiben. ⇒ *Sie brauchen nicht zu*
unterschreiben.
(당신도 결국 서명해야 한다 - 당신은 서명할 필요가 없다)

화법동사가 3인칭 단수 현재에서 t를 갖지 않는다는 점에서 다른 동사
들과 구별된다.

sie drängt/kauft/marschiert/nörgelt/schafft/wandert
sie darf/kann/mag/muss/soll/will

brauchen의 3인칭 단수 현재형은 (*sie*) *braucht*이다. 그러나 일상어에서는 어미 *t*가 다른 화법동사에서처럼 종종 탈락한다.

Sie brauch nicht zu unterschreiben.

그밖에 *brauchen*은 일반적으로 *zu* + 부정사를 요구한다. 하지만 일상어에서는 이 *zu*가 종종 탈락한다.

Sie brauch nicht unterschreiben.

이러한 사실 역시 *brauchen*을 화법동사와 유사하게 취급하는 증거이다.

화법동사의 분사II는 부정사와 형태가 동일하다.

Sie hat zusehen können/dürfen.
(그녀는 구경할 수 있었다/구경해도 되었다)

화법동사의 과거는 약변화 동사의 방법에 따라 형성된다.

Sie durfte/konnte/mochte/musste/sollte/wollte nicht zusehen.

부동사 *werden*이 주동사의 부정사와 함께 소위 "미래"를 형성할 경우에는 화법동사와 유사하게 행동한다.

Sie wird nicht unterschreiben.
(그녀는 서명을 하지 않을 것이다)

하지만 이 *werden*에 대해서는 미래와 과거가 형성될 수 없다.

Sie wird nicht unterschreiben werden.
Sie wurde nicht unterschreiben.

화법동사 복합체가 있는 문장은 두 단문의 결합으로 이해될 수 있다.

Sie will + *sie nimmt teil* ⇒ *Sie will teilnehmen.*

중요한 것은 이때 화법동사와 종속적인 동사가 동일한 주격을 갖는다는 것이다.

우리는 화법동사와 *brauchen, werden*에서 두 가지 사용방법을 구별한다. 우리는 이것을 화자 관련적인 사용 대 주어 관련적인 사용이라고 말한다.

화자 관련적인 사용

화법동사의 화자 관련적인 사용을 통해서 사태기술에 대한 화자의 태도가 명시된다. 화자 관련적으로 사용되는 화법동사의 완료형은 일반적으로 불가능하다. 이에 반해 종속적인 부정사는 종종 완료형으로 온다.

*dürfen*은 접속법Ⅱ에서만 화자 관련적으로 사용된다. 그러면 *dürfen*은 추측을 나타낸다.

Hanna dürfte es vergessen haben.
(한나가 그것을 잊어버렸을 지도 모른다)

이 문장의 의미는 다음과 같다: 화자는 한나가 그것을 잊었다는 것이 다분히 가능성이 있는(wahrscheinlich) 것으로 간주한다.

*können*은 불확실한 가능성을 표현한다.

Hanna kann es vergessen haben.
(한나가 그것을 잊어버렸을 수도 있다)

이 문장의 의미는 다음과 같다: 화자는 한나가 그것을 잊었다는 것이 가능성이 있는(möglich) 것으로 간주한다.

*mögen*은 그 적용이 양보적으로 제약되는 가능성을 표현하며 대개 제한적인 문장이 뒤따른다.

Hanna mag es vergessen haben, aber deshalb darf man ihr nicht die Alleinschuld an der Panne zuschreiben.
(한나가 그것을 잊어버렸을 지 모르지만, 바로 그 때문에 우리가 그녀에게 그 실수에 대한 단독책임을 전가해서는 안 된다)

*müssen*은 사실을 통해 지지되는 강한 추측을 표현한다.

Erich muss es gewusst haben.
(에리히가 그것을 알고 있었음에 틀림없다)

이 문장의 의미는 다음과 같다 : 에리히가 그것을 알고 있었다는 것은 아주 명백한 일이다.

이 문장의 부정은 아마도 다음과 같을 것이다.

Erich braucht es nicht gewusst zu haben.
(에리히가 그것을 알고 있었을 리가 없다)

이 문장의 의미는 다음과 같다 : 에리히가 그것을 알고 있었다는 것은 결코 명백한 일이 아니다.

sollen은 제3자의 진술에 근거하는 개연성을 표현한다.

> *Erich soll davon gewusst haben.*
> (에리히가 그것에 대해 알고 있었다는 소문이다)

이 문장의 의미는 다음과 같다: 에리히가 그것에 대해 알고 있었다는 사실을 누군가가 말했다는 것을 화자가 들었다. 따라서 이것은 십중팔구 사실이다.

werden은 확실한 추측을 표현한다.

> *Hanna wird es gewusst haben.*
> (한나는 확실히 그것을 알고 있었을 것이다)

이 문장의 의미는 다음과 같다 : 화자는 한나가 그것을 알고 있었다고 추측한다.

wollen은 주격의 주장에 근거하지만 그 주장의 진실성에 대해서는 화자가 의심하고 있다는 것을 표현한다.

> *Hanna will es gewusst haben.*
> (한나는 그것을 알고 있었다고 주장한다)

이 문장의 의미는 다음과 같다: 한나가 그것을 알고 있었다고 주장하지만 화자는 그것이 옳다고 믿지 않으려 한다.

주어 관련적인 사용

화법동사의 주어 관련적인 사용을 통해서 주격의 가능성이 명시된다.

모든 활용형태가 가능하다. 종속적인 동사는 일반적으로 단순한 부정사로 온다.

dürfen은 인가 받은 허락을 토대로 한 가능성을 표현한다.

> *Du darfst zusehen.* (너는 구경해도 괜찮다)

이 문장의 의미는 다음과 같다 : 화자나 혹은 제3자가 그것을 허락했기 때문에 너는 구경할 수 있다.

können은 자신의 능력이나 혹은 인가 받은 허락을 토대로 한 가능성을 표현한다.

> *Michael kann schon schwimmen.*
> (미카엘은 벌써 수영을 할 수 있다)
> *Monika kann mitkommen.*
> (모니카는 같이 갈 수 있다)

mögen은 주격의 소원이나 혹은 동의를 표현한다. *mögen*은 부정적인 문장이나 제한적인 문장에서만 사용된다.

> *Annabell mag nicht untätig zusehen.*
> (아나벨은 무위도식하면서 수수방관하는 것을 싫어한다)

긍정적인 문장에서는 *möchte*라는 형태가 사용된다.

> *Annabell möchte das Schlimmste verhindern.*
> (아나벨은 최악의 상태를 저지하고자 한다)

müssen은 외부적인 상황에 의해 야기된 강요를 표현한다.(예컨대 다음 문장에서 다수가 그의 의견에 동의하지 않기 때문에 그가 양보해야 한다.)

Norbert muss nachgeben.
(노베르트가 양보/동의해야 한다)

sollen은 제3자(혹은 화자도 가능)의 요구에 의해 야기된 강요를 표현한다.(예컨대 다음 문장에서 다수나 혹은 내가 그것을 요구하기 때문에 그가 양보해야 한다.)

Norbert soll nachgeben.
(노베르트가 양보/동의해야 한다)

werden은 사태에 대한 미래의 실현을 표현한다. 이러한 의미로 사용되는 *werden*은 완료형이나 과거형을 허용하지 않는다.

Norbert wird nachgeben.
(노베르트가 양보/동의할 것이다)

wollen은 주격의 확고한 의도를 표현한다.

Edgar will einen Bruch der Koalition vermeiden.
(에드가는 연립정부의 붕괴를 방지하고자 한다)

부정적인 문장에서는 *müssen*과 *brauchen*이 경합한다.

Norbert muss nicht nachgeben/braucht nicht nach(zu)geben.
(노베르트는 양보할 필요가 없다)

아주 드문 경우에서만 그것이 화자 관련적인 사용인지 혹은 주어 관련적인 사용인지 하는 의문이 제기될 수 있다. 다음의 예가 그러한 경우이다.

Er kann nicht gestorben sein.
(그는 죽었을 리가 없다/죽지 않았을 것이다)

이러한 경우 대부분 문맥이나 상황이 이를 밝혀준다.
이따금 화법동사가 "규칙적인" 분사Ⅱ로써 나타나기도 한다.

Ich habe das nicht gewollt.
(나는 그것을 원치 않았다)

이 문장에서는 종속적인 부정사가 없다. 따라서 우리는 이렇게 사용된
동사를 화법동사로 보지 않고 동형동음이의어로 사용된 주동사로 간주한
다.

3.6.5 양상동사 복합체와 부정사동사 복합체

이 모든 동사들은 *zu* 있는 부정사를 지배한다. 양상동사는 종속적인
동사의 주격과 동일한 주격을 갖는다. 그 밖의 부정사동사는 보통 부정사
동사의 (생각할 수 있는) 주격과는 다른 고유한 주격을 갖는다.

양상동사(Modalitätsverb)에는 다음과 같은 동사들이 있다:

*anheben, anstehen, belieben, bleiben, drohen, gedenken, geruhen,
sich (ge)trauen, haben, pflegen, scheinen, sich scheuen, sein,
stehen, umhin können, sich unterstehen, sich vermessen,
vermögen, versprechen, verstehen, wissen* 등.

이들에 대한 몇몇의 예를 살펴보자.

Der Pfarrer hob an zu singen.
(목사가 노래하기 시작했다)
Du hast hier zu schweigen.
(너는 여기서 침묵을 지켜야 한다)
Sie scheut sich nicht es auszusprechen.
(그녀는 그것에 대해 말하기를 두려워하지 않는다)
Robert verstand meisterhaft zu schwindeln.
(로베르트는 탁월하게 남을 속일 줄 알았다)
Ich weiß Ihre Rücksichtsnahme zu schätzen.
(나는 당신의 사려 깊음을 평가할 줄 안다)

부정사동사(Infinitivverb)에는 다음과 같은 동사들이 있다:

bedeuten zu, es geben zu, es gelten zu, heißen, es heißen (zu),
helfen (zu), lassen. 지각동사 *fühlen, hören, sehen, spüren*(모두 *zu*
없이)과 동사 *lehren*도 이와 유사하게 사용된다.

이들에 대한 몇몇의 예를 살펴보자.

Man bedeutete ihnen zu schweigen.
(사람들은 그들에게 침묵하도록 권했다/암시했다)
Es gibt viel zu tun. (할 일이 많다)
Jetzt gilt es aufzupassen. (지금은 조심해야 한다)
Man hieß ihn warten.
(사람들은 그에게 기다리라고 명령했다)
Warum heißt es plötzlich zuhören?
(왜 갑자기 경청해야 하는가?)
Er half Monika den Tisch (zu) decken.
(그는 모니카가 식탁을 차리는 데 도와주었다)
Peter lässt die Puppen tanzen.
(페터는 인형이 춤을 추도록 한다.)
Ich habe ihn kommen hören.
(나는 그가 오는 소리를 들었다)

Wer wird sie gehen sehen?
(그녀가 가는 것을 누가 볼 것인가?)
Sie spürte ihr Herz schlagen.
(그녀는 자신의 가슴이 두근거리는 것을 느꼈다)
Ich lehre ihn alten Menschen helfen.
(나는 그에게 노인들을 돕는 법을 가르친다)

3.7 동사복합체의 의미와 어순

얼른 보기에 아주 상이한 두 현상은 이들이 동사복합체에서 상호 의존하기 때문에 여기서 함께 다루어진다.

각각의 지배동사가 직접 종속하는 동사를 보다 자세히 규정한다는 사실로부터 동사복합체의 **의미**(Bedeutung)가 생겨난다. 이러한 사실은 의존가지에서 제시될 수 있다.

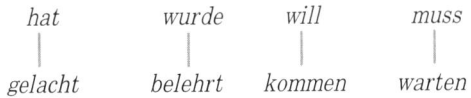

*hat gelacht*에서 조동사 *hat*은 '현실의, 중요한, 시간적으로 비명시적'이라는 구의 의미를 가져오고, 미완료동사 *lachen*의 분사 Ⅱ는 '과거'라는 의미를 가져온다. 따라서 이 전체는 '현실의, 중요한, 시간적으로 비명시적인, 과거의 웃음'을 의미한다.

*wurde belehrt*는 '현실의, 거리를 두는, 과거의, 사건 관련적으로 관

찰된 가르침'을 의미한다.

*will kommen*은 '현실의, 중요한, 시간적으로 비명시적인, 주격이 원하는 왕래'를 의미한다.

*muss warten*은 '현실의, 중요한, 시간적으로 비명시적인, 외부 상황에 의해 강요된 기다림'을 의미한다.

ist betrogen worden 및 *hätte zusehen wollen*과 같은 보다 광범위한 복합체도 똑같이 해석된다.

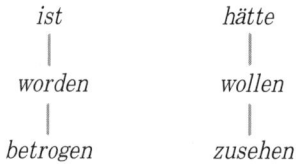

모든 경우에서 의미적인 명시화는 위에서 아래로 진행된다. 즉, 각각의 차상위 성분은 각각의 차하위 성분을 명시/규정/한정한다.

동사형태의 배열은 표현형태를 통해 확정되어서 언제나 한 요소가 특정형태를 갖는 다른 요소를 요구한다. 그런 다음에 이 다른 요소가 직접 종속하는 요소가 된다. 예컨대 모든 조동사(위에서 *ist, hätte*)는 분사Ⅱ의 형태로 된 다른 동사를 요구하며, 즉 결합가 〈prt〉를 가지며 우리는 이것을 Va〈prt〉로 기술할 수 있다. 위에서 형태 *worden*과 *wollen*이 이러한 요구를 충족시킨다. *worden*은 다시 분사Ⅱ의 형태와 결합가 〈prt〉를 갖는 조동사가 된다. 이 결합가는 주동사의 분사 *betrogen*에 의해 충족된다. 다른 한편 분사 *wollen*은 결합가 〈inf〉를 갖는 화법동사로서 부정사로 된 동사를 요구한다. 이 결합가는 *zusehen*의 형태에 의해 충족된다. 따라서 우리는 위의 두 가지 "어휘적인" 도식을 범주 기호와 결합가 기호를 사용하여 다음과 같이 기술할 수 있다.

개별적인 동사형태의 정확한 **어순**(Wortstellung)은 이러한 - 형태 · 통사적으로 요구되며 의미적으로 해석될 수 있는 - 배열로부터 간단한 방법으로 획득될 수 있다. 즉, 우리는 의존가지를 우측으로 "비스듬히 눕힌다".

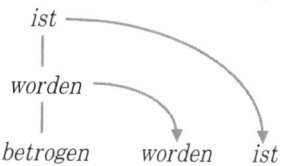

위에서 알 수 있는 바와 같이 이러한 조작을 통해서 부문장의 정상적인 어순을 얻게된다 : (*weil er so oft*) *betrogen worden ist.* 이로부터 "주문장 규칙"을 통해 서술문의 어순을 얻을 수 있다. 주문장 규칙은 다음과 같다 : "정동사를 좌측괄호 안으로 이동하라." 그러면 다음의 어순이 생겨난다.

⋯ *ist* ⋯ *betrogen worden.*

의존가지로부터 정확한 어순에 대한 이러한 종류의 유도는 일반적으로 아무런 문제없이 이루어진다. 보다 광범위한 특정한 동사복합체에서는 물론 문제가 있다. 이러한 문제점과 그 해결책을 알아보기 위해서 하나의 간단한 대화를 제시해 볼 수 있다.

상황은 다음과 같다 : 한 노인(Opa)이 자기 손자 엘리아스(Elias) 함께 공항을 방문했다. 이들은 지금 활주로를 관찰할 수 있는 면회실에 있다.

Opa : *Siehst du, da **landet** die Maschine aus Warschau.*
(자 보렴. 저기 바르샤바에서 온 비행기가 착륙하고 있다)

Elias : *Ich sehe aber nichts.*
(나는 아무 것도 안 보이는데)

Opa : *Ich heb dich hoch, dann **siehst** du sie **landen**. Aber iss mal erst dein Eis auf, es kommt gleich eine andere Maschine.*
(내가 너를 들어올리겠다. 그러면 너는 비행기가 착륙하는 것을 볼 수 있을 것이다. 그러나 먼저 너의 아이스크림을 다 먹어라. 곧 다른 비행기가 올 것이다)

Elias : *Warum **darf** ich denn die Maschine aus Warschau nicht **landen sehen**?* (왜 나는 도대체 바르샤바에서 오는 비행기가 착륙하는 것을 보면 안 되는 거야?)

Opa : *Du darfst schon. Aber mit dem Eis verkleckerst du ja alles. Siehst du, jetzt läuft dir das braune Eis auf die Hose. Iss erst fertig.* (봐도 된다. 하지만 너는 아이스크림을 온 데다 흘리는구나. 봐라. 지금 갈색의 아이스크림이 너의 바지 위로 흐르는구나. 우선 다 먹어치워라)

Elias : *Ich **will** aber die Maschine aus Warschau **landen sehen dürfen**!* (하지만 나는 바르샤바에서 오는 비행기가 착륙하는 것을 보고 싶어)

Opa : *Elias, das geht doch nicht. Jetzt hast du die rote Kugel auf dem Hemd. Komm schnell mir zur Toilette, da können wir das abwaschen.* (엘리아스야, 그건 안 돼. 지금 네 셔츠에 공모양의 빨간 물이 들었구나. 빨리 화장실로 날 따라와라. 거기서 그것을 씻어낼 수 있을 것이야)

Elias : *(geht weinend mit)* (울면서 따라 간다)

Opa : *Warum weinst du denn?* (너 도대체 왜 우니?)

Elias : *Weil ich die Maschine **landen sehen wollen** ···* (stockt)
(나는 비행기가 착륙하는 것을 보고 싶으니까) ··· (중단한다)

Opa : *Nun sag's schon richtig.* (자 똑바로 말해봐라)

Elias : *Weil ich die Maschine landen sehen wollen dürfen hätte. Oder ··· weil ich ··· Ach was ··· das wird heut nichts.*
(나는 비행기가 착륙하는 것을 보려고 했으니까. 혹은 나는 ···

아, 뭐더라. 오늘은 아무 것도 안 되네)

Opa : *Das war doch richtig so, oder?*
(그렇게 말하면 옳은 거니? 혹은 다른 말로는?)

Elias : *Ich … ich weiß nicht so recht.*
(나는 … 나는 아주 정확하게는 모르겠어)

Opa : *Probier's halt nochmal.* (자, 다시 한 번 시도해 봐)

Elias : *Weil ich … hm, also … die Maschine **landen sehen dürfen hätte wollen**. Ach das ist wieder nichts. Sag du Opa, wie heißt es richtig?* (나는 음 … 비행기가 착륙하는 걸 보려고 했으니까. 아, 그것도 또 틀렸어. 할아버지, 정확히 어떻게 말하는지 말해 줘)

Opa : *Ja das ist ganz einfach: Weil ich die Maschine **landen sehen dürfen wollen** - nein, so geht es auch nicht. Elias, der Opa muss erst nachdenken. Wir reden morgen nochmal darüber.* (그것은 아주 간단해. 나는 비행기가 착륙하는 것을 보고 싶으니까. 아니야, 그것도 아니야. 엘리아스야, 할아버지도 좀 생각해 봐야겠어. 우리 내일 그 문제에 대해서 다시 한 번 생각해 보자)

우리가 알고 있는 바와 같이 어른과 아이 사이의 많은 대화들이 그렇게 끝난다. 이 경우에 모든 것이 분명해져야 한다.

hätte	$V_{a\langle prt\rangle fin}$
|	|
wollen	$V_{m\langle inf\rangle prt}$
|	|
dürfen	$V_{m\langle inf\rangle inf}$
|	|
sehen	$V_{\langle sub\ akk\rangle inf}$
|	|
landen	$V_{\langle sub\rangle inf}$

의존가지를 우측으로 눕히면 어순 *landen sehen dürfen wollen*

*hätte*가 생겨난다. 우리는 그것이 그렇게 되어야 한다고 "어쨌든 느낀다". 하지만 우리는 설명할 수는 없지만 그것이 정확하지 않다는 것을 더욱 분명하게 느낀다.

추가적인 **Vip-규칙**(Vip-Regel)만이 우리가 이러한 난관에서 벗어나는 데 도와준다. 우리는 부정사 형태의 분사를 취하는 동사, 즉 화법동사와 몇몇 지각동사(*fühlen/spüren, hören, sehen*), *heißen*과 *lassen*이 부정사 구조를 지배하는 경우 이들 모두를 "Vip"라고 일컫는다.

> *Ich hätte kommen **wollen**.*
> (나는 오려고 했었다)
> *Wer hat ihn kommen **hören**?*
> (누가 그가 오는 소리를 들었느냐?)
> *Martin hat sie singen **lassen**.*
> (마르틴은 그녀가 노래하도록 시켰다)

"Vip"는 하나의 추가규칙을 요구하는 진정한 애물단지이다. 의존가지를 눕힘으로써 생성되는 연쇄에 적용되는 Vip-규칙은 다음과 같다:

> 동사복합체가 분사기능을 갖는 두 개의 연속적인 Vip나 혹은 하나의 Vip를 포함하면, 모든 후속하는 동사형태는 역순으로 좌측으로 이동하여 여타의 동사형태 앞으로 온다.

기계적으로 형성된 어순 *landen sehen dürfen wollen hätte*에서는 Vip *sehen, dürfen, wollen*이 포함되어 있다. 이 어순으로부터 정확한 어순 *hätte wollen landen sehen dürfen*이 생겨난다. 왜냐하면 Vip *sehen dürfen*이 이미 Vip-규칙의 전제조건을 충족하여 모든 후속 동사가 치환되어야 하기 때문이다.

제4장
명사와 명사적 구조

4.1 개 관

이 장에서는 **대상**(Größe)이 표현하거나 명명하거나 혹은 규정하는 표현이 논의된다. 이때 "대상"이란, 사태 안에서는 중심적인 사건에 배열되어 있으며 그리고 문장에서는 동사의 직접적인 보충어로서 기술될 수 있는 생물, 대상 및 우리들 표상의 또 다른 대상들을 의미한다.

대상을 나타내는 표현들의 원형은 명사구이다. 명사구 이외에도 구를 형성할 수 있는 대명사가 동일한 기능을 한다. 형용사와 형용사구도 대상을 규정하는 명사적 표현에 속한다.

4.2 명사와 명사구

4.2.1 개 관

불변의 성을 갖는 단어들이 명사(Nomen)이다.

>   *der Weg* (길), *die Strecke* (구간), *das Ziel* (목표)

극소수의 명사만이 한 개 이상의 성을 가지고 나타나며, 의미차이가 없는 경우도 있고(*der/die/das Halfter* 고삐/권총집, *der/das Filter* 여과기), 성에 따라 의미차이가 있는 경우도 있다(*der Verdienst* 수익, *das Verdienst* 업적).

세 가지 성은 남성(정관사 : *der*), 여성(정관사 : *die*), 중성(정관사 : *das*)이다. 우리는 이를 줄여서 Mask., Fem., Neutr. 혹은 m., f., n.으로 표기한다.

명사의 성은 명사 앞에 오는 가장 중요한 위성(Satellit)인 한정사와 형용사로 전달된다.

>   *der kurze Weg   die mühsame Strecke   das ferne Ziel*
>   *ein langer Weg   eine mühsame Strecke   ein fernes Ziel*

일반적으로 명사 자체를 보고 성을 추론할 수는 없으며, 그보다는 오히려 선행하는 위성을 보고 성을 추론할 수 있다. 그럼에도 불구하고 성을 표시하는 접미사가 존재한다.

ling (남성에서만)
ei (여성에서만)
chen, lein (중성에서만)

이에 대해 보다 자세한 것은 4.2.3 참조.
접미사 *er, in, en*이 특히 생산적이다.

er m.는 특별한 활동을 하는 남성을 표현할 수 있다 : *Bäcker* 빵제조
   업자, *Lehrer* 교사, *Forscher* 연구자. 그밖에 기계와 도구를 표
   현한다: *Halter* 걸이/손잡이, *Öffner* 따개.
in f.은 모든 남성의 직업과 직책의 명칭을 여성으로 변화시킬 수 있다
      : *Lehrerin* 여선생, *Direktorin* 여사장.
en n.은 "명사화한" 부정사에서 나타난다 : *Essen* 식사, *Schreiben*
   글쓰기, *Zögern* 망설임.

   명사의 본질적인 기능은 **대상을 명명하는**, 즉 대상에 이름을 붙이는
데 있다. 이로써 참여한 대상의 존재에 대해서는 어떤 진술도 이루어지지
않는다.
   많은 (특히 동사에서 파생된) 명사들이 특수한 **결합가**(Valenz)를 갖는데,
기저동사의 결합가와 일치하는 경우도 있지만 통사적으로 기저동사의 결
합가와 상이한 경우도 있다.

   hoffen auf etwas(희망하다) *die Hoffnung auf etwas*(무엇에 대한 희망)
   jemanden ergreifen(붙잡다) *jemandes Ergreifung*(어떤 사람의 체포)

4.2.2 명사의 어형변화

명사는 4개의 격에 따라서 - 1격(N), 4격(A), 2격(G), 3격(D) - 그리고 모든 4개의 격은 수(단수와 복수)에 따라서 어형변화(=굴절)를 할 수 있다.

물론 단수·복수 중에서 하나의 수에서만 나타나는 일련의 명사들도 있다. **단수로만 나타나는 명사**(Singularia tantum)는 복수형을 갖지 않는다. 여기에 속하는 명사로서는 많은 물질명사(*Mehl* 밀가루, *Leim* 아교, *Zucker* 설탕), 많은 집합명사(*Jugend* 청춘, *Einwohnerschaft* 전 주민), 많은 속성명사(*Gelassenheit* 침착, *Zorn* 분노), 많은 과정명사(*Turnen* 체조, *Einsturz* 추락), 대부분의 지명(*Litauen* 리투아니아, *Siebengebirge* 지벤게비르게) 등이 있다. **복수로만 나타나는 명사**(Pluralia tantum)는 단수형을 갖지 않는다. 여기에 속하는 명사로서는 특정한 집단명사(*Eltern* 부모, *Leute* 사람들), 소수의 지명(*Alpen* 알프스 산맥, *Anden* 안데스 산맥, *Vereinigte Staaten* 미국) 등이 있다.

명사의 어형변화는 빈약하다. 옛날의 격 어미는 대부분 사라졌다. 명사의 격은 대개 선행하는 위성을 보고서만 알 수 있다. 하지만 복수에 대한 표지는 대부분 아직도 보존되어 있다. 그래서 곡용모형(Deklinationsmuster)을 다섯 가지 복수부류(각각의 부류에 몇 가지 하위부류가 있음)에 따라 분류하는 것은 의미가 있다. 격을 보다 더 잘 확인하기 위해서 각각 정관사가 병기된다.

곡용부류 1(Deklinationsklasse 1) : 복수어미가 *en* 혹은 *n* (단수가 *e*일 때)

	단 수	복 수
1격	*der Erbe*	*die Erben*

4격	*den Erben*	*die Erben*
2격	*des Erben*	*der Erben*
3격	*dem Erben*	*den Erben*

남성명사, 소수의 여성명사, 중성명사가 여기에 속한다.

Erbe(상속인)와 같이 변화하는 명사에는 *Bote*(사자), *Bube*(소년, 악한), *Heide*(황야), *Hirte*(목동), *Riese*(거인)가 있고, 그밖에 단수 1격에서 *e*를 갖는 민족이나 종족, 국적에 대한 명사(*Däne* 덴마크인, *Schwabe* 슈바벤인, *Sachse* 작센인)가 있다.

단수 1격에서는 어미가 없지만 그밖에는 *Erbe*와 같이 변화하는 명사로서는 *Student*(대학생)가 있다. 많은 외래명사도 이와 같이 변화한다: *Aspirant*(지원자), *Konkurrent*(경쟁자), *Ungar*(헝가리인).

곡용부류 Ⅰ의 하위부류에는 다음 네 가지가 있다.

① *Erbe*와 같이 변화하지만 단수 2격에서 *(e)ns*인 명사 : *Friede*(평화), *Glaube*(신앙), *Name*(이름), *Same*(씨앗), *Herz*(심장), *Buchstabe*(철자).

② 단수 2격에서 *(e)s*이고 그밖의 단수에서는 어미가 없지만 복수에서는 *Erbe*, *Student*와 같이 변화하는 명사 : *Doktor*(의사), *Lektor*(강사), *Muffel*(야생양), *Pantoffel*(슬리퍼), *Professor*(교수), *See*(호수), *Bett*(침대), *Ende*(끝), *Ohr*(귀).

③ 여기에 속하는 여성명사는 단수에서 어미가 없다(*Frau* 부인). 여성명사가 *in*으로 끝나면 복수에서 *n*이 두 번 온다 : *Lehrerin*-

Lehrerinnen(여선생).

④ *us*(m.), *a*(f.), *um*(n.)으로 끝나는 대부분의 외래어는 복수에서 어미 *en*을 갖는다 : *Rhythmus - Rhythmen*(리듬), *Firma - Firmen*(회사), *Museum - Museen*(박물관). *a*(*Drama* 드라마, *Thema* 테마) 혹은 *us*(*Virus* 바이러스)로 끝나는 그리스어에서 기원하는 중성명사에서도 이것이 적용된다.

곡용부류 2(Deklinationsklasse 2) : 복수어미가 *e*(복수에서 가끔 변모음이 나타남)

	단 수	복 수
1격	*der Pass*	*die Pässe*
4격	*den Pass*	*die Pässe*
2격	*des Passes*	*der Pässe*
3격	*dem Pass*	*den Pässen*

여기에 속하는 명사로서 남성명사에는 *Ball*(변모음 표시=U)(공), *Berg* (산), *Darm*(U:장), *Gang*(U:걸음걸이), *König*(왕), *Rest*(나머지), *Saal*(U: 홀), *Strauß*(U:꽃다발), *Tanz*(U:춤), *Wein*(포도주), *Zopf*(U:땋은 머리)가 있고, 그리고 중성명사에는 *Gas*(가스), *Kamel*(낙타), *Meer*(바다), *Moos* (이끼), *Pferd*(말), *Reich*(제국), *Schwein*(돼지), *Wort*(말), 그밖에 *Bein* (다리), *Gebirge*(산맥) 등이 있다.

*Strauß*가 타조를 의미하는 경우에는 복수에서 변모음 하지 않는다(*die Strauße*).

여성명사 *Hand*(U:손), *Kunst*(U:예술), *Magd*(U:하녀/처녀)도 동일하게 어형변화 하지만 단수에서는 어미가 없으며, *nis*로 끝나는 모든 여성명사 (예: *Finsternis* 암흑)의 복수에서는 *s*가 이중으로 나타난다(*Finsternisse*).

곡용부류 3(Deklinationsklasse 3) : 복수어미가 *er*(복수에서는 변모음이 나타남)

	단 수	복 수
1격	*der Mund*	*die Münder*
4격	*den Mund*	*die Münder*
2격	*des Mundes*	*der Münder*
3격	*dem Mund*	*den Mündern*

이 변화에 속하는 명사는 대부분 중성명사이다 : *Brett*(널판지), *Gesicht*(얼굴), *Gut*(재산), *Haus*(집), *Holz*(목재), *Kalb*(송아지), *Kind*(어린이), *Lamm*(어린양), *Rind*(소), *Schild*(간판), *Wort*(단어). 소수의 남성명사도 여기에 속한다 : *Leib*(육체), *Mann*(남자), *Ski/Schi*(스키).

곡용부류 4(Deklinationsklasse 4) : 복수어미가 *s*

	단 수	복 수
1격	*das Auto*	*die Autos*
4격	*das Auto*	*die Autos*
2격	*des Autos*	*der Autos*
3격	*dem Auto*	*den Autos*

대개 외래어 명사가 여기에 속한다 : 남성명사로서는 *Foto*(사진), *Kaffee*(커피), *Salon*(응접실), *Streik*(동맹파업), *Tee*(차), *Waggon*(화물차량)이 있고, 중성명사로서는 *Billet*(연애편지), *Café*(커피점), *Kino*(영화관), *Radio*(라디오), *Taxi*(택시)가 있다. 그밖에 *Pkw*(m. 승용차), *GmbH*(f. 유한책임회사), *WC*(n. 화장실), *MTB*(n. 모터가 있는 어뢰정)와 같은 약어와 대부분의 인명(이름은 단수, 성은 일반적으로 복수 : *Anton, Anna, Schneiders*)이 여기에 속한다.

곡용부류 5(Deklinationsklasse 5) : 복수어미가 없음

	단 수	복 수
1격	*der Wagen*	*die Wagen*
4격	*den Wagen*	*die Wagen*
2격	*des Wagens*	*der Wagen*
3격	*dem Wagen*	*den Wagen*

소수의 명사만이 여기에 속한다 : *Hafen*(U:항구), *Hamburger*(m. 함부르크 시민), *Regen*(m. 비), *Essen*(n. 식사).

4.2.3 명사의 조어

어간 조어 ▌▐▌▖━━━━━━━━━

독일어에서는 어떤 요소가 첨가되지 않고서도 다른 단어로부터 새로운

단어가 형성될 수 있다. 새로운 품사인 명사로의 전환은 적어도 어형변화
에서 나타난다.

> *laufen* (V) ⇒ *Laufen* (Nom) ; *des Laufens* 등.

모든 부정사가 이런 식으로 "명사화" 될 수 있다. 많은 형용사에서도 이
와 동일한 것이 적용된다.

> *blau* (Adj) ⇒ *Blau* (Nom) ; *des Blaus* 등.

형용사에서 파생된 많은 명사들은 형용사처럼 변화한다. 그러나 명사
구를 형성할 수 있는 이들의 능력이 이들을 명사로 증명하지는 않는다.

> *krank* (Adj) ⇒ *Kranke*(*r*) (Nom) m./f.
> (비교 : *der bettlägerige Kranke* 와병중인 환자)
> *verwandt* (Adj) ⇒ *Verwandte*(*r*) (Nom) m./f.
> (비교 : *eine überaus lästige Verwandte* 아주 성가신 친척)

접두사에 의한 파생어

접두사(Präfix)의 도움으로 명사로부터 새로운 명사가 형성될 수 있다.
자주 사용되는 이러한 접두사가 대략 40개가 있는데, 이들 중 절반 이상
이 외래어이다(외래어는 다음에서 **f**로 표시되어 있다). 이러한 접두사 다음에
의미와 예가 제시된다.

> *Alt* 'ehemalig, langjährig' *Altbürgermeister, Altkanzler*
> **f** *Anti* 'gegensätzlich' *Antibiotikum, Antithese*
> **f** *Auto* 'selbsttätig' *Autogramm, Autokrat*

Blitz 'schnell, eindrucksvoll' *Blitzbesuch, Blitzkarriere*
Bomben 'eindrucksvoll, hervorragend' *Bombenerfolg, Bombengeschäft*
Erz 'hochgradig', meist pejorativ *Erzbösewicht, Erzheuchler*
f *Ex* 'ehemalig' *Exmann, Exkanzler*
f *Extra* 'besonders' *Extraeinladung, Extrapreis*
Fehl 'fehlerhaft, fehlend' *Fehlalarm, Fehlbetrag*
Ge 'wiederholt, gruppenweise' *Geplapper, Gewürm*
Gegen 'gegensätzlich' *Gegenbeweis, Gegenvorschlag*
Haupt 'wichtigst' *Hauptberuf, Hauptbahnhof*
f *Hyper* 'höher, zu hoch' *Hypersatz, Hypersentimentalität*
f *Ko(n)* 'gemeinsam, zusätzlich' *Kohabitation, Kontext*
f *Konter* 'gegensätzlich' *Kontermutter, Konterschlag*
f *Makro* 'groß, größt' *Makrokosmos, Makrostruktur*
f *Mega* 'sehr groß, erstaunlich' *Megabyte, Megahit*
f *Mikro* 'klein, kleinst' *Mikrokosmos, Mikrozelle*
f *Mini* 'besonders klein' *Minikleid, Minidiskette*
Miss 'fehlerhaft' *Missklang, Missmanagement*
Mit 'gemeinsam' *Mitbürger, Mitgeschädigter*
Nach 'folgend, entsprechend' *Nachwirkung, Nachdruck*
f *Neo* 'neu, neuartig' *Neofaschist, Neokapitalismus*
Nicht 'anders' *Nichtdeutscher, Nichtraucher*
f *Pan* 'allumfassend' *Panhellenismus, Pansophie*
f *Poly*, Poli 'vielseitig' *Polyglossie, Polymorphie*
f *Post* 'nachfolgend' *Postmaterialismus, Postpubertät*
f *Prä* 'vorhergehend' *Präkubismus, Präraffaelit*
f *Pro* 'stellvertretend' *Prodekan, Prorektor*
f *Proto* 'erst' *Protorenaissance, Prototyp*
f *Pseudo* 'scheinbar, unecht' *Pseudoargument, Pseudonym*
f *Re* 'wiederholt' *Reimport, Reorganisation*
Riesen 'besonders groß, hochgradig' *Riesenfest, Riesenschweinerei*
Sonder 'irregulär' *Sonderfahrt, Sonderpreis*
Spitzen 'höchstgradig' *Spitzengehalt, Spitzenleistung*
f *Super* 'hochwertig, hochrangig' *Supererlebnis, Superfest*
Über 'stärker als Standard' *Überreaktion*
Un 'hochgradig' oder 'gegenteilig' *Unsumme, Unart*

Ur 'den Ausgangspunkt bildend' *Urahn, Urinstinkt*
f *Vize* 'stellvertretend' *Vizedirektor, Vizeminister*
Vor 'vorgeordnet, vorbildlich' *Vorreformation, Vorturner*
Zwischen 'eingeschoben' *Zwischenbemerkung, Zwischenhalt*

주로 외래어와 결합하는 외래어 접두사, 특히 수의 의미를 갖는 접두
사(*Dezi* 열, *Hekto* 백, *Kilo* 천, *Zenti* 백)와 전문어 접두사(*Audio* 청각, *Ethno*
민족, *Homo* 인간, *Öko* 생태, *Phono* 음)가 여기에 속한다.

접미사에 의한 파생어

접미사(Suffix)의 도움으로 다른 단어로부터 새로운 명사가 형성될 수
있다. 접미사는 대개 특정한 문법성에 고정되어 있다. 따라서 접미사는
다음에서 문법성에 따라 구분하여 제시된다. 외래어의 접미사는 다시 f로
표시된다.

• 남성 접미사

　f *agoge* 'Anführer' *Pädagoge, Demagoge*
　f *and* 'dem etwas widerfährt' *Multiplikand, Summand*
　f *aner* 'Anhänger, Zugehöriger' *Hegelianer, Amerikaner*
　f *ant* 'der etwas tut' *Bummelant, Intrigant*
　f *ar* 'der etwas tut/zu etwas gehört' *Archivar, Bibliothekar*
　f *är* 'der etwas tut/besitzt' *Sekretär, Veterinär*
　f *at* (ohne einheitliche Bedeutung) *Adressat, Zölibat*
　f *ent* 'der etwas tut' *Referent, Student*
　er 'der etwas tut; Instrument; Zugehöriger' u.a. *Bäcker, Zeiger,*
　　　Berliner
　f *eur* 'der etwas tut' *Friseur, Kontrolleur*

f *ier* 'der etwas tut' *Grenadier, Kanonier*
f *iker* 'Angehöriger, Mensch mit bestimmter Eigenschaft' *Choleriker, Kleriker*
f *ismus* 'geistige Ausrichtung' *Idealismus, Pazifismus*
f *ist* 'Anhänger einer geistigen Richtung' *Idealist, Pazifist*
ling 'Mensch mit bestimmter Eigenschaft', oft pejorativ *Ankömmling, Widerling*
f *ologe* 'Wissenschaftler' *Gerontologe, Theologe*

• 여성 접미사

f *age* 'Vorgang, Ergebnis' *Silage, Staffage*
f *anz* 'Sachverhalt, Eigenschaft' *Allianz, Larmoyanz*
f *(a)tur* 'Vorgang, Ergebnis, Ort' *Reparatur, Signatur, Registratur*
e (verschiedene Bedeutungen) *Durchsage, Bürste, Liege*
f *ee* 'Veranstaltung' *Matinee, Soiree*
elei, erei 'Tätigkeit, Ergebnis, Ort' *Bummelei, Häkelei, Schreinerei*
f *enz* 'Eigenschaft' u.a. *Dependenz, Insuffizienz, Valenz*
f *erie* 'Verhalten, Ort' *Prüderie, Orangerie*
f *esse* 'Beruf, Stand, Verhalten' *Baronesse, Hostesse, Finesse*
f *ette* 'Verkleinerung' *Chemisette, Stiefelette*
f *euse* 'die etwas tut; Instrument' *Friseuse, Fritteuse*
heit, keit 'Eigenschaft' u.a. *Schönheit, Hartnäckigkeit; Christenheit, Neuigkeit*
f *ie* 'Eigenschaft' u.a. *Apathie, Manie, Demokratie*
f *ik* 'Eigenschaft ; Teildisziplin' u.a. *Hektik, Germanistik, Grammatik*
in 'weibliches Wesen' *Fahrerin, Lehrerin, Hündin*

접미사 *in*을 가지고 남성 생물의 모든 명칭에 대해서 해당 "여성" 명칭을 형성할 수 있다. 우리는 이것을 "남성명사의 여성명사화"라고 일컫는다. 이런 종류의 파생어는 소수의 경우에서, 예컨대 *ling*으로 끝나는 남성에 서는 불가능하다 : *Lieblingin*.

f *ion* 'Eigenschaft' u.a. *Depression, Komposition, Redaktion*

f *ität* 'Eigenschaft' u.a. *Loyalität, Konformität, Sozietät, Universität*
f *itis* 'Krankheit' *Meningitis, Zellulitis*
nis 'Eigenschaft, Zustand' *Finsternis, Wildnis*
schaft 'Eigenschaft, Menge' u.a. *Freundschaft, Errungenschaft, Nachkommenschaft*
ung 'Vorgang, Resultat' u.a. *Erwärmung, Einstellung, Erkältung, Wohnung*

남성의 명사화된 형용사에 대해서 여성형이 형성될 수 있다.

Verwandter - Verwandte

• 중성 접미사

f *at* 'Vorgang, Ergebnis; Einrichtung' *Diktat, Zitronat ; Dekanat*
chen 'Diminuiertes' *Gärtchen, Blümchen, Kindchen*
e 'Vorgang, Ergebnis, Anhäufung' immer mit dem Präfix *Ge* verbunden *Gerede, Gemisch, Gebüsch*
en 'Verhalten' *Laufen, Schwimmen, Schweigen*
f *ett* 'Vorgang, Instrument' *Duett, Spinett*
gut 'Kollektivum' *Erbgut, Strandgut*
icht 'Kollektivum' nicht mehr produktiv *Dickicht, Spülicht*
lein 'Diminuiertes' *Tischlein, Eselein*
f *(e)ment* 'Vorgang, Ergebnis' *Raffinement, Etablissement, Parlament, Exkrement*
nis 'Vorgang, Ergebnis' *Erlebnis, Geheimnis*
sel 'Teil, kleine Sache' *Überbleibsel, Schnipsel*
tum 'Eigenschaft, Menge' u.a. *Sektierertum, Heidentum*
werk 'Resultat; Menge' *Flickwerk, Schuhwerk*
zeug 'Instrument; Menge' *Schreibzeug; Weißzeug*

축소접미사 *chen*과 *lein*은 축소뿐만 아니라 친근함도 표현한다. 그래

서 40Ar(=4000m²) 크기의 정원을 사랑스럽게 *mein Gärtchen*(나의 정원)
이라고 표현할 수도 있다. 그밖에 *chen*과 *lein*은 음성적인 기준에 따라
서 배분된다. 즉, *l* 다음에는 보통 *chen*이 오고(*Bällchen* 작은 공, *Tempel-
chen* 작은 사원) 그리고 *g, k, ch* 다음에는 *lein*이 온다(*Tröglein* 작은 통,
Tüchlein 작은 보자기). 두 가지 형태(*Süppchen* : *Süpplein* 수프)가 가능한 경
우 북부 독일에서는 *chen*이 사용되고, 남부 독일에서는 *lein*이 사용된
다. 변모음 할 수 있는 모음은 이 두 접미사 앞에서 대개 변모음 한다.

모음교체에 의한 파생어

어간모음의 변화에 의한 신조어는 오래되었지만 아직도 활성적이다.

> *stürzen* (V) ⇒ *Sturz* (Nom) m.
> *gehen* (V)   ⇒ *Gang* (Nom) m.
> *brechen* (V) ⇒ *Bruch* (Nom) m.
> *rot* (Adj)   ⇒ *Röte* (Nom) f.

합성어

합성어(Zusammensetzung, Komposition)가 근대 독일어 명사의 형성에
서 가장 중요하면서도 가장 자주 사용되는 방법이다.

원칙적으로 합성어에서는 이미 존재하는 명사("기저어 Basis") 앞에 다른
단어("규정어 Bestimmungswort")가 온다.

> *Leine*(목줄) ⇒ *Hundeleine*(개 목걸이)
>
>   규정어   기저어

기저어가 합성어의 문법적인 성과 곡용부류를 결정한다.

Fell n.(가죽) ⇒ *Schaffell* n.(양피)

명사적인 규정어는 대개 변화 없이 기저어에 추가된다.

> *Wasser* - *Wassereimer* (물 양동이)
> *Kuh* - *Kuhmilch* (우유)
> *Tisch* - *Tischtuch* (식탁보)
> *Reise* - *Reisebüro* (여행사)
> *Hotel* - *Hotelführer* (호텔 일람표)

간혹 규정어의 어미가 생략된다.

> *Sprache*(언어) - *Sprachwissenschaft*(언어학)

규정어는 매우 빈번히 확대되며 "합성 연결소"(Kompositionsfuge)가 나타난다. 많은 경우에서 합성 연결소는 2격과 유사한 *s*(여성에서도!)이다.

> *Eigenschaft*(특성) - *Eigenschaftswort*(형용사)
> *Glaube(n)*(신앙) - *Glaubensfrage*(신앙문제)

다른 경우에는 규정어가 복수로 온다.

> *Hund* - *Hundezwinger* (개 우리)
> *Kind* - *Kinderzimmer* (어린이 방)

규정어로서 명사 이외에 가끔 어형변화 하지 않은 형용사와 동사, 다양한 불변화사가 등장한다.

Großmarkt (도매시장)   Spannbeton (철근 콘크리트)
Alleingang (독주)   Doppelrolle (1인 2역)
Fahrbahn (차도)   Hintereingang (뒷문)
Zehnkampf (10종 경기)   Scheuerlappen (청소용 걸레)
Gegenwind (역풍)

소수의 경우에서는 기저어가 단독으로는 등장하지 않는 명사이다.

Einzeller(*Zeller)(단세포 동물)
Sechzehnventiler(*Ventiler)(16기통)
Betthupferl(*Hupferl)(취침 전 아이들에게 주는 과자)

이러한 합성어를 **합성 파생어**(Zusammenbildung)라고 일컫는다. 여기서는 병행하는 단어들이 하나의 단어로 결합되기 때문이다.

아주 드문 경우가 **융합어**(Zusammenrückung)인데, 융합어에서는 기저어 자체가 합성어와는 다른 문법성을 갖거나 혹은 명사가 아니다.

Schlagtot m.(깡패), Vergissmeinnicht n.(물망초)

합성어 부분들의 **의미관계**(semantisches Verhältnis)는 아주 다양하다.

합성어	규정어의 의미
Kaffeetasse (커피 잔)	목적
Porzellantasse (사기 잔)	재료, 특성
Jugendstiltasse (유겐트 양식 잔)	예술양식 표현
Henkeltasse (손잡이가 달린 찻잔)	실용성
Untertasse (받침 접시)	찻잔 부속품

규정어가 생물, 특히 사람을 표현하면 가능성이 몇 배로 늘어난다 : *Präsidentenrede*(대통령의 연설), *Präsidentensiegel*(대통령의 인장), *Präsi-*

dentensuite(대통령 수행원), *Präsidentengattin*(영부인), *Präsidenten-wohnsitz*(대통령 주거지), *Präsidentengarde*(대통령 근위대), *Präsidentenvotum*(대통령의 투표) 등.

그래서 합성어의 의미는 부분 단어들의 의미로부터 단지 제한적으로만 추론될 수 있다. 따라서 자신의 의미를 갖는 모든 합성어는 새로운 단어로서 학습되어야 한다.

물론 일반적인 의미도 가능하다. 소수의 **연결합성어**(Kopulativkompositum)에서는 두 부분이 등가이다.

> *Strumpfhose*(팬티 스타킹)

하지만 규정어가 기저어를 어떤 방법으로 보다 자세히 한정해 주는 **한정합성어**(Determinativkompositum)가 다수를 형성한다. *Staubtuch*(먼지 닦기용의 부드러운 천)는 여기서 사용목적의 관점에서 규정어에 의해 한정되는 일종의 *Tuch*(천)이다.

4.2.4 명사구

개 관

대상을 명명하는 명사는 다양한 위성을 통해 "확장될" 수 있으며 그 결과 명명이 점점 명확해진다.

> *Brief*(편지)
> *unvermuteter Brief*(예기치 않은 편지)

unvermuteter Brief aus Erfurt(에어푸르트에서 온 예기치 않은 편지)

   그러나 명사의 가장 중요한 위성은 한정사(Determinativ)이다(보다 자세한 것은 4.3 참조). 다시 말해서 한정사는 모든 위성들 중에서 가장 자주 등장할 뿐만 아니라, 명사의 명명기능도 명칭기능으로 대체하고 이로써 (단순한 혹은 확장된) 명사를 명사구로 만든다. 이 말은 다음을 의미한다. 즉 명사란 대상에 붙일 수 있는 이름, 즉 상표일 뿐이다. 하지만 명사구는 현실에서 나온 한 단면으로서 언급된 대상을 확인한다. 명사구는 실제의 현실에 대해 결정을 내릴 수는 없지만(정동사만이 그것을 할 수 있다) "현실에 대한 요구"를 제시한다. 그래서 다음이 대립된다.

상표적 : 명사	현실 관련적 : 명사구
Salz(소금)	*das Salz*(그 소금)
bittere Tränen	*diese bitteren Tränen*
(쓰라린 눈물)	(이 쓰라린 눈물)
Hoffnung auf Fieden	*unsere Hoffnung auf Frieden*
(평화에 대한 희망)	(평화에 대한 우리들의 희망)

   텍스트, 즉 실제의 언어사용에서 명사는 명사구로서만 등장한다. 순수한 명사는 사전과 문법에서만 나타난다.

   한정사의 존재가 명사구와의 관계에 대한 확실한 표시이다. 물론 한정사가 표층에서 항상 나타나는 것은 아니다. 많은 경우에 "영(零) 한정사", 보다 정확히 말해서 **무관사**(Nullartikel)가 존재한다(무관사의 도입에 대해서는 4.4.2 참조). 다른 한정사가 없고 그리고 또한 "작센의 2격"이 없는 경우에는 항상 텍스트에서 이러한 무관사가 나타난다.

   한정사 이외에 명사의 또 다른 위성으로서 형용사와 다양한 종류의 명사구, 전치사구가 등장한다. 동사에서와 같이 명사에서도 하위부류 특수

적인 위성이 존재하기 때문에 명사에서도 보충어(명사보충어)와 첨가어(명
사첨가어)를 구별한다.

명사는 한정사 이외에 의무적인 위성을 갖지 않는다.

개별 명사의 위성

한정사(Determinativ)는 명사에 대한 규칙적이며 가장 자주 사용되는
위성이다. 한정사는 명사적인 핵어에 따라 변화하며 항상 명사 앞에 놓인
다.

> *der Mantel*(외투), *mein Freund*(내 친구), *diese Frau*(이 부인), *ein*
> *Mitbewerber*(어떤 경쟁자), *keine Ausrede*(어떤 변명도 … 아닌),
> *welche Tagung*(어떤 회의), *was für ein Plan*(어떤 계획)

한정사의 하위부류에 대해서는 4.3 참조.

옛날의 텍스트에서만 명사의 우측에 한정사가 온다 : *Kindlein mein*
(나의 어린 시절), *Vater unser*(우리 아버지).

한정사는 명사의 다른 위성들과 거의 무제한적으로 결합할 수 있다.

> *der kirgisische Mantel*(키르기즈산의 외투)
> *mein Freund aus Zittau*(찌타우에서 온 나의 친구)
> *ein Mitbewerber um die Stelle*(그 자리를 지원한 어느 경쟁자)

하지만 한정사는 아주 제한적으로만 상호 결합할 수 있다 : *dieses*
unser Land(이 우리 나라)

형용사가 명사의 부가어(첨가어)로서 사용되는 경우 형용사는 명사 앞
에, 그러나 한정사 뒤에 온다. 형용사는 항상 핵어에 따라 변화한다.

*mit **grüner** Tinte*(초록색의 잉크로써)
*die **heiligen** Hallen*(성스러운 공회당)
*manche **vergessenen** Briefe*(많은 잊혀진 편지들)

다음의 경우에서만 형용사는 변화하지 않는다.

- 형용사가 철자나 숫자를 표현하는 경우 :
  klein B(소문자 B), *römisch Fünf*(로마자 V)
- 많은 유형 명칭 :
  Russisch Leder(러시아산 가죽), *Kölnisch Wasser*(쾰른제 향수)
- 인명 앞에 붙이는 애칭 :
  Klein Erna(작은 에르나), *Jung Siegfried*(젊은 지크프리드)
- 격언이나 관용어에서 :
  Gut Ding will Weile haben.(좋은 일에는 시간이 걸린다)
  Gut Freund.(나야)(보초의 수하 *Wer da?*에 대한 대답으로서)

형용사 *ganz, halb*는 지리적인 명칭 앞에서 한정사가 선행하지 않는 경우 변화하지 않는다 : *ganz Polen*(전체 폴란드), *halb Württemberg* (뷔르템베르크의 절반정도의 지역).

불변적인 형용사의 후치는 낡은 것으로 간주된다 : *Brüderlein **fein*** (점잖은 동생), *ein Männlein **klein***(키 작은 남자), *Kindelein **zart***(얌전한 어린이).

2격 부가어(genitivisches Attribut)는 대개 후치한다. 물론 이들 중 많은 부가어는 대개 고유한 한정사 없이 핵어 앞으로도 올 수 있으며, 이러한 경우 모든 한정사를 차단한다. 이것은 다음의 경우에서 적용된다.

• 소유의 2격(첨가어)에서 :

> *Hessens starke Frauen* : *die starken Frauen Hessens*
> (헤센의 강한 부인들)
> *Heidruns neues Haus* : *das neue Haus Heidruns*
> (하이드룬의 새 집)
> *Opas Hut* : *der Hut Opas*
> (할아버지의 모자)

• 주격적인 2격에서(보충어, 기저동사의 "주어"에 해당) :

> *Helmuts Erklärung* : *die Erklärung Helmuts*
> (헬무트의 설명)

• 목적격적인 2격에서(보충어, 기저동사의 "4격 목적어"에 해당) :

> *Werners Verhaftung* : *die Verhaftung Werners*
> (베르나의 체포)

• 한정사와 함께(지배명사가 아니라 2격 부가어의 한정사) :

> *des Kanzlers Haus*(수상의 집)
> *der Nibelungen Untergang*(니벨룽엔의 몰락)

• 설명의 2격(Genitivus explicativus)만이 앞으로 올 수 없다.

> *die Idee der direkten Demokratie*(직접 민주주의의 사상)
> *direkter Demokratie Idee

앞에 오는 모든 2격 부가어를 "작센의 2격"(sächsischer Genitiv)이라고
도 일컫는다.

상황첨가어(Situativangabe)는 핵 뒤에 온다.

*die Insel **da hinten***(저 뒤에 있는 섬)
*der Kiosk **auf dem Salzplatz***(잘츠 광장에 있는 매점)

불변명사(Nomen invarians)란 다음과 같은 명사를 말한다.

a) 이름, 칭호, 직업명, 친척의 호칭이 한정사 없이 앞에 오는 경우:

Daniela *Obermayer*   2격 : *Daniela Obermayers*
Dr. *Heidebreck*   2격 : *Dr. Heidebrecks*
Lehrer *Lämpel*   2격 : *Lehrer Lämpels*
Onkel *Christian*   2격 : *Onkel Christians*

핵어가 사람을 나타내는 경우에만 이러한 앞에 오는 불변명사가 등장한다.

b) 인명, 지명, 몇 가지 전문어와 사물명칭이 뒤에 오고 핵어가 한정사를 지배하는 경우 :

*der Betriebsrat **Müller***   2격 : *des Betriebsrats Müller*
*der Doktor **Heidebreck***   2격 : *des Doktors Heidebreck*
*das Dorf **Hambach***   2격 : *des Dorfes Hambach*
*das Schulfach **Mathematik***   2격 : *des Schulfachs Mathematik*
*der Monat **September***   2격 : *des Monats September*
*ein Krug **Apfelwein***   2격 : *eines Kruges Apfelwein*

이전의 문법책에서는 이 불변명사가 대개 "동격"(Apposition), "밀접한 동격"(engere Apposition)으로 나타난다. 이러한 표현은 커다란 혼란을 야기한다. 왜냐하면 해당구조는 원래의 (항상 뒤에 오는) 동격과 거의 아무 것도 공유하지 않기 때문이다. 우리는 "불변명사"(Nomen invarians)라는 표현을 선호한다. 그렇게 함으로써 이러한 표현은 핵어가 변화하더라도 불변적이라는 것은 표현하기 위해서이다.

불변명사는 오직 명사의 보충어로서만 나타난다.

가변명사(Nomen varians)(역시 항상 보충어이다)는 불변명사에 대한 소수의 유사한 예로서, 가변명사의 특성은 이들이 핵어와 함께 변화한다는 데 있다. 부가어로서 명사 *Herr*(씨), *Kollege*(동료), *Genosse*(동료)만이 앞에 오고, 별명과 몇 가지 물질명칭은 뒤에 온다.

Herr *Hildebrandt*	2격 : *Herrn Hildebrandts*
Otto **der Dritte**	2격 : *Ottos des Dritten*
Heinrich **der Löwe**	2격 : *Heinrichs des Löwen*
ein Kilo **frische Äpfel**	2격 : *eines Kilos frischer Äpfel*

질적인 첨가어(Qualitativangabe)로서는 형용사 이외에 특히 전치사구가 있다(부분적으로는 2격 명사구도 포함). 이들은 항상 뒤에 온다.

die Frau **in dem roten Mantel**
(빨간 외투를 입고 있는 그 부인)
der Mann **mit der Wildlederjacke**
(야생동물 가죽으로 만든 외투를 입고 있는 그 남자)
ein Krug **aus Ton** (점토로 만든 항아리)
ein Abteil **zweiter Klasse** (2등 칸)

동반 상황이나 혹은 결여된 상황을 명명하는 **동반첨가어**(Komitativangabe) 역시 뒤에 온다.

ein papierdünnes Schnitzel **mit bunten Beilagen**
(다양한 채소가 곁들여진 얇게 쓴 커틀릿)

Eis ohne Milchpulver (분유가 없는 얼음)

관계문(Relativsatz)은 항상 뒤에 온다. 관계문은 명사구에서 우측의 외부에 오며, 문장에서 핵어와 분리될 수도 있다.

> *Die Hand, **die das geschrieben hat**, soll verdorren.*
> *Die Hand soll verdorren, **die das geschrieben hat**.*
> (그것을 기록했던 손이 바싹 말랐다는 소문이다)

관계문은 명사에 대한 다양한 종류의 위성으로 대체된다. 따라서 관계문의 일부는 보충어이고, 일부는 첨가어이다.

> *Irmgards Ermahnung*(주어적 2격)≅
> *die Ermahnung, die uns Irmgard übermittelte* (보충어)
> (이름가르트가 우리에게 전한 경고)

> *Irmgards Häuschen*(소유의 2격)≅
> *das Häuschen, das Irmgard gehört* (첨가어)
> (이름가르트 소유의 집)

동격(Apposition) 역시 우측으로 오려는 경향이 강하다. 관계문과 동격을 포함하는 명사구에서 이 둘은 마지막 위치에 오려고 경쟁한다.

> *Bernd Dölker, **ein Parteimitglied**, der mir das geschrieben hat*
> (나에게 그것을 써보낸 당원인 베른트 될커)
> *Bernd Dölker, der mir das geschrieben hat, **ein Parteimitglied***
> (나에게 그것을 써보낸 베른트 될커 당원)

실제로 이러한 구조에서 관계문이 동격보다도 더 자주 문장 끝에 오는 것처럼 보인다. 동격은 항상 첨가어이다.

수식어(Adjunkt)란 부분적으로는 명사구 내에서 나타나는 일이 드물고, 또 부분적으로는 명사구 내에서 나타나는 일이 없는, 어쨌든 대개 분리되어 나타나는, 명사에 대한 부가어(Attribut)를 말한다.

형용사 이외에 부사 *allein, selbst*가 수식어에 속한다.

> *Herr Schnitzer ist **allein** gekommen.*
> (오직 쉬니쩌 씨만이 왔다)
> *Haben Sie das etwa **selbst** gemacht?*
> (혹시 당신이 직접 그 일을 했습니까?)

보통 한정사와 명사 사이에 오는 굴절된 형용사도 역시 원칙적으로는 형용사적인 수식어에 속한다. 이들이 분리되면 이들은 굴절하지 않으며 현실적인 속성을 표현한다. 그 반면에 굴절된 형용사는 지속적(dauernd)인 속성뿐만 아니라 현실적(aktuell)인 속성도 표현할 수 있다.

부가어적인 형용사	수식어
Der traurige Bastian sah auf. (가련한 바스티안이 쳐다보았다)	*Bastian sah **traurig** auf.* ***Traurig** sah Bastian auf.*
Die lachende Hanna kam den Gang entlang. (웃음 띤 한나가 복도를 따라 왔다)	*Hanna kam **lachend** den Gang entlang.* ***Lachend** kam Hanna den Gang entlang.*

핵어에서 분리된 비굴절 형용사는 동사를 보다 정확히 규정하므로 "동사에 대한 양태첨가어"이며, 따라서 하나의 문장성분이라는 사실을 고대 문법서에서 읽을 수 있다. 그러나 위의 예문에서 쳐다보는 것이 '가련하지'도 않고, 오는 것이 '우스운'일도 아니며, 두 형용사는 바스티안과 한나라는 사람의 속성을 표현한다. 따라서 이들을 핵어의 부가어(Attribut)

로서 이해하는 것이 보다 논리적이다.

소유의 3격(Pertinenzdativ, Possessiver Dativ)은 많은 문법서에서, 물론 바로 최근의 문법서에서도 하나의 "문장성분"으로 나타난다.

> *Sie klebte **mir** ein Pflaster auf die Wunde.*
> (그녀는 나의 상처 위에 반창고를 붙였다)

하지만 위의 문장에서 *mir* 라는 단어(소유의 3격으로 이해될 수 있는)는 분명히 명사 *Wunde*를 보다 자세히 명시해주는 기능을 가지고 있다. 즉 그것은 '나의 상처', 즉 화자의 육체에 있는 상처이다. 이때 하나의 특별한 제약이 적용된다. 즉, 관계명사(여기서는 *Wunde*)가 사람의 신체 일부나 사람의 옷가지 등을 나타내는 경우에만 이러한 3격이 삽입될 수 있다. 우리는 **Ich wische dem Tisch über die Platte.*(나는 식탁의 상판을 닦아내다)라고 말할 수는 없다. 이 말이 의미하는 것은 소유의 3격이 가능한지 아닌지를 개개의 명사가 결정한다는 것이다. 다시 말해서 개개의 명사가 자기 자신의 의미에 따라서 소유의 3격을 요구하거나, 허용하거나 혹은 배제하며, 따라서 소유의 3격의 등장조건이 된다 : **개개의 명사가 소유의 3격을 지배한다.** 따라서 소유의 3격은 이러한 명사에 대한 부가어일 뿐이다. 소유의 3격은 원칙적으로 특정한 명사에서만 가능하기 때문에 명사보충어(Nomenergänzung)이다.

소유의 3격은 종종 핵어와 나란히 오지만 대개는 명사구와 분리된다.

> *Sie reinigte **mir** die Wunde.*
> (그녀는 나의 상처를 소독했다)
> *Sie reinigte **dem Verletzten** die Wunde.*
> (그녀는 그 부상자의 상처를 소독했다)

*Die Wunde hat sie **ihm** sachkundig gereinigt.*
(그녀는 그의 상처를 노련하게 소독했다)
***Dem Verletzten** hatte sie sachkundig die Wunde gereinigt.*
(그녀는 그 부상자의 상처를 노련하게 소독했다)

전치사적 부가어(präpositives Attribut)는 보충어이며 교환할 수 없는 전치사를 포함한다. 이들은 주로 동사에서 파생된 명사에서 나타나며 동사의 전치사 보충어에 해당한다. 이들은 항상 명사의 우측에 온다.

*Einladung **zur Kutschfahrt*** (마차 여행으로의 초대)
*Frage **nach Oskar*** (오스카에 대한 질문)
*Furcht **vor neuen Anschlägen*** (새로운 음모에 대한 두려움)
*Hoffnung **auf Einigung*** (통일에 대한 희망)

지시적인 부가어(direktives Attribut)는 보충어이며 목표나 출처를 나타낸다. 이들은 명사의 우측에 온다.

*Flucht **nach Ägypten*** (이집트로의 도주)
*Wein **aus Griechenland*** (그리스 산 포도주)
*Wanderung **durch das Seenland*** (젠란트를 통과하는 도보여행)

확장 부가어(Expansivattribut)는 보충어이며 확장이나 변화의 척도를 나타낸다. 이들은 명사의 우측에 온다.

*Alter **von sechshundert Jahren***(600년의 햇수)
*Verbreiterung **um zweihundert Meter***(200m 확장)

명사적 부가어(nominales Attribut)는 첨가어이며 지배명사를 자세히 규정하고, 이 지배명사와는 격과 수에서 일치한다. 명사적 부가어는 *als*로 연결되며 항상 핵어의 우측에 온다.

Udo **als Vorgesetzter** (상관으로서의 우도)
Arbeit **als Therapie** (치료요법으로서의 노동)
meiner Hilfe **als einer freiwilligen Leistung**
(자발적인 수행으로서의 나의 도움에 대해)

　명사적인 부가어는 가끔 핵어의 다른 부가어를 보다 자세히 규정한다
(예 : *seine Tätigkeit* **als Prokurist** 업무대리인으로서의 그의 활동, *Metzgers*
Zeit **als Schulleiter** 교장으로서의 메쯔거의 시간). 후자의 구조는 다음과 같다.

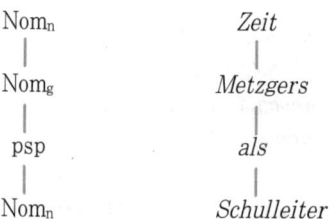

Nom_n　　　　　　　　　*Zeit*
|　　　　　　　　　　　|
Nom_g　　　　　　　　　*Metzgers*
|　　　　　　　　　　　|
psp　　　　　　　　　　*als*
|　　　　　　　　　　　|
Nom_n　　　　　　　　　*Schulleiter*

psp＝Pseudopräposition(유사전치사) (*als*와 *wie*)

　동사적 보충어(Verbativergänzung)는 소수의 명사에서만 나타난다. 이
들은 부문장이나 부정사 구조의 형태를 취한다.

　　die Vermutung, **dass Heide die Unwahrheit gesagt hatte**
　　(하이데가 거짓말을 하지 않았을까 하는 추측)

　하지만 대부분의 문장형태의 부가어는 동사적 보충어에 속하지 않고
다만 다른 부가어 부류의 동사적인 실현형태일 뿐이다.

　　die Frage nach seiner Meinung (전치사적 부가어) ⇒
　　die Frage, was er davon hatte
　　(그의 의견에 대한 질문 - 그가 그것에 대해 어떻게 생각하는가에 대한 질문)

das Attentat während des Präsidentenbesuches (상황첨가어) ⇒
das Attentat, als der Präsident zu Besuch in der Stadt weilte
(대통령의 방문 시 암살 – 대통령이 그 도시에 방문하여 채류 시 암살)

die Vorstellung eines letztmaligen Anblicks (의무적인 2격) ⇒
die Vorstellung, dies alles nie mehr zu sehen
(마지막 관람의 전시회 – 이 모든 것을 다시 볼 수 없는 전시회)

명사구 내에서의 어순

지금까지 언급한 부가어들이 물론 하나의 명사구 안에 모두 다 함께 나타나는 것은 아니다. 하지만 이들 각각에 대해 하나의 고정된 위치가 할당될 수 있다. 따라서 명사구를 위해서도 하나의 기본어순(Grungfolge)을 확정하는 것은 의미가 있는 일이다. 기본어순은 다음의 도식으로 표현될 수 있다.

$\text{Nom}_{var}/\text{Nom}_{inv}$		명사적 핵어	NomP_{gen}	부가어: prp/dir/ exp/nom	A_{qual}/ A_{komit}	Asit	동격 부문장 부정사구조
한정사	형용사		$\text{Nom}_{var}/ \text{Nom}_{inv}$				
$\text{NomP}_{sächs}$							

이 도식은 다음과 같이 해석될 수 있다. 즉 상하로 놓여 있는 요소들은 동일한 어순특성을 갖는다. 이들은 또한 함께 나타날 수도 있지만(그렇다면 임의 순서로 나타남), 사선으로 분리되어 있는 경우에는 이들이 함께 나타날 수 없으며 상호 배제한다.

약어에 대한 설명

A_{komit}	: 동반첨가어	A_{qual}	: 질적인 첨가어
Asit	: 상황첨가어	dir	: 지시적인 부가어
prp	: 전치사적 부가어	exp	: 확장 부가어
nom	: 명사적 부가어	Nom_{var}	: 가변 명사
Nom_{inv}	: 불변 명사	NomP	: 명사구
$NomP_{sächs}$	: 작센의 2격	$NomP_{gen}$	: 2격 명사구

명사구 내에서의 어순은 포괄적으로 고정되어 있다. 기본어순에 대한 일탈은 소수의 경우에서만 가능하다. 양화사(Quantor), 자질 부가어, 전치사적 부가어 및 명사적 부가어가 하나의 중요한 예외를 형성한다.

대상의 양을 표현하는 몇몇 한정사와 형용사가 전통적으로 **양화사**(Quantor)로 총괄된다. 가장 중요한 양화사로는 *alle, einige, kein-, beide*, 모든 기수들, 형용사 *viel*과 *wenig*가 있다. 이러한 요소들은 핵어의 좌측에 "지정석"을 가지고 있지만, 강조하기 위해서는 명사구로부터 분리되어 전체 명사구의 우측 외부에 올 수 있다.

Alle Besucher waren eingetroffen.
(모든 방문객이 도착했다)
Er hat viele Neider.
(많은 사람들이 그를 시기한다)
Sie besitzt kein Haus.
(그녀는 한 채의 집도 없다)
Beide Geschwister sind ausgewandert.
(두 자매가 이주했다)

Die Besucher waren alle eingetroffen. (방문객 모두 도착했다)
Neider hat er viele.
(그를 시기하는 사람들이 많다)
Haus besitzt sie keines.
(그녀는 집이라고는 한 채도 없다)
Die Geschwister sind beide ausgewandert.
(자매 둘 다 이주했다)

이때 많은 한정사(예: *kein*)가 대명사로 대체된다(예: *keiner*).

동일한 이동가능성이 **자질부여 형용사**(qualifikatives Adjektiv)에서도 존재한다.

> *Man kauft dort den besten* : *Spargel kauft man dort den*
> *Spargel.* *besten.*
> (우리는 거기서 가장 좋은 아스파라거스를 산다)
> *Der kennt ganz schlüpfrige* : *Witze kennt der ganz schlüpfrige.*
> *Witze.*
> (그는 아주 외설적인 농담을 알고 있다)

전치사적 부가어(präpositives Attribut)의 일부도 강조의 경우 핵어로부터 분리될 수 있다.

> *Er hat vor allem Spaß an Kurzgeschichten.*
> *Spaß hat er vor allem an Kurzgeschichten.*
> *Vor allem an Kurzgeschichten hat er Spaß.*
> (그는 특히 단편에 흥미를 가지고 있다)

2격 부가어(genitivisches Attribut)가 두 번째 예외를 형성한다. 이들은 – 설명의 2격을 제외하고 – 핵어의 좌측에도 올 수 있다. 이 경우에는 물론 (핵어에 대한) 한정사가 탈락하고 2격 부가어가 한정사의 기능을 떠맡는다. 즉, 2격 부가어가 소위 정관사의 위치에 오며 '알려진'(bekannt)이라는 의미자질을 중재한다.

기본어순 도표에서 수식어(Adjunkt)와 소유의 3격이 빠져 있다. 이들은 명사의 부가어이지만 원칙적으로 명사구의 외부에서 나타나기 때문이다.

*selbst, allein*과 같은 몇몇 **수식어**(Adjunkt)는 명사구 내부에서 나타나거나 또는 명사구와 분리되어 나타난다.

Hanna allein blieb zurück.
Hanna blieb allein zurück.
Allein blieb Hanna zurück.
(오직 한나만이 남아 있었다)

이와 동일한 것이 원래 명사구 내부에서는 결코 나타나지 않는 형용사적 수식어에서도 적용된다.

Hanna sah erleichtert auf.
Erleichtert sah Hanna auf.
(한나는 편안한 마음으로 쳐다보았다)

명사적 수식어도 분리될 수 있다.

Du als Psychologe solltest das nicht sagen.
Du solltest das als Psychologe nicht sagen.
Als Psychologe solltest du das nicht sagen.
Du solltest das nicht sagen als Psychologe.
(너는 심리학자로서 그것을 말해서는 안 된다)

소유의 3격(Pertinenzdativ)은 그 어순에 관한 한, 3격 문장성분처럼 다루어진다. 소유의 3격은 보통 그 관계명사의 좌측에 온다. 소유의 3격의 위치에 대해서는 2.6 참조.

어순과 관련해서 소유의 3격이 문장성분 부류와 동일하게 다루어진다고 해서 물론 소유의 3격을 간단히 문장성분으로 분류해서는 안 된다. 이 두 3격을 동일하게 다루는 사람은 자신의 문장성분 개념을 너무 안이하게 정의한 셈이다.

4.3 한정사

4.3.1 정 의

한정사는 항상 명사구의 첫머리에 올 수 있으며 작센의 2격과 양립할 수 없는 단어이다.

명사구의 첫머리 위치가 가장 빈번한 전형적인 위치이다. 그러나 이러한 사실로부터 한정사가 항상 명사구를 시작한다고 결론을 내려서는 안 된다. 다음과 같은 예외가 존재한다.

1. "무관사"(Nullartikel)가 있다.

   Blut ist ein ganz besondrer Saft. (피는 물보다 진하다)
   Kleider machen Leute. (옷이 날개다)

무관사에서는 관사가 실현되지 않기 때문에 관사에 특정한 위치를 할당할 수가 없다.

2. "작센의 2격"(sächsischer Genitiv)이 있는 곳에는 한정사가 올 수 없다.

   die Äpfel des Onkels Paul ⇒ *Onkel Pauls Äpfel*
   (파울 삼촌의 사과들)

3. 독립적으로 사용된 한정사는 혼자서도 문장성분을 형성하므로 명사구의 구성성분이 아니다.

Dieser ist mir nicht bekannt.
(나는 이 사람을 모른다)

4.3.2 한정사의 목록

all-	*ein solch-*	*lauter*
dein-	*ein wenig*	*manch-*
dér/die/das	*einig-*	*mehrer-*
der/die/das	*etlich-*	*mein-*
der gleich- usw.	*euer(-)*	*sein-*
deren	*ihr(-)*	*so*
derjenig- usw.	*irgendein-*	*solch ein-*
derselb- usw.	*irgendwelch-*	*was für ein-*
dessen	*jed-*	*welch-*
dies-	*jeglich-*	*wieviel(-)*
ein-	*jen-*	
ein bisschen	*kein-*	

4.3.3 한정사에 대한 개관

한정사(Determinativ)는 대상을 **확인**(Identifizierung von Größen)하는 데 사용된다. 따라서 한정사는 원칙적으로 대상의 특성에 대해서는 아무 것도 말하지 않는다. 그러나 한정사는 예컨대 한정사가 의사소통의 행위에 참여한 사람에게 알려져 있는지 또는 새로운 것인지를 밝혀준다. 특정한 경우에는 보다 자세한 확인이 요구되는 것은 아닌지, 또는 보다 자세한 확인이 전혀 마련되어 있지 않은지 하는 것도 한정사가 확정해준다. 이에 따라 4가지 부류의 한정사를 구별할 수 있다.

1. 확정적 한정사(Definites Determinativ)

확정적 한정사는 전체 명사구에 '확정적 definit'(='알려진 bekannt')
이라는 자질을 부여한다. 정관사 이외에 지시대명사와 소유대명사도 여
기에 속한다. 한정사를 배제하는 작센의 2격도 역시 '확정적'이라는 자질
을 명사구로 전이한다.

2. 비확정적 한정사(Indefinites Determinativ)

비확정적 한정사는 대상을 '비확정적 indefinit'으로 표시한다. 다시 말
해서 이들은 대상의 인지에 대한 문제를 열어놓고 있다. 부정관사 이외에
여러 부정대명사가 여기에 속한다.

3. 부정 한정사(Negatives Determinativ)

*kein-*만이 부정 한정사에 속한다. *kein-*에서는 해당 대상 자체가 부
정되기 때문에, *kein-*은 '확정적' 또는 '비확정적'이라는 범주에 대해 어
떤 정보도 주지 않는다.

4. 의문 한정사(Interrogatives Determinativ)

의문 한정사 역시 '확정적' 또는 '비확정적'이라는 범주에 대해 어떤 정
보도 주지 않으며 오히려 이러한 정보를 요구한다.

한정사가 명사구 안에 있는 한정사의 부가어적인 용법에 대해서는 위
에서 정의되었다. 거기서 나온 결론은 **모든 한정사가 부가어적으로 사용
될 수 있다**는 것이다.

그러나 이것이 한정사를 사용할 수 있는 유일한 가능성은 아니다. 어쨌든 **독립적/자립적**(autonom)으로도 사용될 수 있는 한정사가 있다. 한정사는 지배명사와 상관없이 단독으로 나타나며, 그런 경우에는 스스로 대상을 표현하는 하나의 구를 형성한다.

> *Die* sind meine Feinde.
> (그들이 나의 적이다)
> *Jener* muss es gesehen haben.
> (저 남자가 그것을 보았음에 틀림없다)

정의에 의하면 단지 독립적으로만 사용될 수 있는 한정사는 존재하지 않는다. 따라서 단지 독립적으로만 나타나고 부분적으로 고유한 어형변화를 하는 유사하게 발음되는 단어들은 대명사로 간주될 수 있다. 그래서 다음 단어들이 구별된다.

> *Kein* Mensch hat es gewusst. (한정사)
> (어떤 사람도 그것을 몰랐다)
> *Keiner* hat es gewusst. (대명사)
> (아무도 그것을 몰랐다)

한정사의 **위성**(Satellit)은 부가어적으로 사용된 형용사이다. 한정사가 형용사의 어형변화를 유도하기 때문에 우리는 형용사를 한정사와 분리해서 고찰한다. 이에 대해 보다 자세한 것은 4.4.2 "형용사 변화"를 참조할 것.

한정사의 상호 **결합가능성**은 아주 제한되어 있다. 적어도 한정사 *all-*, *dies-*, *jen-* 은 소유대명사와 결합할 수 있다.

> *alle meine Entchen* (나의 오리 모두)

dieser mein alter Freund (나의 옛 친구 이 사람)

그밖에 *all*(-)은 정관사 및 지시대명사와 결합할 수 있다.

all die schönen Blumen (이 아름다운 꽃들 모두)
alle diese armen Kinder (이 불쌍한 어린이들 모두)

4.3.4 개별적인 한정사 : 굴절과 의미 및 용법

정관사 ▐▐▌▌━━━━━━━━━━━━━━━━━━━━━━━━━━━━━━━━━

우리는 정관사와 부정관사 그리고 무관사를 구분한다. 무관사는 글자
그대로 표현형태가 없지만, 의미와 사용에서 중요한 역할을 한다.

정관사의 어형변화

	단 수			복 수
	남성	여성	중성	
1격	*der*	*die*	*das*	*die*
4격	*den*	*die*	*das*	*die*
2격	*des*	*der*	*des*	*der*
3격	*dem*	*der*	*dem*	*den*

부정관사의 어형변화

	단 수		
	남성	여성	중성
1격	*ein*	*eine*	*ein*
4격	*einen*	*eine*	*ein*
2격	*eines*	*einer*	*eines*
3격	*einem*	*einer*	*einem*

정관사(definiter Artikel)는 대상을 '**알려진**'(bekannt) 것으로 특징짓는
다. 따라서 정관사는 텍스트에서 사전에 언급한 것을 표현하거나 또는 감
각적으로 인지할 수 있는 것을 표현한다.

Wo hast du den Mantel gekauft?
(너는 그 외투를 어디서 샀니?)
Es ist ein Mann draußen. – Was will der Mann?
(밖에 한 남자가 있다 – 그 남자는 무엇을 원하니?)
Siehst du den Mann auf der Brücke?
(너는 다리 위에 있는 저 남자를 보고 있니?)
(Auf der Straße geht eine Frau.) Kennst du die Frau?
(길에서 어떤 부인이 가고 있다 – 너 저 부인을 알고 있니?)

부분 – 전체 관계도 역시 '알려진' 것을 표현할 수 있다.

Ein Ast hat ihm das linke Bein abgedrückt.
(나뭇가지 하나가 그의 왼쪽 다리를 눌렀다)
Ein Unbekannter hatte eine Verletzung an der linken Schläfe.
(어떤 모르는 사람이 왼쪽 관자놀이에 상처를 입었다)
Bei einem ausländischen Wagen war der rechte Vorderreifen zerstochen. (외제 승용차의 우측 앞 타이어가 칼에 찢겨졌다)

더 나아가 유일한 것과 그리고 우리의 세계지식을 토대로 쉽게 확인할 수 있는 대상은 '알려진' 것으로 간주된다.

Der Mond schien ins Zimmer.
(달빛이 방안으로 비쳤다)
Man kann heute sehr schön die Kassiopeia sehen.
(우리는 오늘 카시오페이아 자리를 아주 잘 볼 수 있다)
In jedem Hotel der Welt weiß der Portier darüber Bescheid.
(세상의 모든 호텔에 있는 안내인은 그것을 알고 있다)

형용사의 최상급(Superlativ)은 보통 정관사와 결합한다. 전체의 척도 (Skala)는 알려진 것으로 간주할 수 있으며 따라서 최고 값으로서의 최상 급은 명백히 확인될 수 있다는 사실을 통해서 이것이 설명될 수 있다.

Im Sprint ist sie die beste Zeit gelaufen.
(단거리 경주에서 그녀가 가장 좋은 기록으로 달렸다)

그밖에 정관사는 **일반적인** 의미도 가지고 있다. 그러면 정관사는 전체 부류를 나타낸다.

Die Katze ist nicht dressierbar.
(고양이는 길들일 수 없다)
Die Elefanten sind gefährdete Tiere.
(코끼리는 위험에 처한 동물이다)

여기서는 정관사와 부정관사가 경합한다.

의미적으로 즉시 설명될 수 없는 다른 일련의 경우들에서 정관사가 사용될 수 있다. 서수 앞에서는 정관사가 온다.

der 1. Mai (5월 1일에)
am 2. Dezember 2001 (2001년 12월 2일에)

편지에서 (4격의) 날짜진술 앞에서도 정관사가 일반적이다(정관사를 원치 않으면 숫자만 기술하면 된다).

(Nürnberg,) den 12. November 2001
(2001년 11월 12일 뉘른베르크에서)
den 12.11.2001 또는 *12.11.2001*

척도와 수량 표시 앞에서 정관사가 *pro*나 *je*로 대체될 수 있는 경우에는 정관사가 올 수 있다.

30 Mark das/pro/je Stück (개당 30마르크)

fünfzig Kassetten die/pro/je Stunde (시간당 50카세트)

계절 명과 월 명, 주의 진술에서 대개 정관사가 사용된다.

im Winter (겨울에)
Der Mai ist der schönste Monat. (5월은 가장 아름다운 달이다)
Die Woche nach Weihnachten ist besonders geruhsam.
(크리스마스 다음 주는 특히 조용하고 쾌적하다)

그러나 월의 일부를 말할 때는 월 명이 보통 무관사로 온다.

Anfang Mai (5월초에)
Mitte Juli (7월 중순에)

현실의 날이나 또는 달리 이미 확인된 날, 그리고 임의의 날짜의 시간
을 일반화하여 말하는 경우에는 일과의 시간도 역시 정관사를 취한다.

Am Nachmittag kommt Bernard.
(오후에 베르나르트가 온다)
Am Nachmittag klingelte dreimal das Telefon.
(오후에 전화가 세 번 울렸다)
Der Morgen ist die beste Joggerzeit.
(아침이 조깅하기에 가장 좋은 시간이다)

일부의 국명과 지명은 정관사를 요구한다.

der Irak, der Iran, der Libanon ;
die Schweiz, das Saarland ;
die Niederlande, die Vereinigten Staaten ;
der Balkan, der Jura, der Odenwald ;
die Schwäbische Alb, die Pfalz, die Walachei, die Wojwodina ;

das Elsaß, das Riesengebirge, das Banat ;
die Alpen, die Karpaten

강과 해양, 호수도 일반적으로 정관사를 취한다.

der Atlantik, die Ostsee, der Neckar, die Donau, der Bodensee

보통 무관사인 인명 앞에 형용사가 오는 경우에는 인명도 정관사를 취한다.

das alte Stuttgart (오래된 슈투트가르트)
das Frankreich Napoleons III. (나폴레옹 3세의 프랑스)
der arme Toggenburger (불쌍한 토겐부르거)

거리 이름도 정관사를 취한다.

die Rathenau-Straße, der Burgweg, die Sofienallee, der Marktplatz

편지주소에서나 정보제공용 간판에서는 무관사이다.

Frau Daniela Rückert, Willhelmstr. 15, Buxtehude

가족표현(-s로 끝나는)에서는 정관사가 올 수도 있다.

Richters/die Richters

뒤에 오는 별명은 보통 정관사를 취한다.

Heinrich der Seefahrer (항해자 하인리히)

Otto III. (der Dritte) (오토 3세)
Alfred der Große (알프레드 대왕)

많은 기능동사구(Funktionsverbgefüge)에서 명사는 정관사를 취한다.
하지만 무관사로 나타나는 기능동사구도 많이 있다.

jemandem den Kampf ansagen
(누구에 대한 조치를 취할 것을 분명히 선언하다)
den Vorzug geben (우선권을 부여하다)

부정관사(indefiniter Artikel)는 한 대상의 '알려지지 않음'을 우선적으
로 표현하는 것이 아니라, 오히려 우선 사전에 언급되지 않은 하나의 대
상을 한 집합의 (임의의) 요소로서 증명한다.

Ein Herr Müller will dich sprechen.
(어떤 뮐러라는 사람이 너를 만나보고자 한다)

위의 문장에서 주격은 뮐러라는 이름을 가진 사람들의 집합 중의 한
사람이다. 이와 유사한 것이 다음 문장에서 적용된다.

Ein Mobiltelefon sollten Sie schon haben.
(당신은 벌써부터 핸드폰을 소유하고 있어야 했다)
Das Hotel verfügt über einen bewachten Parkplatz.
(그 호텔은 감시 받는 주차장을 소유하고 있다)
Ein Bein war verletzt. (한쪽 다리가 부상을 입었다)
Eine Alternative wäre die folgende : ···
(하나의 대안은 다음과 같다)
Ein Tucholsky hätte das ganz anders beschrieben.
(투홀스키 같은 작가라면 그것을 아주 다르게 기술했을 것이다)

대상이 존재하지 않는 것으로 간주되거나 또는 대상의 존재가 의심스러운 경우에는 보통 *nicht* 가 오고 명사에서는 부정관사가 온다.

> *Ein Mitverschulden des Fahrers ist nicht erkennbar.*
> (그 운전자의 공동과실은 인정될 수 없다)

정확히 확인할 수 없는 인명에 대해서는 이미 언급하였다.

> *Ein Herr Huber will Sie sprechen.*
> (어떤 후버라는 사람이 당신을 만나보고자 합니다)

만나고자 하는 사람을 알지 못하고 그리고 또한 이러한 사실을 보여주는 것은 아주 "불친절한" 것으로 간주되기 때문에, 본인이 이 말을 듣지 않도록 주의해야 한다.

한 집합의 특별한 요소로서 주격을 강조해야 하는 경우 보통 무관사인 명사적 보충어가 부정관사를 취한다.

> *Anna ist eine Beamtin(, die ihre Arbeit versteht).*
> (안나는 (자신의 일을 이해하고 있는) 유일한 공무원이다)

명사적 보충어가 4격의 대상과 관련되는 경우에는 부정관사가 일반적이다.

> *Ich habe Kurt einen Philosophen genannt.*
> (나는 쿠르트를 철학자라고 불렀다)

단수에서 정관사가 없는 경우에 복수에서는 일반적으로 **무관사**(Nullartikel)가 온다.

Kinder wollen spielen. (아이들은 놀려고 한다)
Kinder brauchen Liebe. (아이들은 사랑이 필요하다)
Alternativvorschläge sind erwünscht. (양자택일의 제의가 바람직하다)

절대적인 비교의 최상급에서는 몇몇 상투어에서 무관사가 사용된다.

mit besten Grüßen (또는 *mit den besten Grüßen*)
(최상의 인사를 전하며)

물질명사와 집합명사가 불특정 다수와 관련되는 경우에는 무관사를 요구한다.

Haben Sie noch Salz? (소금 좀 있습니까?)
Tante Olga bringt immer Gummibärchen mit.
(올가 아주머니는 항상 고무 곰사탕을 가지고 온다)

일반적인 의미로 사용되는 비물질 명사도 무관사를 요구한다.

Ich brauche Rat. (나는 충고가 필요하다)
Motorsport langweilt mich. (나는 자동차 경주가 지겹다)
Jan zeigt Entschlusskraft. (얀이 결단력을 보여준다)

대부분의 대륙명, 국명, 도시명은 무관사를 취한다.

Afrika, Australien, Europa usw.
Württemberg, Sachsen, Polen usw.
Augsburg, Erfurt, Stuttgart, usw.

명사적 보충어가 특히 직업명이나 직책명을 나타내는 경우 원칙적으로 무관사이다.

Arne ist Beamter. (아르네는 공무원이다)
Andreas ist Vorsitzender. (안드레아스는 의장이다)

인명과 회사명이 부가어를 취하지 않는 경우에는 무관사이다.

Hilde ist drüben im Rathaus. (힐데는 저쪽의 시청에 있다)
Das ist Richard Rückert. (저 사람이 리하르트 뤽케르트이다)
Opel hat noch keine Leute entlassen.
(오펠 회사는 아직 한 사람도 해고하지 않았다)

단지 일상어(특히 남부독일과 중부독일의)에서만 인명이 가끔 정관사를 취한다.

Der Heinz ist drüben im Rathaus. (그 하인츠가 저쪽의 시청에 있다)
Das ist der Richard. (그 사람이 리하르트이다)
Die Frau Baierle weiß das noch nicht.
(바이에르레 부인은 아직도 그것을 모른다)
Der Daimler hat Betriebsferien.
(다이믈러 회사는 기업 휴가가 있다)

고유명사처럼 가까운 친척에 대한 명칭도 무관사이다.

Mutter kommt eben heim. (어머니가 방금 집으로 돌아왔다)
Oma ist im Garten. (할머니는 정원에 계신다)

우리는 가끔 지시용 간판이나 항목별로 기술된 사용설명서 등에서 관사가 없는 명사를 발견한다.

Andere Straßenseite benutzen (다른 옆길을 이용하기 바람)
Baustelle nicht betreten (공사 현장 출입 금지)
Deckel mittels Münze anheben. (뚜껑을 동전으로 들어올릴 것)

개별 명사가 정관사를 보유하는 경우에도 나열 시에는 무관사이다.

> *Akten, Schreibzug, Blumen, alles lag auf dem Boden.*
> (서류와 필기구 그리고 꽃, 모든 것이 바닥에 놓여 있었다)

특정한 기능동사구에서는 명사가 무관사로 나타난다.

> *Beifall zollen* (박수를 치다)
> *in Gefahr bringen* (위험에 빠트리다)

격언과 관용어도 종종 무관사를 취한다.

> *Blinder Eifer schadet nur.* (급히 먹는 밥이 목에 멘다)
> *Alte Liebe rostet nicht.* (옛 사랑은 잊혀지지 않는다)
> *ohne Gewähr* (무담보로)
> *zu Bett gehen* (취침하다)
> *Satz für Satz wiederholen* (문장 하나 하나를 반복하다)

지시대명사

다음의 한정사가 지시대명사에 속한다.

dér	*dies-*
derjenig-	*ein solch-*
derselb-	*jen-*

지시대명사는 정관사보다 더 강하게 앞 텍스트나 감각적으로 인지할 수 있는 대상을 지시한다.

dér 는 정관사처럼 변화한다

	단 수			복 수
	남성	여성	중성	
1격	*der*	*die*	*das*	*die*
4격	*den*	*die*	*das*	*die*
2격	*des*	*der*	*des*	*der*
3격	*dem*	*der*	*dem*	*den*

하지만 모든 형태는 (항상 강조되지 않는) 정관사에 비해 다소간 강하게 강조된다

한정사 *dér* 는 종종 경멸적인 부차적 의미를 가지고 있다.

Díe Frau möchte ich mal im Parlament erleben.
(나는 그 부인을 의회에서 한 번 보고 싶다)

dér 는 부가어적으로만 사용된다. 몇몇 격에서 동일하게 발음되는 독립적인 *dér* 는 부분적으로 고유한 어형변화를 하기 때문에 대명사이다.

dieser, diese, dieses 는 다음과 같이 변화한다.

	단 수			복 수
	남성	여성	중성	
1격	*dieser*	*diese*	*dieses*	*diese*
4격	*diesen*	*diese*	*dieses*	*diese*
2격	*dieses*	*dieser*	*dieses*	*dieser*
3격	*diesem*	*dieser*	*diesem*	*diesen*

dieser 는 부가어적으로 뿐만 아니라 독립적으로도 사용될 수 있다. 하지만 *dieser* 는 상황 지시적이라기보다는 오히려 텍스트 지시적으로 삽입

된다. *dieser*의 지시방법은 *jener*와 비교해 볼 때 분명하게 드러난다.

*dieser*는 오히려 문어에서 사용되고, 이와 경쟁하는 *dér*는 오히려 구어에서 사용된다.

jener, jene, jenes는 다음과 같이 변화한다.

	단 수			복 수
	남성	여성	중성	
1격	*jener*	*jene*	*jenes*	*jene*
4격	*jenen*	*jene*	*jenes*	*jene*
2격	*jenes*	*jener*	*jenes*	*jener*
3격	*jenem*	*jener*	*jenem*	*jenen*

이 한정사는 지시적인 성격이 강하다. *dies-*와 *jen-*이 결합되어 나타나면 *dies-*는 가까운 것을 지시하고, *jen-*은 먼 것을 지시한다.

> *Dieses Kapitel können wir abhaken, jenes hingegen müssen wir noch durcharbeiten.* (우리는 이 장을 그냥 넘어갈 수 있지만, 이에 반해 저 장은 철저히 연구해야 한다)

*ein- solch-*에서 *ein-*은 부정관사처럼 변화하고, *solch-*는 형용사처럼 변화하여 다음과 같은 어형변화 도표가 생겨난다.

	단 수			복 수
	남성	여성	중성	
1격	*ein solcher*	*eine solche*	*ein solches*	*solche*
4격	*einen solchen*	*eine solche*	*ein solches*	*solche*
2격	*eines solchen*	*einer solchen*	*eines solchen*	*solcher*

| 3격 | einem solchen | einer solchen | einem solchen | solchen |

*ein- solch-*는 부가어적으로 뿐만 아니라 독립적으로도 사용될 수 있다. *ein- solch-*가 텍스트 지시적 또는 상황 지시적으로 사용됨으로써 대상에 대해 추상적인 자질을 할당한다.

> *Tomi hat einen neuen Anzug. Einen solchen möchte ich auch haben.* (토미가 새 옷을 입고 있다. 나도 그런 옷을 갖고 싶다)
> *Schau mal - hast du je eine solche Brille gesehen?*
> (이것 좀 봐. 너는 이전에 이러한 안경을 본 일이 있니?)

불특정 다수와 비물질 명사에서는 *solch-*가 단독으로도 (물론 부가어적으로만) 사용될 수 있다. 이러한 경우에 *solch-*의 어형변화는 도표에서 제시된 어형변화와 단수 3격에서만 구별된다(*solchem, solcher*).

> *Mit solchem Unfug habe ich nichts zu tun.*
> (나는 그러한 비행과는 아무런 관계도 없다)
> *Solcher Vetternwirtschaft kann ich nichts abgewinnen.*
> (나는 그러한 족벌주의로부터 아무 것도 얻을 수 없다)

단지 부가어적으로만 사용될 수 있는 표현인 *solch ein*과 *so ein*은 *ein solcher*와 의미와 용법이 동일하다. *solch ein*과 *so ein*에서 *solch*와 *so*는 변화하지 않고 *ein-*만 부정관사처럼 변화한다.

derselbe 등에서도 단어를 붙여쓰지만 두 부분이 다 굴절한다. 즉 *der*는 정관사처럼 변화하고, *selb-*는 정관사 다음에 오는 형용사처럼 변화한다. 용법이 유사한 *der gleiche*도 동일하게 굴절한다. 물론 하나의 중요한 차이에 유의해야 한다. *derselbe* 는 다른 대상과의 일치를 보증하고, *der gleiche* 는 대상의 속성과의 일치를 보증한다.

> *Anna hat dieselbe Schule wie Agnes besucht.*
> (안나는 아그네스와 같은 학교를 다녔다)
> *Mark hat den gleichen PC wie Arnd.*
> (마르크는 아른트와 동일한 컴퓨터를 가지고 있다)

derselbe 는 *der gleiche* 와 마찬가지로 부가어적으로 뿐만 아니라 독립적으로도 사용될 수 있다.

derjenige 에서도 두 부분이 굴절한다. *der* 는 정관사처럼 변화하고, *jenige* 는 정관사 다음의 형용사처럼 변화한다. *derjenige* 는 일반적으로 다음에 오는 관계대명사를 지시한다. *derjenige* 는 부가어적으로 뿐만 아니라 독립적으로도 사용될 수 있다.

> *Diejenigen Ausschussmitglieder, die anderer Meinung sind, sollen bitte die Hand heben.*
> (다른 의견을 가진 위원회 회원들은 손을 들어주세요)

소유대명사

다음의 한정사가 소유대명사에 속한다.

mein-	*unser-*
dein-	*euer-*
sein-	*ihr-*
dessen(불변)	*deren*(불변)

	단 수			복 수
	남성	여성	중성	
1격	*mein*	*meine*	*mein*	*meine*
4격	*meinen*	*meine*	*mein*	*meine*
2격	*meines*	*meiner*	*meines*	*meiner*
3격	*meinem*	*meiner*	*meinem*	*meinen*

*dein-, sein-, ihr-, unser-, euer-*의 변화는 본질적으로 *mein-*의 변화와 일치한다. *unser-, euer-*의 몇몇 굴절형태에서는 *e*가 탈락할 수 있다(*unsrem, euren*).

소유의 한정사들 중에서 변화하는 한정사(즉 *dessen, deren*을 제외한 모든 한정사)는 부가어적으로만 사용될 수 있다. 하지만 부분적으로 다른 변화를 하는 유사하게 발음되는 대명사가 존재한다 : *meiner, deiner, seiner, ihrer, unserer, eurer.* 다만 *dessen, deren* 만이 부가어적으로 뿐만 아니라 독립적으로도 사용될 수 있다.

소유대명사는 두 대상 (또는 대상들의 집합), 즉 소유자(Possessor)와 소유물(Possessum) 간의 관계를 형성한다. 이 관계는 비교적 드문 경우에서만 "소유관계"로서 증명될 수 있다. 이 관계는 오히려 아주 일반적으로 말해서 소속관계이다. 우리는 이것을 소유의 한정사가 소유의 2격뿐만 아니라 주격적인 2격과 목적격적인 2격도 표현할 수 있다는 사실에서도 알 수 있다.

> *die Schuhe meines Großvaters : seine Schuhe* (소유의 2격)
> (내 할아버지가 소유하고 있는 구두 : 그의 구두)
> *die Erfindung meines Großvaters : seine Erfindung* (주격적인 2격)
> (내 할아버지가 발명한 것 : 그의 발명)

die Entlassung meines Großvaters : seine Entlassung (목적격적인 2격) (내 할아버지를 해고한 것 : 그의 해고)

위의 목록에서 어느 어휘소가 선택되는 지는 소유자에 의해 결정된다. 굴절형태는 소유물(동시에 명사구의 핵어)에 달려있다.

mit deinem Hund (너의 개를 데리고)

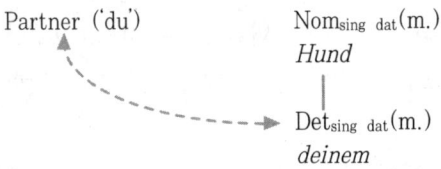

Partner ('du')   Nom_{sing dat}(m.)
                                   Hund

                                   Det_{sing dat}(m.)
                                   deinem

위의 예에서 소유자(나의 대화상대자)는 소유 한정사의 목록에서 어휘소 *dein*을 선택한다. 구의 핵어(*mit*)는 3격을 전해주고, 직접 종속하는 명사 (*Hund*)는 남성 단수라는 자질을 전해준다.

소유자와 주격이 동일한 경우에도 이러한 방법은 예외 없이 적용된다.

Ich gehe mit meinem Hund spazieren.
(나는 내 개를 데리고 산책한다)
Du gehst mit deinem Hund spazieren.
(너는 네 개를 데리고 산책한다)
Wir gehen mit unserem Hund/unseren Hunden spazieren.
(우리는 우리의 개를 데리고 산책한다)

더욱이 관계적인 연결요소로서도 사용되는 불변적인 소유의 한정사 *deren, dessen*은 또한 명확성을 기하기 위해서 삽입될 수 있다. 다시 말해서 명사의 병렬에서 어느 것이 소유자인지 하는 것이 항상 아주 분명한 것은 아니다.

Ich habe Doris und Katrin in ihrer Wohnung besucht.
(나는 도리스와 카트린을 그들의/그녀의 집에서 만났다)

여기서 두 사람이 하나의 집을 공유하고 있다면 두 부인의 집이 문제되지만, 카트린의 집이 문제될 수도 있다. *deren/dessen*은 보통 병렬에서 후자의 요소와 관련되므로 카트린의 집을 말하려면 다음과 같이 말하는 것이 더 났다.

Ich habe Doris und Katrin in deren Wohnung besucht.
(나는 도리스와 카트린을 카트린의 집에서 만났다)

부정대명사

부정대명사에 속하는 것으로는 다음의 한정사와 소수의 형용사, 그리고 의미와 용법의 유사성 때문에 언급되는 대명사(이들은 괄호 안에 나타난다)들이다.

all-, all	*jed-*
(beide)	*jeglich-*
ein bisschen, ein wenig	*lauter*
einig-	*manch-, manch*
etlich-	*mehrer-* (nur Plural)
(etwas)	*(nichts)*
irgendein-	*(viel)*
irgendwelch-	*(wenig)*

all-, jed-는 부가어적으로 뿐만 아니라 독립적으로도 사용될 수 있다. *all-*은 다음과 같이 변화한다.

	단 수			복 수
	남성	여성	중성	
1격	*aller*	*alle*	*alles*	*alle*
4격	*allen*	*alle*	*alles*	*alle*
2격	*allen*	*aller*	*alles(allen)*	*aller*
3격	*allem*	*aller*	*allem*	*allen*

*jed-*도 굴절하지만 단수에서만 나타난다.

all-, *jed-*는 둘 다 "전체"(=한 집합의 모든 요소들)를 표현하는 점에서 서로 어떤 경합관계에 있다. 하지만 단수의 *all-*은 셀 수 없는 양을 위해서만 사용될 수 있는 반면에, *jed-*는 셀 수 있는 대상에서만 사용되며 따라서 개별요소로부터 전체를 바라본다.

> *aller Zucker* (모든 설탕)
> *jeder Chemiker* (모든 화학자)
> *mit allem Fleiß* (모든 노력을 다하여)
> *mit jedem Unfall* (모든 사고를 통해서)

복수에서는 이러한 대립이 존재하지 않으며 복수에서는 *all-*(셀 수 있는 명사를 위해서만)만이 사용된다.

> *alle Chemiker* (모든 화학자들)
> *alle geernteten Äpfel* (모든 수확한 사과들)
> *bei allen Unfällen* (모든 사고들에서)
> *in allen leerstehenden Wohnungen* (모든 빈 집에서)

*all-*에 대한 불변의 부차적인 변형 *all*이 존재한다. 이 *all*은 다음과 같은 한정사(*der*, *dies-*, *jen-*, 소유대명사) 다음에서만 나타난다.

*all diese verwüsteten Gräbe*r (이 황폐화된 무덤들 모두)
all unsere Mühe (모든 우리들의 노력)

all-과 *all*은 본질적으로 의미가 동일하다. *all*은 추가적으로 감정적인 성분을 보유한다.

all-과 *jed*- 다음의 형용사는 정관사 다음에서와 같이 변화한다.

aller kostbare Zucker (모든 귀중한 설탕)
alle jungen Entchen (모든 어린 오리새끼들)
jeder kleine Autofahrer (모든 키 작은 자동차 운전자)

*jeglicher*는 *jeder*에 대한 고상한 경쟁형태이다. *jeglicher*는 주로 부정적인 내용이나 제약적인 내용의 발화에서 나타난다.

Ihm fehlt jegliches Anstandsgefühl.
(그는 예절감각이 전혀 없다)
Deshalb habe ich auf jegliche Entlohnung verzichtet.
(그래서 나는 모든 보수를 포기했다)

jeglich- 다음의 형용사는 정관사 다음에서와 같이 변화한다.

Jeglicher unnütze Zierat wurde von ihr abgelehnt.
(모든 불필요한 장식물이 그녀에 의해 거부되었다)

irgendein-은 단수에서만 나타나고, **irgendwelch**-는 단수와 복수에서 나타난다. *irgendein*-은 부정관사처럼 변화하고, *irgendwelch*-는 *dies*-처럼 변화한다.

이 두 한정사는 부정관사에 대한 강조형태로 간주될 수 있다. 이들은 대상을 확인할 수 없음을 강조한다. 이들 다음에 오는 형용사는 부정관사처럼 변화한다.

> Irgendeine Gemüseart sollte schon dabei sein.
> (어떤 채소류가 벌써 나와 있어야 한다)
> Es fehlen noch irgendwelche Anwendungsbeispiele.
> (아직도 어떤 용례들이 없다)

einig-는 대개 복수로 등장하고, *etlich*-는 오직 복수로만 나타난다. *einig*-는 다음과 같이 변화한다(*etlich*-가 복수에서는 *einig*-와 같이 변화한다).

	단 수			복 수
	남성	여성	중성	
1격	*einiger*	*einige*	*einiges*	*einige*
4격	*einigen*	*einige*	*einiges*	*einige*
2격	*einigen*	*einiger*	*einigen*	*einiger*
3격	*einigem*	*einiger*	*einigem*	*einigen*

이 두 한정사는 소수의 요소를 표현하며 단수의 *einig*-는 셀 수 없는 한정된 양을 표현한다.

> Mit einiger Sorgfalt wäre das Buch zu retten gewesen.
> (조금만 신중했더라면 그 책을 구할 수 있었을 것이다)
> Sie kauften einige besonders originelle Zeichnungen.
> (그들은 몇 가지 아주 독창적인 그림들을 샀다)
> Es blieben etliche Gepäckstücke zurück.
> (몇 개의 수하물이 남아 있었다)

etlich-는 옛날의 형태로 간주해야 한다. 많은 수사 앞에 있는 *einig*-

는 '대략'이라는 의미를 갖는다.

> *einige vierzig* (=*circa vierzig*) (약 40개)

배가된 수사 앞에 있는 *einig-*는 *mehrere*와 같은 의미를 갖는다.

> *einige hundert Pkws* (수 백대의 자동차)

einig- 다음에 오는 형용사가 단수에서는 정관사 다음에서와 같이 변화하고(그러나 단수 3격에서는 무관사에서처럼 변화할 수도 있다), 복수에서는 무관사에서처럼 변화한다.

불변적인 **lauter**는 부가어적으로만 사용된다. *lauter*는 동일한 요소들의 다수를 표현한다.

> *lauter Studenten* (오직 대학생들만)
> *lauter ahnungslose Bürger* (오직 아무 것도 모르는 시민들만)

lauter 다음의 형용사는 무관사에서처럼 변화한다.

manch-는 부가어적으로 뿐만 아니라 독립적으로도 사용될 수 있지만, 불변적인 **manch**는 부가어적으로만 사용될 수 있다. *manch* 다음에는 형용사와 부정관사만이 올 수 있다. *manch*-는 다음과 같이 변화한다.

	단 수			복 수
	남성	여성	중성	
1격	*mancher*	*manche*	*manches*	*manche*
4격	*manchen*	*manche*	*manches*	*manche*
2격	*manches*	*mancher*	*manches*	*mancher*
3격	*manchem*	*mancher*	*manchem*	*manchen*

이 한정사는 제한되어 있지만 상당히 많은 부분량(*einig-*와는 반대로)을 나타낸다.

> *mancher Teilnehmer* (많은 참여자들)
> *manche Teilnehmer* (많은 참여자들)

부수적인 변형인 *ein- manch-*는 독립적으로만 사용될 수 있으며 따라서 대명사이다

manch- 다음의 형용사는 (한정사 *solch-*처럼) 정관사 다음에서처럼 변화하지만, 복수 2격에서는 무관사에서처럼 변화하기도 한다.

> *Ich entsinne mich mancher schönen/schöner Sommerabende.*
> (나는 많은 아름다운 여름저녁을 상기한다)

불변적인 *manch* 다음에 오는 *ein-*과 형용사는 무관사에서처럼 변화한다.

> *manch einem Zeugen* (많은 증인들에게)
> *manch übereifrigen Vätern* (지나치게 열성인 많은 아버지들에게)

manch-와 manch는 복수를 강조한다. 굴절하지 않는 manch가 단독으로도 명사 앞에 나타난다. 그러면 대상의 중요성이 강조된다.

> manch Zeitungsschreiber (많은 신문 기고자들)
> manch Hindernis (많은 장애물)

복수에서만 등장하는 **mehrer**-는 부가어적으로 뿐만 아니라 독립적으로도 사용될 수 있다. mehrer-는 다음과 같이 변화한다.

	복수
1격	mehrere
4격	mehrere
2격	mehrerer
3격	mehreren

mehrer-는 한정된 양을 표현하지만 einig-보다는 복수를 더욱 강조한다.

> mehrere Splitter/Zeugen/Altbürger
> (많은 파편들/증인들/나이 많은 시민들)

mehrer- 다음에 오는 solch-와 형용사는 무관사에서처럼 변화한다.

> mit mehreren solchen Problemen (많은 그러한 문제점을 가지고)
> mehrerer trauriger Vorfälle (많은 슬픈 사고들의)
> mehrere alte Bücher (많은 오래된 책들)

ein- bisschen-(1격, 4격)의 2격 형태는 eines bisschens이며 3격 형

태는 *einem bisschen*이다. *ein wenig*는 변화하지 않는다.

이 두 표현은 셀 수 없는 적은 양이나 정도를 표현한다.

> *Ein bisschen Ärger gab es schon.* (약간의 분노가 벌써 나타났다)
> *Es fehlt ein wenig Öl.* (기름이 약간 부족하다)

이 두 한정사 다음에 오는 형용사는 무관사에서처럼 변화한다.

> *mit einem bisschen/ein wenig burgundischem Senf*
> (약간의 부르고뉴 산의 겨자를 가지고)

이 두 표현은 동사 첨가어와 형용사 첨가어로서도 나타난다.

> *Wir wollen noch ein bisschen schlafen.*
> (우리는 아직 조금 더 자려고 한다)
> *Kannst du nicht ein wenig ordentlicher aufräumen?*
> (너 좀 더 가지런히 정돈할 수 없니?)

형용사 **viel-**, **wenig-**는 부가적으로 뿐만 아니라 독립적으로도 사용될 수 있다. 한정사가 이들 형용사 앞에 올 수 있기 때문에 한정사에 따라서 어형변화가 달라진다.

이들은 많은 (부분)양이나 적은 (부분)양을 나타낸다.

> *mit vieler/geringer Mühe* (많은/적은 노력으로)
> *mit vielem/wenigem Aufwand* (많은/적은 비용으로)
> *die Anwesenheit vieler/weniger Gäste* (많은/적은 손님들의 참석)

viel-, wenig- 다음에 형용사나 한정사 *solch-*가 오면, 이들은 무관사에서처럼 변화하며 복수에서는 물론 정관사 다음에서처럼 변화한다.

mit vieler dänischer Butter (많은 덴마크산 버터를 가지고)
wenige solche Artikel (소수의 그러한 상품들)

viel-, *wenig-*와 더불어 불변적인 대명사 *viel*, *wenig*도 사용되며, 특히 형용사가 뒤따르는 경우에 사용된다.

mit viel/wenig Mühe (많은/적은 노력으로)
mit viel dänischer Butter (많은 덴마크산 버터를 가지고)

부정사 *kein*

한정사 *kein-*은 부가어적으로만 사용될 수 있다(독립적인 사용에서는 *keiner*가 나타난다).
*kein-*은 부정관사처럼 변화하지만 추가적으로 복수형태를 가지고 있다.

	단 수			복 수
	남성	여성	중성	
1격	kein	keine	kein	keine
4격	keinen	keine	kein	keine
2격	keines	keiner	keines	keiner
3격	keinem	keiner	keinem	keinen

*kein*은 대상이 존재하지 않는다는 것을 보여준다.

Ich habe keinen neuen Motor gebraucht.
(나는 어떤 새로운 자동차도 필요치 않았다)

Ich erinnere mich keiner unangenehmen Überraschungen.
(나는 불쾌한 놀라운 사건들은 회상하지 않는다)

kein- 다음에 오는 형용사와 *solch*-는 단수에서는 부정관사 다음에서와 같이 변화하고, 복수에서는 정관사 다음에서와 같이 변화한다.

Ich mag keine solchen Ratschläge.
(나는 그러한 충고를 좋아하지 않는다)
Ich bedarf keiner fürsorglichen Belehrung.
(나는 배려하는 듯한 어떤 훈계도 필요 없다)

의문대명사

다음의 의문대명사가 여기에 속한다.

was für ein-	*wessen*
welch-	*wieviel-*
welch ein-	

의문대명사는 대상과 대상의 특성 또는 대상들 간의 관계를 질문한다.
한정사 **was für ein**-은 부가어적으로만 사용된다(해당하는 독립적인 형태는 대명사 *was fur einer*이다). *ein*-만 변화한다(부정관사처럼).
한정사 *was für ein*-은 대상의 특성을 표현한다.

Was für einen Salat essen wir heute?
(우리는 오늘 어떤 종류의 샐러드를 먹습니까?)
Was für Gewürze nehmen Sie für diesen Braten?
(이 구운 고기에는 어떤 종류의 양념을 사용합니까?)

*was für ein-*은 감탄문에서도 사용된다.

> *Was für eine herrliche Landschaft!*
> (얼마나 멋진 경치인가!)

비확정적인 양에서는 *ein-* 대신에 무관사가 사용된다.

> *Was für Pfeffer magst du am liebsten?*
> (너는 어떤 종류의 고추를 가장 좋아하니?)

was für ein- 다음에 오는 형용사는 부정관사 다음에서와 같이 변화한다.

한정사 **welch-**는 부가어적으로 뿐만 아니라 독립적으로도 사용될 수 있다. *welch-*는 *dies-*처럼 변화하지만 남성 단수 2격에서는 어미 *es* 이외에 *en*도 허용된다.

*welch-*를 가지고 우리는 주어진 집합의 한 요소/요소들을 질문한다.

> *Welchem Anwalt soll ich mehr vertrauen?*
> (나는 어떤 변호사를 더 많이 신뢰해야 하는가?)
> *Welche Mitarbeiter würdest du dir aussuchen?*
> (너는 어떤 직원들을 찾으려고 하는가?)
> *Welcher (von denen) kann das schon wissen?*
> (그들 중에서 어떤 사람이 그것을 이미 알고 있을까요?)

*welch-*도 역시 감탄문에서 사용된다.

> *Welcher unvergleichliche Herbstwald!*
> (얼마나 아름다운 가을의 숲인가)

감탄문에서 *welch-*와 *was für ein-*이 경합한다.
welch- 다음에 오는 형용사는 정관사 다음에서처럼 변화한다.

> *Welchen blühenden Unsinn hat er da erzählt?*
> (그가 그때 얼마나 터무니없는 허튼 소리를 했던가!)

그밖에 *welch-*는 두 가지 다른 용법을 가지고 있다.

1. *welch-*는 대명사로서 무관사의 명사 대신에 사용된다.

> *Ich finde kein Isolierband. Hast du welches?*
> (나는 절연 테이프를 못 찾겠어. 너, 절연 테이프 가지고 있니?)
> *Sie mag Krimis. Kannst du welche suchen?*
> (그녀는 범죄영화를 좋아한다. 너, 범죄영화들을 찾을 수 있니?)

이러한 비확정적인 *welch-*가 **결코 부가어적으로는 사용될 수 없다**. 특히 이 점을 강조하여 언급하는 이유는 *welch-*의 부가어적인 용법에서 외국인들이 전형적으로 그리고 아주 광범위하게 오류를 범하고 있기 때문이다(**Haben Sie noch welche Rettiche?*). 독일인 화자는 결코 이러한 과오를 범하지 않는다.

2. *welch-*는 가끔 단조로운 반복을 피하기 위해서 관계대명사를 대신한다.

> *Die, die die Schilder beschmiert haben, werden bestraft.* ⇒
> *Die, welche die Schilder beschmiert haben, werden bestraft.*
> (간판을 더럽힌 사람은 벌을 받을 것이다)

welch ein-에서는 *ein-*만이 변화한다(부정관사처럼). 이 한정사는 오늘날 더 이상 문제가 되지 않으며 감탄문에서만 나타난다. 감탄문에서 이 한정사는 대상의 특성에 대한 경탄과 놀라움을 나타낸다.

> *Welch ein Missverständnis!*
> (얼마나 놀라운 오해냐!)

자질표현 형용사를 취하는 명사 앞에서는 무관사의 부차적인 변형이 사용된다.

> *Welch prächtiger Anblick!*
> (얼마나 화려한 광경인가!)
> *Welch gelungene Formulierung!*
> (얼마나 멋진 표현인가!)

중성명사에서는 이러한 형태가 형용사 없이도 나타날 수 있다.

> *Welch Affentheater!* (얼마나 서툰 연극인가!)

wessen은 원래 대명사 *wer*나 *was*의 2격 형태이다. *wessen*은 오늘날 주로 부가어적으로 사용된다. *wessen*은 두 대상 간의 "소유"관계를 형성한다.

> *Wessen Manuskript ist das?*
> (그것은 누구의 원고인가?)
> *Mit wessen Vorstellungen haben wir es hier zu tun?*
> (우리는 여기서 누구의 생각과 관계가 있는가?)

wessen 다음에 오는 형용사는 무관사에서처럼 변화한다.

Mit wessen neuem Entwurf soll ich mich beschäftigen?
(나는 누구의 새로운 계획을 다루어야 하는가?)

*wessen*은 아주 드물게 독립적으로 사용된다.

(?)Wessen gedenkt ihr heute?
(너희들은 오늘 무엇을 생각하는가?)

wieviel-은 부가어적으로 뿐만 아니라 독립적으로도 사용된다. *wieviel-*은 *dies-*처럼 변화하지만 남성과 중성의 단수 2격에서는 어미 *en*을 취한다.

*wieviel-*은 요소들의 부분양과 수에 대해 질문한다. 이때 단수에서는 비굴절 형태 *wieviel*이 사용된다.

Wieviel Öl nimmst du?
(너는 얼마의 기름을 가지고 있는가?)
Wieviel Pfannkuchen soll ich machen?
(나는 얼마의 팬케이크를 만들어야 하는가?)

wieviel- 다음에 오는 형용사가 단수에서는 정관사 다음에서와 같이 변화하고, 복수에서는 무관사에서와 같이 변화한다.

Wieviel staatlichen Zuschuss hast du bekommen?
(너는 얼마나 많은 국가 보조금을 받았는가?)
Mit wieviel geliehenem Kapital ist er eingestiegen?
(그는 얼마의 자본을 빌려서 사업에 참여했는가?)

4.4 형용사

4.4.1 정 의

형용사는 한정사와 명사 사이에 올 수 있는, 불변의 성이 없는 단어이다.

> *der neue Lektor* (새로 온 강사)
> *eine bekannte Sängerin* (유명한 여가수)
> *diese ärgerlichen Missverständnisse* (이러한 불쾌한 오해들)

"불변의 성이 없는"이라는 자질은 이를테면 *unser Pfarrer Lohmann* 에서의 *Pfarrer*(목사)처럼 특정한 명사(대개 칭호명이나 직책명)를 배제한다.

"한정사와 명사 사이에 올 수 있는"이라는 자질은 *gram*(원망하는), *los* (벗어난), *quitt*(없는)와 같은 단어를 배제한다. 이 책에서는 이들이 연사 불변화사(Kopulapartikel)로 분류된다. 즉 이 책에서의 형용사 개념은 (전통적인 견해에 따라서) 부가어적으로 사용될 수 있는 형용사만을 포함한다.

대부분의 수사와 부가어적으로 사용될 수 있는 모든 분사는 이 정의에 따르면 형용사이다.

> *die drei Musketiere* (그 세 명의 보병)
> *die vierte Dimension* (4차원)
> *ein fliegender Kranich* (날아가는 두루미)
> *dieses verlorene Spiel* (이 진 개임)

대부분의 형용사는 부가어적으로 뿐만 아니라 "술어적"으로도 사용될 수 있다.

Diese Sängerin war seit langem berühmt.
(이 여가수는 오래 전부터 유명했다)

일차적으로 분류할 수는 있지만 자질을 부여하지는 않는 *täglich*(매일의), *staatlich*(국가의), *tatsächlich*(실제적인)와 같은 형용사는 "술어적으로" 사용될 수 없다.

굴절할 수 있으면서 불변적인 형용사들이 존재한다. 대부분의 기수와 *er*로 끝나는 (대문자 표기의) 출처형용사(*Schweizer* 스위스의, *Danziger* 단찌히의), 그리고 *lila*(연보라 빛의), *prima*(최고급의), *rosa*(장미 빛의), *super*(최고의)와 같은 소수의 다른 형용사들은 불변적이다.

일부의 형용사는 비교변화를 할 수 있다(4.4.2 참조). 물론 대부분의 형용사는 의미적인 이유에서 비교변화를 할 수 없다(*singend* 노래하는, *gestürzt* 뒤집어진, *schwanger* 임신한, *tot* 죽은, *Stuttgarter* 슈튜트가르트의). 이러한 사실은 또한 형용사를 "비교변화" 할 수 있는 품사로 정의하는 것을 금지한다.

우리는 형용사의 하위부류를 의미적으로 다음과 같이 구분할 수 있다.

1. 질적 형용사 : *jung, weiß, eisern*
2. 양적 형용사 : *viel-, wenig-*, 기수
3. 지시 형용사 : *hiesig, gestrig, damalig*
4. 분류 형용사 : *staatlich, kirchlich, schulisch, kommunal*
5. 출처 형용사 : *usbekisch, chilenisch, Moskauer, Darmstädter*

4.4.2 형용사 변화

우리는 형용사 변화에서 곡용(Deklination)과 비교변화(Komparation)를 구별해야 한다.

형용사의 곡용

형용사가 부가어적으로 사용되는 경우 형용사 변화는 다음에 따른다.

· 성, 수, 격은 명사 핵에 따른다.
· 곡용부류는 앞에 있는 한정사에 따른다.

명사뿐만 아니라 한정사도 형용사의 곡용/어형변화를 조종하기 때문에 우리는 의존관계를 다음과 같이 기술한다.

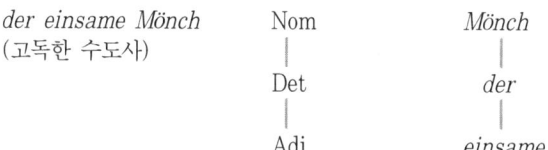

der einsame Mönch   Nom   Mönch
(고독한 수도사) | |
                        Det   der
                        | |
                        Adj   einsame

· 곡용부류 1 : 정관사 다음

	단 수		
	남 성	여 성	중 성
1격	der würzige Braten	die würzige Suppe	das würzige Gericht
4격	den würzigen Braten	die würzige Suppe	das würzige Gericht

2격	des würzigen Bratens	der würzigen Suppe	des würzigen Gerichts
3격	dem würzigen Braten	der würzigen Suppe	dem würzigen Gericht
복 수			
1격	die würzigen Braten/Suppen/Gerichte		
4격	die würzigen Braten/Suppen/Gerichte		
2격	der würzigen Braten/Suppen/Gerichte		
3격	den würzigen Braten/Suppen/Gerichten		

또한 all-, derjenig-, derselb-, dies-, irgendwelch-, jen- 다음의 형용사와 그리고 대개 beid-(복수에서만), manch-, solch-, welch- 다음의 형용사도 위와 같이 변화한다. beid- 다음의 복수 2격은 어미 en 이외에 보통 er을 취하고, manch-, solch-, welch- 다음의 복수에서는 곡용부류 2가 적용된다.

복수의 상대대명사 wir, ihr 다음의 형용사도 역시 변화한다. 하지만 이들 다음의 4격은 대개 어미 e를 취한다(곡용부류 2).

끝으로 소유한정사와 kein- 다음의 형용사는 복수에서 곡용부류 1에 따라 변화한다(하지만 단수에서는 곡용부류 2에 따라 변화한다).

• 곡용부류 2 : 부정관사 다음

	단 수		
	남 성	여 성	중 성
1격	ein würziger Braten	eine würzige Suppe	ein würziges Gericht
4격	einen würzigen Braten	eine würzige Suppe	ein würziges Gericht
2격	eines würzigen Bratens	einer würzigen Suppe	eines würzigen Gerichts

3격	einem würzigen Braten	einer würzigen Suppe	einem würzigen Gericht
복 수			
1격	würzige Braten/Suppen/Gerichte		
4격	würzige Braten/Suppen/Gerichte		
2격	würziger Braten/Suppen/Gerichte		
3격	würzigen Braten/Suppen/Gerichten		

보다시피 이 부류의 복수는 무관사이다. 따라서 복수는 곡용부류 3과 일치한다.

또한 *manch ein-, solch ein-, welch ein-, irgendein-* 다음의 형용사(단수에서만), *einig-, etlich-, mehrer-* 다음의 형용사(복수에서만), 그리고 소유대명사와 *kein-* 다음의 형용사(단수에서만)는 이 모형에 따라서 변화한다. 상대대명사 *wir, ihr* 다음의 4격에서는 해당 복수형태 *e*가 온다(*Uns Arme hat es doppelt getroffen.* 우리 불쌍한 사람들은 이중으로 고통을 받았다).

굴절한 *manch-, solch-, welch-* 다음의 복수에서는 대개 위의 형태가 적용된다. 굴절하지 않은 *viel, wenig* 다음의 형용사는 곡용부류 2에 따라서 변화한다.

• **곡용부류 3 : 무관사에서**

	단 수		
	남 성	여 성	중 성
1격	würziger Braten	würzige Suppe	würziges Gericht
4격	würzigen Braten	würzige Suppe	würziges Gericht

| 2격 | *würzigen Bratens* | *würziger Suppe* | *würzigen Gerichts* |
| 3격 | *würzigem Braten* | *würziger Suppe* | *würzigem Gericht* |

복수에서의 변화는 곡용부류 2와 동일하기 때문에 단수만 제시된다. *deren, dessen, manch, solch, welch*(모두 불변적) 다음의 형용사는 이 모형에 따라 변화한다. 상대대명사 *ich, du*와 순수한 지시대명사 *er, sie, es* 다음에서도 곡용부류 3이 적용된다.

부가어적인 형용사가 **병렬**되면 이들은 동일한 굴절형태를 취한다(*mit strahlendem offenem Lächeln* 환한 만면의 미소를 지으면서). 이러한 경우에서 두 번째 형용사와 모든 후속하는 형용사가 곡용부류 1에 따라 변화한다는 이전의 규칙이 현대어에서는 더 이상 적용되지 않는다.

기수 형용사(Kardinalzahladjektiv) 중에서 *ein*만이 완전한 굴절 계열소를 가지고 있다. 기수 형용사 *zwei, drei*에 대해서는 2격 형태 *zweier, dreier*가 존재한다. 2에서 12까지의 기수가 독립적으로 사용되는 경우에는 3격 형태도 존재한다(*mit zweien, vieren* 등).

서수와 배수는 다른 형용사와 아무런 차이가 없이 변화한다. *erlei*로 끝나는 불변의 종류수는 아무런 굴절형태를 취하지 않는다.

형용사의 비교

비교(Steigerung)는 강화의 등급형태이다. 의미적인 이유에서 질적 형용사와 소수의 양적 형용사(*viel, wenig* 등)만이 비교변화를 할 수 있다.

비교변화에는 세 가지 가능성, 즉 조어와 어휘적 및 굴절적 비교변화가 있다.

특히 "비교 합성어"(Vergleichskompositum)가 **조어**(Wortbildung)를 수단
으로 하여 비교변화 한다 : *bärenstark*(대단히 강한), *blitzschnell*(매우 빠
른). 특정한 접두사나 준접두사도 비교에 사용된다 : *superklug*(아주 영리
한), *todkrank*(매우 아픈), *hypersensibel*(매우 민감한). 최상급에서는 접
두사 *aller*-가 더 높은 비교를 유도한다 : *allerschönst*(가장 아름다운),
allerhöchst(가장 높은).

어휘적(lexikalisch)인 비교는 독립적인 단어가 형용사 앞으로 삽입되는
데 있다 : *sehr*(매우), *besonders*(특히), 비교급에서의 *viel*, 비교급과 최
상급에서의 *bei weitem*(훨씬), *weit(aus)*(훨씬).

우리는 굴절하는 비교를 **비교변화**(Komparation)라고 일컫는다. 이러한
방법을 통해서도 형용사에 의해 표현되는 속성의 등급이 매겨진다.

세 가지 비교변화의 범주가 존재한다.

원급(Positiv, 정상 형태, 어휘부 형태) : *groß*
비교급(Komparativ, 접미사 *er*, 종종 변모음) : *größer*
최상급(Superlativ, 접미사 *(e)st*, 종종 변모음) : *größt, am größten*

극히 일부의 형용사 어간이 비교급에서 다시 변화한다 : *hoch - höher
- höchst.*

*el*로 끝나는 형용사의 비교급에서 대개 *e*가 탈락한다. *eitel - eitler.*
이 규칙은 *er*로 끝나는 많은 형용사에서도 적용된다 : *teuer - teurer.*

치음(Dental)으로 끝나는 형용사의 최상급 어미는 *est*이다 : *satt -
sattest.* 그러나 *groß - größt*는 예외이다.

부가어적인 사용에서는 비교급과 최상급의 형태가 일반적인 형용사 굴
절어미를 취한다. 최상급이 문장성분으로 사용되는 경우에는 그것의 형

태가 *am -sten*이다.

> *Reinhard schreibt am schnellsten*
> (리하르트가 가장 빨리 글을 쓴다)
> *Agnes war am sorgfältigsten.*
> (아그네스가 가장 신중했다)

비교급 형태의 의미

전통적으로 비교급(Komparativ)을 "Höherstufe 비교급"이라고 일컫는다. 이것은 *älter*가 *alt*보다 "더 높은 단계"를 나타낸다는 말로써 증명된다. 그러나 우리가 알고 있는 바와 같이 *älterer Herr*(중년 신사)는 *alter Herr*(나이 많은 신사)보다도 더 젊다. 이러한 난관은 두 가지 비교체계, 즉 상대비교와 절대비교를 설정하는 경우에만 해결될 수 있다.

우리가 비교급에 대해 말하는 경우 대개 **상대적인 비교**(relative Komparation)를 의미한다.

형용사의 어휘부 형태인 **원급**(Positiv)은 "구조적인 의미"를 갖지 않고 언급된 속성의 전체적인 등급을 표현한다. 형용사 *alt*의 경우에 원급 *(alt)*는 특정한 연령을 의미하는 것이 아니라 오직 '나이 먹음 Altsein'만을 의미한다. 물론 이러한 '나이 먹음'의 서열(Skala)은 긍정적으로 평가되는 특정한 방향, 즉 우리가 "의미적 선호도 semantische Präferenz"라고 일컫는 높은 "나이 값 Alterswert"을 목표로 한다. 하지만 형용사의 원급은 구체적으로 확인하기 위해서 추가적인 표현, 즉 양적인 규정이나 비교구조를 요구하지는 않는다.

양적인 규정어는 대개 수사를 포함한다 : *25 Jahre alt*(25세의), *3 Tage alt*(3일 된).

비교구조는 앞에서 고정되는 불변화사 표현(*so, genau so, ungefähr so, fast so*)과 뒤에서 *wie*로 연결되는 비교대상을 포함한다(*wie Sabine, wie früher*).

이러한 표현이 부정되면 그 표현은 의미적 선호도와 멀리 떨어진 값을 표현한다. 따라서 *nicht so alt wie Sabine*(사비네와 나이가 같지 않은)리는 표현은 단순히 해당 대상이 자비네와 나이가 같지 않다는 것을 의미하는 것이 아니라 자비네보다 나이가 조금 적다는 것을 의미한다.

비교급(Komparativ)도 역시 *als*로 연결되는 비교구조를 필요로 한다. 상대적인 비교급은 양적인 규정어나 비교구조와 비교하여 보다 높은 값, 다시 말해서 의미적 선호도에 근접한 값이 적용된다는 것을 의미한다. 따라서 *älter als 25 Jahre*는 *mehr als 25 Jahre*를 의미하며, 이와 마찬가지로 *älter als Sabine*는 자비네의 나이보다도 의미적 선호도에 더 근접한 나이를 의미한다. 이러한 표현이 부정되면 그것은 자비네의 나이보다 적은 나이를 의미한다.

상대적인 비교의 **최상급**(Superlativ)은 그 범위 내에서는 최고의 정도를 표현한다는 "선택집합"이나 적용영역이 진술되어 있어야 한다. 즉, *der älteste von uns*(우리들 중에서 가장 나이 많은 사람)는 여러 사람으로 구성된 우리 집단에서 모든 다른 사람들보다 나이가 많은 한 사람을 의미한다. *die Schönste hier*(여기서 가장 아름다운 여자)는 적용영역(예컨대 백설공주가 살고 있는 왕국) 안에 있는 모든 당사자들 중에서 최고의 미를 보이는 한 사람을 의미한다.

형용사의 개개 (상대적인) 비교형태 그 자체는 해당 속성의 특정한 값, 즉 해당 속성의 정확한 정도를 표현하지는 않는다. 비교구조나 선택집합과 결합함으로써 비로소 정확한 배열이 나타난다.

그밖에 완전히 다른 의미할당을 가지고 있는 **절대적인 비교**(absolute

Komparation)가 있다. 우리는 다시 명확히 고정된 의미적 선호도를 가지고 있는 값의 서열(예: '연령')에서 출발해야 한다.

절대적인 비교에서의 **원급**은 분명히 "상위" 영역에 놓여있다. *ein alter Mann*(노인)은 이미 상당히 '나이가 많으며', 오늘날 - 중부 유럽의 - 입장에서는 적어도 70세 정도는 될 것이다. 따라서 *alt*는 의미적 선호도에 근접한 값을 갖는다. 이에 반해 **비교급**은 보다 낮은 값을 표현한다. *ein älterer Mann*(중년 남자)은 대략 60세쯤 될 것이며 결코 *ein alter Mann*(노인)처럼 나이가 많지는 않다. 그리고 **최상급**에서 *die ältesten Männer*는 아마도 *die alten Männer*보다 나이가 많을 것이며 아마 80대 이후가 될 것이다.

두 가지 종류의 비교에서 다음과 같은 배열이 생겨난다.

상대적 비교		절대적 비교		의미적 선호도
die älteste von allen	최상급	최상급	*älteste Männer*	↑
älter als X	비교급	원 급	*alte Männer*	
(so) alt wie X	원 급	비교급	*ältere Männer*	

따라서 상대적인 비교와 절대적인 비교에서의 관계는 근본적으로 다르다. 우리가 이 두 체계를 조심스럽게 분리하는 경우에만 많은 오해를 막을 수 있다.

4.4.3 형용사의 조어

파생어(접두 조어, 접미 조어)와 합성어는 구별되어야 한다. 어간 조어,

즉 가시적인 변화가 없는, 다른 품사로부터의 파생은 단지 소수의 형용사에서만, 예컨대 색채형용사에서 존재한다.

접두사와 준접두사에 의한 파생어

독립적으로는 등장할 수 없는 전철(Vorsilbe)이 접두사(Präfix)로 간주된다. 준/의사 접두사(Präfixoid)는 다른 곳에서는 독립적으로 등장하지만 여기서는 접두사처럼 의미 구별적으로 작용하는 단어를 말한다. 외래어의 접두사는 f로 표현된다.

1. 외관상 또는 부분적으로 어떤 상태로의 도달

   halb, leicht, mittel, f *para,* f *pseudo,* f *quasi, schein,* f *semi*
   (*halbamtlich, scheintot*)

2. 동일성, 유사성, 상이성

   f *homo,* f *homöo,* f *iso,* f *hetero* (*homogen, heteronym*)

3. 보다 높은 정도, 최대치

   bitter, blitz, brand, erz, f *extra, grund, hoch, hunde,* f *hyper, kreuz, ober, sau, scheiß, schwer, stink, stock, tod,* f *super, tief, über,* f *ultra, ur, voll* (*blitzgescheit, hochzufrieden, kreuzbrav, saudumm, superfein, uralt*)

4. 공간적인 관계

   außer, binnen, f *extra, inner,* f *inter,* f *intra,* f *sub,* f *supra,* f *trans, über, zwischen* (*extraurban, interkontinental, supraterrestrisch, zwischenstaatlich*)

5. 시간적인 관계

   alt, nach, f *neo, neu,* f *post,* f *prä, vor, zwischen* (*althoch-
   deutsch, neulateinisch, vormittelalterlich*)

6. 저지 또는 지지

   f *anti,* f *pro* (*antidemokratisch, proamerikanisch*)

7. 양

   f *bi,* f *di,* f *mono,* f *multi,* f *pan,* f *poly* (*bipolar, panslawisch*)

8. 부정

   f *a,* f *an,* f *des,* f *dis,* f *il/in/ir, nicht,* f *non, un* (*asozial,
   irreal, unerwartet*)

접두 조어 형용사들 중에는 그 기본어가 자립적으로 등장하지 않는 몇
몇 형용사가 있다("합성 파생어 Zusammenbildung") : *subkutan, unauf-
haltsam* 등.

접미사와 준접미사에 의한 파생어

다음과 같은 요소들(어미)이 중요하다:

f *abel,* f *al,* f *ant,* f *ar,* f *är, bar, bedürftig, bereit, bezogen,
dicht, durstig,* f *ell, en, end,* f *ent, entsprechend, ern,* f *esk,
fähig, fest, frei, fremd, freundlich, gefährlich, gemäß, gerecht,
haft, haltig, hungrig,* f *ibel, ig, isch,* f *itiv/ativ, lang, lich,
lüstern, mäßig,* f *oid,* f *ös, pflichtig, sam, selig, sicher,
tauglich, tief, wert, würdig* (*passabel, scheinbar, sonnendurstig,*

zweckentsprechend, schadstofffrei, lebensgefählich, arsenhaltig, sensitiv, meterlang, schizoid, trittsicher, lobenswert)

부가어적으로 사용될 수 있는 분사 II(전철 *ge*, 후철 *en*, (*e*)*t*)도 역시 여기에 포함시킬 수 있다.

합성어

소수의 연결합성어(의미적으로 등가의 구성성분을 갖는)가 존재한다 : *blau-weiß, deutsch-polnisch, graublau* 등.

훨씬 자주 사용되는 한정합성어 중에서 **비교 조어**(Vergleichsbildung)가 중요하다 : *kornblumenblau, blutrot.*

결합가 조어(Valenzbildung)가 가끔 동사에 의해 유도되었다 : *zielbewusst, bratfertig.*

합성 파생어(Zusammenbildung)(독립적으로 등장할 수 없는 기저어를 취하는) : *zweibeinig, leichtfüßig, schwanenhalsig* 등.

수 형용사

기수(Kardinalzahl) 중에서 1-12까지의 수는 오늘날의 관점에서 단순한 수로 간주될 수 있다. 13-19까지의 수는 *zehn*을 기저어로 취하는 합성어이며 물론 음성상의 특성은 존재한다. 20-90까지의 수는 *zehn*의 배수이다. 다음의 도표가 세부적인 사항을 제시한다.

0-10	11-19	20-90
0 null	11 elf	20 zwanzig
1 ein-	12 zwölf	30 dreißig
2 zwei	13 dreizehn	40 vierzig
3 drei	14 vierzehn	50 fünfzig
4 vier	15 fünfzehn	60 sechzig
5 fünf	16 sechzehn	70 siebzig
6 sechs	17 siebzehn	80 achtzig
7 sieben	18 achtzehn	90 neunzig
8 acht	19 neunzehn	
9 neun		
10 zehn		

100자리 수는 다음과 같다 : (*ein*)*hundert, zweihundert, drei-hundert, vierhundert, fünfhundert, sechshundert, siebenhundert, achthundert, neunhundert*

1,000자리 수는 다음과 같다 : (*ein*)*tausend, zweitausend, dreitausend, viertausend, fünftausend, sechstausend, siebentausend, achttausend, neuntausend, zehntausend, elftausend*

백만의 수는 다음과 같이 표기된다 : *eine Million*(1백만), *zwei Millionen*(2백만), *drei Millionen*(3백만) (*Milliarde* 10억, *Billion* 1조, *Billiarde* 천조, *Trillion* 100경=10^{18}, *Trilliarde* 10해=10^{21})

1자리 수와 10자리 수의 결합은 붙여쓴다.

33 *dreiunddreißig*
48 *achtundvierzig*
77 *siebenundsiebzig*

100자리 수와 10자리 수의 결합과 그리고 보다 큰 수의 결합은 다음과
같다.

>222 *zweihundertzweiundzwanzig*
>478 *vierhundertachtundsiebzig*
>933 *neunhundertdreiunddreißig*
>1748 *eintausendsiebenhundertachtundvierzig*
>1 366 599 *eine Million dreihundertsechsundsechzigtausendfünfhun-*
>*dertneunundneunzig*

수 형용사 1이 독립적으로 사용되는 경우에는 *eins*로 표기한다. 연도
의 100자리 수는 - 어쨌든 20세기까지는 - 1부터 20까지의 수를 사용한다.

>1948 *neunzehnhundertachtundvierzig*
>1733 *siebzehnhundertdreiunddreißig*
>1206 *zwölfhundertsechs*

전화에서의 수(전화번호 역시)는 보통 숫자 하나 하나를 발음한다. 이때
잘못 듣는 것을 피하기 위해서 *zwei* 대신에 종종 *zwo*로 발음한다.

아직도 사용되는 이전의 수 개념, 예컨대 12진법으로 구성된 수 개념
이 존재한다 : *das Dutzend*(=12, 한 타스), *das Gros*(=144=12타스).

10년을 일괄하여 지칭할 경우 첫 번째 연도에 *er*을 붙인다. 즉,
Achtziger des vorigen Jahrhunderts(지난 세기의 80년대)는 1980-1989
년을 말한다. 포도주의 나이도 비슷하게 표현된다 : *ein 1997er Riesling*
(1997년 산 리슬링 포도주)

사람의 나이 진술에서도 어미 *er*이 사용된다 : *ein flotter Fünfziger*
(어느 활기찬 50대 남자)는 어쨌든 50세에서 59세까지의 남자를 말한다.

동전과 지폐에서도 역시 접미사 *er*이 사용된다 : *ein Fünfziger*는 50

페니히/50센트 동전이나 또는 50마르크/50유로화 지폐를 말한다.
네 가지 기본적인 계산방법은 다음과 같이 형식화된다.

$$2 + 5 = 7 \quad \text{\textit{zwei plus fünf ist sieben.}}$$
$$\text{\textit{zwei und fünf sind sieben.}}$$
$$9 - 7 = 2 \quad \text{\textit{neun minus sieben ist zwei.}}$$
$$3 \cdot 17 = 51 \quad \text{\textit{drei mal siebzehn ist einundfünfzig.}}$$
$$64 : 8 = 8 \quad \text{\textit{vierundsechzig (geteilt) durch acht ist acht.}}$$

등식기호(=)는 *ist (gleich)*로 읽혀진다.

1-19까지의 **서수**(Ordinalzahl)는 해당 기수에 *t*를 붙여서 만든다 : *zweit, siebzehnt.* 그러나 *erst, siebt*는 예외이다. 이 모든 형태는 형용사처럼 변화한다. 20부터는 기수에 *st*를 붙인다 : *zwanzigst, dreiundsiebzigst, hundertst.*

분배수(Distributivzahl)는 숫자로 정의된 부분집합에 개별요소를 할당한다. 두 가지 방법이 있다:

- *je drei*(각각 세 사람씩)는 한 집합이 같은 크기의 하위집합으로 나뉠 때 사용된다.
- *jeder Dritte*(세 사람마다)는 선택된 집합 간에 동일한 구간이 있을 때 사용된다.

분수(Bruchzahl)에서 분자는 기수이고, 분모는 서수에 어미 *(e)l(-teil*에서 나옴)이 첨부된 형태이다:

$^2/3$ *zwei Drittel*
$^4/7$ *vier Siebtel*

특이한 점은 분모 2를 *halb*로 발음하는 것이다. 분수는 (보통 불변적인) 형용사이다.

배수(Vervielfältigungszahl)는 기수에 *fach*를 첨부하여 형성한다 : *zweifach, siebenfach, dreizehnfach, tausendfach. zweifach*(두 배) 대신에 *doppelt*가 사용되기도 한다.

종류수(Gattungszahl)는 기수에 *erlei*를 첨부하여 만든다. 종류수는 대상의 특정한 속성의 수를 표현한다. *zweierlei Grammatik*은 두 가지 상이한 종류의 문법, 예컨대 모국어로서의 문법과 외국어로서의 문법을 의미한다.

복합형용사 **ein paar**는 소수의 대상을 지칭하며 따라서 한정사 *einig-*와 상당히 일치한다. *ein paar*와 결합한 대상이 주어인 경우 문장의 정동사는 복수로 와야 한다.

> *Ein paar Bretzel dürfen es schon sein.*
> (몇 개의 브레첼 빵이면 충분할 것 같아)

*ein paar*에서의 부정관사는 또한 지시 한정사나 소유 한정사를 통해서도 대체될 수 있다.

> *Diese paar Demonstranten machen dem Konzern nicht Angst.*
> (이 몇몇 데모 가담자들은 콘체른에 겁을 주지 못한다)
> *Meine paar Helfer haben es leider nicht geschafft.*
> (나의 몇몇 조력자들은 유감스럽게도 그 일을 끝마치지 못했다)

4.4.4 형용사구

형용사는 자신의 위성과 함께 확장된 형용사구를 형성한다. 여기서도 형용사 보충어와 형용사 첨가어를 구별한다. 형용사 보충어는 일부의 형용사에서만 등장하고 형용사 첨가어는 임의의 형용사와 결합할 수 있다.

형용사구는 명사에 대한 부가어, 동격, 수식어로서 나타나며, 그리고 동사에 대한 형용사 보충어와 수식첨가어로서도 나타난다.

독립적으로 (동사에 대한 형용사 보충어나 수식어로서) 사용되는 형용사의 위성은 일부는 형용사 앞에, 일부는 형용사 뒤에 온다. 부가어적으로 사용되는 형용사의 위성은 항상 핵어 앞에 온다.

형용사 보충어를 취하는 구

전부 13개의 형용사 보충어가 있는데, 이들은 대용어를 통해서 정의된다. 보충어를 취하는 형용사구의 (아주 완전하지는 않은) 목록이 제시된다.

- AdjE$_{akk}$: 형용사에 대한 4격 보충어

  대용어 : 4격의 순수 지시대명사.

  형용사적 핵어 : *gewohnt, müde, satt, wert.*

  *mein **die ewigen Streitereien** müder Nachbar*
  (지속적인 싸움에 지친 내 옆집 사람)
  *Ich bin **die ewigen Streitereien** müde.*
  (나는 지속적인 싸움에 지쳐있다)

- AdjE$_{gen}$: 형용사에 대한 2격 보충어

  대용어 : *deren, dessen.*

  형용사적 핵어 : *bar, bedürftig, bewusst, fähig, gewiss, gewohnt, kundig, ledig, mächtig, voll, wert, würdig.*

*eine **ihrer Fähigkeiten** durchaus bewusste Frau*
(그들의 능력을 잘 알고 있는 어떤 부인)
*Ich war mir **seiner Zuverlässigkeit** nie ganz sicher.*
(나는 그의 신뢰성을 완전히 확신하지는 못했다)

• AdjE$_{dat}$: 형용사에 대한 3격 보충어

대용어 : 3격의 순수 지시대명사.

형용사적 핵어 : *ähnlich, angeboren, angemessen, dankbar, fremd, gleich, nahe, vertraut* 등.

*dieser **seinem Großvater** sehr ähnliche Junge*
(자기 할아버지를 아주 닮은 이 젊은이)
*Er sieht **dir** gar nicht ähnlich.*
(그는 너를 전혀 닮지 않았다)

• AdjE$_{prp}$: 형용사에 대한 전치사적 보충어

대용어 : 전치사 + 대명사/대명사적 부사.

형용사적 핵어 : *abgeklärt (gegenüber), abhängig (von), alt (an), angenehm (für), anständig (zu), arm (an), aufgelegt (zu), aufgeschlossen (für), barmherzig (zu), bedenklich (für), begabt (in), begierig (auf), behaftet (mit), bekannt (mit), beliebt (bei), bereit (zu), berufen (zu), beschränkt (an), besessen (von), beständig (in), bewandert (in), bitter (für), blind (gegenüber), böse (zu), brav (zu), dankbar (für), ehrlich (zu), eingeschworen (auf), einig (in), einverstanden (mit), empfänglich (für), empfindlich (gegen), entfernt (von), entlegen (von), entschieden (in), erfreulich (für), erhaben (über), ersichtlich (aus), fähig (zu), fern (von), fertig (mit), firm (in), frech (zu), frei (von), fruchtbar (an), geeignet (für/zu), gefährlich (für), gefasst (auf), gefeit (gegen), gehörig (zu), geneigt (zu), gerecht (zu), gespannt (auf), gleichgültig (gegenüber), glücklich (über), grob (zu), gut (für, zu), haftbar (für), heilsam (für), herzlich (zu), höflich (zu), immun (gegen), interessant (für), intim (mit), kombinierbar (mit), kompatibel (mit), krank (vor), kritisch (gegenüber), nett (zu), reich (an), schroff (zu), schuld/schuldig (an), stolz (auf), streng (zu), teuer (für), tragbar (für), überzeugt (von), unschuldig (an), verbindlich (für), vereinbar (mit), verschieden (in, von), verständlich (für), verträglich (mit), verwurzelt (in), voll (von), zufrieden (mit)* 등.

> *kein **mit allen Erklärungen** zufriedener Kollege*
> (모든 설명에 대해 만족해하는 동료는 아무도 … 없다)
> *mein Kollege, zufrieden **mit seinen Bezügen**, …*
> (자기 수입에 대해 만족해하는 나의 동료)
> *Mein Kollege kam zufrieden **mit Heymanns Erklärungen** zurück.*
> (내 동료는 하이만의 설명에 만족하여 되돌아왔다)
> *Warum sind Sie nicht zufrieden **mit meinen Erklärungen?***
> (당신은 왜 나의 설명에 만족해하지 않습니까?)

- AdjE$_{sit}$: 형용사에 대한 상황 보충어

대용어 : *da.*

형용사적 핵어 : *anwesend, befindlich, bekannt, heimisch, tätig, wohnhaft* 등.

*eine **in Sternenfels** wohnhafte Tante*
(슈테르넨펠스에서 살고 있는 아주머니)
*eine Tante, seit dreißig Jahren **in Häfnerhaslach** wohnhaft,* ⋯
(30년 전부터 헤프너하스라흐에서 살고 있는 아주머니)
*Sabine Espendonk war seit Jahren **in Brackenheim** wohnhaft.*
(자비네 에스펜동크는 몇 년 전부터 브라켄하임에서 살고 있다)

- AdjE$_{dir}$: 형용사에 대한 방향 보충어

  대용어 : *von dort, dorthin.*

  형용사적 핵어 : *befahrbar, gebürtig, stammend* 등,

  *die **aus Posen** stammende Mutter*
  (포젠 출신의 어머니)
  *die Frau des Schulleiters, **aus Posen** stammend,* ⋯
  (포젠 출신의 교장부인)
  *Seine Frau stammte **aus einem Gut nahe der Stadt Posen**.*
  (그의 부인은 포젠 시 근처에 있는 농장 출신이였다)

- AdjE$_{nom}$: 형용사에 대한 명사적 보충어

  대용어 : *so, als solch-.*

  형용사적 핵어 : *angestellt (als), bekannt (als), geführt (als),*
  genannt, registriert (als), tätig (als) 등.

  *ein "**Carlos**" genannter Terrorist*
  ("카르로스"라고 불리는 어느 테러리스트)
  *ein internationaler Terrorist, genannt "**Carlos**",* ⋯
  ("카르로스"라고 불리는 어느 국제적인 테러리스트)
  *Dieser Mann wurde "**Carlos**" genannt.*
  (이 남자는 "카르로스"라고 불렸다)

- AdjE$_{adj}$: 형용사에 대한 형용사적 보충어

  대용어 : *so, als solch-.*

  형용사적 핵어 : *bekannt (als), geführt (als), genannt, registriert (als)* 등.

  > *ein **als gefährlich** bekannter Terrorist*
  > (위험인물로 알려진 어느 테러리스트)
  > *Osama, **als gefährlich** bekannt, …*
  > (위험인물로 알려진 오사마)
  > *Der stille Maschinenbau-Student war dort nicht als politisch aktiv bekannt.* (그 조용한 기계공학 전공학생이 거기서는 정치적으로 활동적인 사람으로 알려져 있지 않았다)

- AdjE$_{vrb}$: 형용사에 대한 동사적 보충어

  대용어 : *etwas zu tun* 등.

  형용사적 핵어 : *gedenkend, gesonnen, gewillt* 등.

  > *Albert war gesonnen, **die ganze Brut zu vernichten**.*
  > (알버트는 한 배 새끼 전부를 죽일 작정이었다)

- AdjE$_{grd}$: 형용사에 대한 정도 보충어

  상대적인 표현의 "양적 규정어"와 절대적인 비교의 강조적인 표현이 문제된다. 이들은 모든 세 가지 비교단계에서 등장한다.

  AdjE$_{grd}$ zum Positiv (원급 형용사에 대한 정도 보충어)
  대용어 : *so.*
  형용사적 핵어 : 비교할 수 있는 원급의 모든 형용사

상대적인 비교 보충어에서는 수 규정어 등이 문제된다.

*ein **20 Zentimeter** breiter Schrank* (폭이 20cm인 장)
*ein Schrank, **20cm** breit,* ⋯ (폭이 20cm인 장)
*Dieser Schrank ist **20cm** breit.* (이 장은 폭이 20cm이다)
*Wir haben den hinteren Teil des Gartens **einen halben Meter** hoch angelegt.* (우리는 정원의 뒷부분을 50cm 높이로 쌓았다)

절대적인 비교 보충어에서는 정도 표현 등이 문제된다.

*dieser **außerordentlich** schöne Schrank* (이 특히 아름다운 장)
*ein Schrank, **außerordentlich** schön,* ⋯ (특히 아름다운 하나의 장)
*Sie haben die Wohnung **sehr** schön eingerichtet.*
(그들은 집을 아주 아름답게 꾸몄다)
*So ist der Garten **sehr** schön.* (그래서 그 정원은 매우 아름답다)

AdjE₉ᵣd zum Komparativ (비교급 형용사에 대한 정도 보충어)

이 보충어는 비교급에 대한 확장 보충어와 같이 분류될 수 있다.
대용어 : *(um) soviel*
형용사적 핵어 : 비교할 수 있는 비교급의 모든 형용사.
이 보충어는 특히 상대적인 비교에서 등장한다. 이때 수 표현이나
강조적인 표현이 문제된다.

*mein **um zwei Jahre** jüngerer Bruder*
(두 살 아래인 내 동생)
*mein Bruder, **zweieinhalb Jahre** jünger,* ⋯
(2년 6개월 아래인 내 동생)
*Mein Bruder ist **zwei Jahre jünger** als ich.*
(내 동생은 나보다 2년 아래이다)

AdjE_{grd} zum Superlativ (최상급 형용사에 대한 정도 보충어)

AdjE$_{grd}$ zum Superlativ (최상급 형용사에 대한 정도 보충어)

대용어 : -

형용사적 핵어 : 상대적인 비교의 모든 비교가능한 최상급 형용사.

이러한 보충어는 *weitaus*(월등하게, 훨씬)처럼 정도를 표현한다.

> das **bei weitem** hübscheste Mädchen
> (월등하게 가장 아름다운 소녀)
> ein Mädchen, **bei weitem** am hübschesten, ···
> (월등하게 가장 아름다운 소녀)
> Sie hat das Problem bei weitem am elegantesten gelöst.
> (그녀가 그 문제를 가장 재치 있게 해결했다)
> Er ist von diesen Leuten der **bei weitem** skrupelloseste.
> (그가 이 사람들 중에서 가장 비양심적인 사람이다)

• **AdjE$_{norm}$: 형용사에 대한 기준 보충어**

이 보충어는 기준(Norm)의 도달이나 초과를 표현하는 원급에 대한 정도 보충어의 특수형태이다.

표현형태 : *ausreichend, genug, genügend, zu* 등.

대용어 : -

형용사적 핵어 : 비교할 수 있는 형용사

> ein **genügend** belesener Lehrer (아주 박식한 교사)
> Magda is **ausreichend** instruiert. (마그다는 충분히 지도를 받았다)
> Hier ist es **zu** kalt. (여기는 날씨가 너무 춥다)

이익의 3격이나 *für*-구가 종종 기준 보충어에 등장한다.

> Dieses Gerüst ist **mir** zu hoch/zu hoch **für mich**.
> (이 구조물은 내가 오르기에는 너무 높다)

이러한 3격은 기준의 적용영역을 확정한다. 비교 가능성이 부문장이나 부정사 구조를 통해서 성취될 수 있다.

Das Gerüst ist zu hoch, als dass ich mich hinauftrauen würde.
(그 구조물은 너무 높아서 내가 올라갈 수 없다)
Ich finde die Firma zu unseriös, um mich ihr anzuvertrauen.
(나는 그 회사가 너무 신빙성이 없어서 그 회사를 믿을 수가 없다)

* AdjE~vgl~ : 형용사에 대한 비교 보충어

이 보충어는 상대적인 비교의 비교구조나 선택집합을 말한다. 형용사적 핵어는 비교할 수 있는 형용사이다. 비교 보충어는 핵어의 우측에 온다.

AdjE~vgl~ zum Positiv (원급 형용사에 대한 비교 보충어)

대용어 : *wie* + 대명사/부사

*ein ebenso schönes Haus **wie deines***
(너의 집과 똑같이 아름다운 집)
*ein Haus, genauso schön **wie deines,** ···*
(너의 집과 똑같이 아름다운 집)
*Sie haben so gut **wie letzte Woche** gespielt.*
(그들은 지난주와 같이 아주 멋있게 경기를 했다)
*Wir haben so gut **wie möglich** gespielt.*
(우리는 가능한 한 멋있게 경기를 했다)
*Wir werden **möglichst** gut spielen.*
(우리는 가능한 한 멋있게 경기를 할 것이다)
*Wir haben so gut gespielt, **wie wir es selbst nicht für möglich gehalten hatten**.* (우리는 기대했던 것 이상으로 멋있게 경기를 했다)

AdjE~vgl~ zum Komparativ (비교급 형용사에 대한 비교 보충어)

대용어 : *als* + 대명사/부사

eine bessere Idee **als die bisher geäußerten**
(지금까지 언급했던 아이디어들보다 더 나은 아이디어)
Deine Idee ist besser **als meine.**
(너의 아이디어는 나의 아이디어보다 더 낫다)
Das Wetter war besser **als bei unserem letzten Besuch.**
(우리가 지난주에 방문했을 때보다 날씨가 더 좋았다)
Das Wetter war besser, **als wir es erwartet hatten.**
(우리가 기대했던 것보다 날씨가 더 좋았다)

AdjE$_{vgl}$ zum Superlativ (최상급 형용사에 대한 비교 보충어)
대용어 : *davon, darunter*

das nachdenklichste Mädchen **von allen**
(모든 사람들 중에서 가장 신중한 소녀)
Sie galt als die Schönste im Lande.
(그녀는 국내에서 가장 미인으로 간주되었다)
die aufregendste Geschichte, **die ich in den letzten Wochen gehört**
habe (내가 지난 몇 주 동안에 들었던 것 중에서 가장 자극적인 이야기)
das Schönste, **das/was ich erlebt habe**
(내가 체험한 것 중에서 가장 아름다운 것)

최상급에 대한 비교 보충어는 여러 가지 형태로 핵어 앞에 놓일 수도
있다.

das **in der Stadt** *sehenswerteste Gebäude*
(그 도시에서 가장 볼만한 건물)
der **von allen** *bedeutendste Journalist*
(모든 사람들 중에서 가장 명망 있는 언론인)

• AdjE$_{ppt}$: 형용사에 대한 비례 보충어
   대용어 : -

비례 보충어는 두 대상/대상집합이나 두 사건의 속성들 상호 간의 관계를 맺게 한다. 이러한 속성들은 똑같이 변화한다. 이 보충어는 부가어적으로 사용되지 않은 비교급 형용사에서만 나타난다.

비례 보충어는 *je*로 시작하고 관련요소는 *je*나 *desto*로 시작한다.

> *Je mehr seine Krankheit voranschritt, desto gelassener wurde er.*
> (그의 병이 악화되면 될수록 그는 더욱 침착했다)
> *Ich werde je früher desto lieber mit Ihnen reden.*
> (빠르면 빠를수록 더욱 더 기꺼이 나는 당신과 이야기할 것이다)
> *Sie sprach desto leiser, je lärmender die Anderen sich unterhielten.* (다른 사람들이 시끄럽게 이야기하면 할수록 그녀는 더욱 낮은 목소리로 말했다)

형용사 첨가어를 취하는 구

형용사에 대한 첨가어는 본질적으로 형용사의 부가어적, 동격적인 사용에서 등장한다. 형용사는 원급으로 나타난다.

상황적인 형용사 첨가어 :

> *ein in der Stadt bekannter Arzt* (그 도시에서 유명한 의사)
> *die damals in unserer Firma tätigen Gutachter*
> (그 당시 우리 회사에서 근무한 그 감정인)

평가적인 형용사 첨가어 :

> *ein vermutlich gestohlenes Auto* (추측컨대 도난 당한 자동차)
> *der voraussichtlich höhere Preis* (아마도 보다 높은 가격)

부정적인 형용사 첨가어 :

> *eine nicht zumutbare Bedingung* (부당한 조건)

수식적인 형용사 첨가어는 등장하지 않는다. 형용사의 하위부류만이 수식될 수 있다. 따라서 이들은 보충어이다.

형용사구의 어순규칙

부가어적인 형용사구는 항상 명사적인 핵어 앞에 오고, 동격적인 형용사구는 항상 명사적인 핵어 뒤에 온다.

> *eine **ziemlich verkommene** Hütte*
> *eine Hütte, **ziemlich verkommen**, ···*
> (상당히 황폐해진 오두막)

형용사구가 수식어로 사용되거나 형용사 보충어나 수식첨가어가 문장에서 사용되면 이들의 어순규칙은 변화한다.

> *Sie sah **lächelnd** auf.*
> ***Lächelnd** sah sie auf.*
> (그녀는 웃으면서 쳐다보았다)
> *Die Hütte war **ziemlich verkommen**.*
> ***Ziemlich verkommen** war diese Hütte.*
> (이 오두막은 상당히 황폐해졌다)
> *Du hast das **sehr schön** gemacht.*
> ***Sehr schön** hast du das gemacht.*
> (너는 그 일을 아주 잘 마무리했다)

부가어적으로 사용되는 형용사에서는 형용사의 위성이 항상 형용사 **앞**에 온다.

> *ein **überaus** eingebildeter Junge* (아주 거만한 젊은이)

*die **bei weitem** tüchtigste Frau* (가장 유능한 부인)

몇 가지 예외가 있다 : 비교 보충어(최상급의 적용범위도 역시)는 형용사 **뒤에** 오며 또한 명사적 핵어 뒤에 온다.

*ein schnelleres Auto **als meines*** (내 자동차보다 더 빠른 자동차)
*das schnellste Auto **in der Stadt*** (도시에서 가장 빠른 자동차)

형용사의 위성이 여러 개 있으면 이들은 문장에서 문장성분의 어순에 따라서 연이어 나타난다.
형용사의 **비 부가어적인** 사용에서도 위성은 대개 형용사 앞에 온다.

*Der Junge ist **überaus** eingebildet.* (그 소년은 아주 거만하다)

그러나 전치사 보충어는 앞에 올 수도 있고 또 뒤에 올 수도 있지만, 비교 보충어는 항상 뒤에 온다.

*Ich war **mit ihr** hochzufrieden.*
*Ich war hochzufrieden **mit ihr**.*
(나는 그녀에 대해 매우 만족했다)
*Hans ist schneller **als ich**.*
(한스는 나보다 빠르다)

부문장 형태의 보충어도 역시 항상 뒤에 온다.

*Sie war so aufgeregt, **dass sie nicht mehr zuhören konnte**.*
(그녀는 매우 흥분해서 더 이상 귀를 기울일 수가 없었다)

4.5 대명사

4.5.1 정의와 하위부류

대명사는 대상(Größe)을 표현하는 (유일한) 단어이다.

따라서 대명사는 이들이 종종 "대신하는" 명사구와 동일한 기능을 가지고 있다.

많은 경우에서 대명사는 어떤 대상이 직접적으로 보다 정확하게 기술되어 있는 텍스트 위치를 지시함으로써 그 대상을 단지 간접적으로만 표현한다.

> *Vor uns erhob sich eine riesige Mauer ; **die** war rot gestrichen.*
> (우리 앞에 거대한 성벽이 솟아 있었다. 그 성벽은 빨갛게 칠해져 있었다)

대명사는 명사(대명사에 의해 형태론적으로 유도되는 위성으로서의)를 결코 동반할 수 없다. 대명사가 명사보충어의 대용어(예컨대 명사에 대한 2격 보충어)로서 기능을 하는 경우에만 대명사가 부가어로서 삽입될 수 있다.

> *niemands Knecht* (어느 누구의 하인도 … 아닌)

이러한 제약은 대명사와 한정사를 구분한다(많은 한정사가 유도적인 부가어로서 사용될 뿐만 아니라 독립적으로도 사용될 수 있다).

우리는 대명사에 대한 세 가지 하위부류를 구분한다.

- 상대대명사(Partnerpronomen)

· 지시대명사(Verweispronomen)
· 기타 대명사(sonstiges Pronomen)

모든 대명사에 대해 구를 형성할 수 있다.

4.5.2 상대대명사

상대대명사는 화자(*ich*) 또는 대화상대방(*du, Sie*)을 나타내며, 따라서 대상을 직접 (지시적으로) 기술하는 유일한 대명사이다.
상대대명사가 성에서는 영향을 받지 않지만 격과 수에서는 변화한다.

	화자	대화상대방	
		친칭 형태	경칭 형태
단 수			
1격	*ich*	*du*	*Sie*
4격	*mich*	*dich*	*Sie*
2격	*meiner*	*deiner*	*Ihrer*
3격	*mir*	*dir*	*Ihnen*
복 수			
1격	*wir*	*ihr*	*Sie*
4격	*uns*	*euch*	*Sie*
2격	*unser*	*eurer, euer*	*Ihrer*
3격	*uns*	*euch*	*Ihnen*

2격 형태로서는 *meiner, deiner* 이외에 옛날의 형태 *mein, dein*(*Ver-*

gissmeinnicht(물망초)에서는 아직도 보존되어 있음)도 존재한다.

화자대명사(Sprecherpronomen) : *wir*는 화자를 포함한 복수를 표현한 다. "저자복수"(Autorenplural)에서는 *wir*가 화자 혼자만을 표현할 수도 있다(*Wir beschreiben die Stellungseigenschaften dieser Partikel im nächsten Abschnitt*. 우리는 이 불변화사의 어순특성을 다음절에서 기술할 것이다). 옛날에 는 귀족들이 자신에 대해 복수로 말했다.

청자대명사(Hörerpronomen) : 친칭 형태(vertrauliche Form)인 *du, ihr* 는 친한 친구, 친척, 때로는 직업동료, 대개 아이들과 젊은이들에 대해서 사용되었다. 이들은 항상 소문자로 표기된다. 이들이 주어이면 정동사가 2인칭으로 온다. 경칭 형태(Distanzform)는 모든 다른 경우에서 사용되며 항상 대문자로 표기된다. 이들이 주어이면 정동사는 3인칭 복수로 온다.

구(Phrase)의 핵어로서의 상대대명사는 우측에 연결되는 명사구(대개 한정사가 없는)나 혹은 명사구의 일부를 지배한다.

> *du armes Kind* (불쌍한 어린이인 너)
> *du Armer* (가난한 사람인 너)
> *du lieber Gast aus Schweden* (스웨덴에서 온 사랑스러운 손님인 너)
> *du vom Röderberg* (뢰더베르크에서 온 너)
> *du mit der roten Mütze* (빨간 모자를 쓴 너)
> *du, der immer zu spät kommt* (항상 너무 늦게 오는 너)
> *Sie unachtsamer Mensch!* (경솔한 사람인 당신)

형용사나 명사가 위성들에 포함되어 있으면 전체 구는 대개 감정적으 로 표지되어 있으며 어떤 경우에도 단수로 온다. 형용사가 상대대명사의 직접적인 위성으로 오면 그 형용사는 대문자로 표기된다.

4.5.3 지시대명사

지시대명사(Verweispronomen)에는 순수한 지시대명사, 소유대명사, 지시대명사(Demonstrativum), 관계대명사, 재귀대명사가 있다. 이들은 모두 '한정적'(definit)이라는 의미자질을 공유한다.

 **순수한 지시대명사**

순수한 지시대명사(reines Verweispronomen)는 전통문법의 "3인칭 인칭대명사" *er, sie, es*를 말한다. 이들은 다음과 같이 변화한다.

	단 수			복 수
1격	*er*	*sie*	*es*	*sie*
4격	*ihn*	*sie*	*es*	*sie*
2격	*seiner*	*ihrer*	*seiner*	*ihrer*
3격	*ihm*	*ihr*	*ihm*	*ihnen*

2격 형태 *seiner* 이외에 옛날의 형태 *sein*도 존재한다. 물질적인 경우나 셀 수 없는 경우에는 *seiner, ihrer* 대신에 지시대명사 *dessen, deren*이 사용된다.

일반적으로 순수한 지시대명사는 앞 텍스트의 보다 구체적인 위치를 지시하며, 드물게는 언어외적인 대상을 직접 지시하기도 한다.

순수한 지시대명사는 특정한 위성을 우측에 연결함으로써 **구**를 형성할 수 있다.

Sie wollten beide dasselbe. (그들 두 사람은 같은 것을 원했다)
sie im hellblauen Mantel (담갈색의 외투를 입고 있는 그녀)
sie dort drüben (저기에 있는 그녀)
sie, die es besser wissen müsste
(그것을 더 잘 알고 있음에 틀림없는 그녀)

*alle*와 *beide*는 분리된 부가어로서 핵어로부터 분리될 수도 있다.

소유대명사

소유대명사(Possessivum) *meiner, deiner, seiner, ihrer, unserer, eurer*는 유사하게 발음되는 소유한정사와 구분되어야 한다. "소유자"와 "소유물"의 관계에 대해서는 4.4.4 참조.
*meiner*는 다음과 같이 변화한다.

	단 수			복 수
	남성	여성	중성	
1격	*meiner*	*meine*	*meines*	*meine*
4격	*meinen*	*meine*	*meines*	*meine*
2격	-	*meiner*	-	*meiner*
3격	*meinem*	*meiner*	*meinem*	*meinen*

다른 소유대명사들도 이 변화에 따른다. *meines*에 대해서는 격식에 따르지 않는 보다 자유로운 단축형태 *meins*가 있다.
소유대명사가 정관사와 결합할 수 있는데 이때 소유대명사는 형용사처럼 변화한다 : *der meine, dem meinen, die meinen* 등. 이에 대한 부

차적인 형태 *der Meinige*(내 남편), *die Unsrigen*(우리 가족들) 등이 있다.

소유대명사는 두 대상 상호 간의 "귀속관계"를 나타낸다. 더 나아가 소유대명사는 '한정적'이라는 의미자질을 가지고 있다.

소유대명사는 특정한 위성을 우측에 연결함으로써 **구**를 형성할 수 있다.

> *ihrer mit dem roten Ring* (빨간 반지를 끼고 있는 그녀의 …)
> *ihre hinterm Haus* (집 뒤에 있는 그녀의 …)
> *ihre, die wir erst finden müssen* (우리가 먼저 발견해야 하는 그녀의 …)

분리될 수 있는 부가어는 핵어로부터 분리될 수 있다.

> *Ihrer hat das **selbst** nicht genau gewusst.*
> (그녀 자신은 그것을 정확히 몰랐다)
> *Unsere haben das **allein** erledigt.*
> (우리들만으로 그 일을 처리했다)
> *Meiner hätte das **persönlich** geklärt.*
> (내가 직접 그 일을 해결했다)

지시대명사

지시대명사(Demonstrativum)에 속하는 것으로는 다만 강조되는 대명사 *dér/díe/dás* 뿐이다. 이들은 다음과 같이 변화한다.

	단 수			복 수
	남성	여성	중성	
1격	der	die	das	die
4격	den	die	das	die
2격	dessen	deren/derer	dessen	deren/derer
3격	dem	der	dem	denen

2격의 이중형태 중에서 *deren*은 오직 앞에 오는 부가어로서만 사용되고, *derer*는 뒤에 오는 부가어로서 뿐만 아니라 또한 단독으로도 사용된다.

> *die Klagen derer im Osten* (동부에 있는 사람들의 고통)
> *deren Klagen* (그들의 고통)
> *Wir gedenken derer, die heute nicht hier sein können.*
> (우리는 오늘 여기에 올 수 없는 사람들을 추모한다)

*deren, dessen*은 불변의 한정사로서도 이해될 수 있다.

지시대명사는 지시적인 기능이 강하다. 관계문 구조를 피해야 하는 경우 병렬적인 문장배열에서 지시대명사가 사용된다.

> *Es war einmal ein König. Der hatte alles, was er sich wünschen konnte* ⋯ (옛날에 한 왕이 있었다. 그는 자기가 원하는 모든 것을 가지고 있었다)

지시대명사는 특정한 위성을 우측에 연결함으로써 **구**를 형성할 수 있다.

> *der persönlich* (그 사람이 직접)
> *der mit der Stachelfrisur* (가시이발을 한 그 남자)
> *der auf der Bank* (벤치 위에 앉아 있는 그 남자)

분리될 수 있는 부가어는 핵어로부터 분리될 수 있다.

> *Der hat es mir **persönlich** gesagt.*
> (그 남자가 직접 그것을 나에게 말했다)

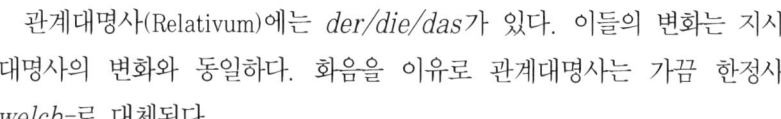

관계대명사(Relativum)에는 *der/die/das*가 있다. 이들의 변화는 지시대명사의 변화와 동일하다. 화음을 이유로 관계대명사는 가끔 한정사 *welch-*로 대체된다.

관계대명사는 명사나 대명사 밑으로 하나의 문장("관계문"으로서)을 종속시킨다.

> *eine Ansagerin, die das berichtet hat*
> (그것을 보도한 여자 아나운서)
> *die, die das berichtet hat*
> (그것을 보도한 여자 아나운서)

그러나 동시에 관계대명사는 내포된 문장에서 하나의 통사적 기능을 갖는다. 위의 두 문장에서 통사적 기능은 관계문의 주어이다.

관계문은 일반적으로 핵어의 뒤에 온다. 관계문이 앞에 올 경우에는 관계문이 대개 *w*-형태이다.

> *Wer das nicht kann, der kann nicht viel.*
> (그 일을 할 수 없는 사람은 많은 일을 할 수 없다)

그밖에 다음과 같은 경우에는 의문대명사 *was*가 관계대명사로서 사용된다.

· 핵어가 부정대명사인 경우 : *etwas, was* …
· 핵어가 독립적으로 사용되는 중성의 형용사인 경우 : *Schönes,*

was … ; das Schönste, was …

핵어로서 관계대명사를 취하는 **구**는 항상 관계문이다.
관계대명사와 관계문에 대한 보다 자세한 내용은 2.5.4 참조.

재귀대명사

재귀대명사(Reflexivum)는 의무적인 재귀동사와 부분적인 재귀동사에
서 사용된다. 재귀대명사의 굴절형태는 다음과 같다.

	단 수			복 수		
	1인칭	2인칭	3인칭	1인칭	2인칭	3인칭
1격	-	-	-	-	-	-
4격	*mich*	*dich*	*sich*	*uns*	*euch*	*sich*
2격	*(meiner)*	*(deiner)*	*(seiner/ ihrer)*	*(unser)*	*(euer/ eurer)*	*(ihrer)*
3격	*mir*	*dir*	*sich*	*uns*	*euch*	*sich*

이때 *sich* 이외의 모든 형태는 "상대대명사"로부터 "차용"했다. 각각의
형태가 인칭과 수에서는 문장의 주어에 따른다. 의무적인 재귀동사의 재
귀대명사는 결코 강조되지 않으며 첫 번째 위치에 올 수 없다. 이에 반해
부분적인 재귀동사(partimreflexives Verb)의 재귀대명사는 강조될 수 있
으며 첫 번째 위치에 올 수 있다.

Sich (selbst) hat er nur unzureichend gekannt.
(그는 자기 자신을 단지 불충분하게만 알고 있었다)

부분적인 재귀동사에서만 재귀대명사가 원래의 재귀적 관계, 즉 주격
에 대한 선행지시 관계를 갖는다. 모든 의무적인 재귀동사(*sich irren, sich
schämen* 등)에서는 재귀대명사의 의미가 비어 있다.

주어가 복수인 경우에는 재귀대명사가 상관적(reziprok, "gegenseitig")으
로 사용될 수도 있다. 이러한 경우에 재귀대명사는 *einander*로 대체될
수 있다.

> *Sie haben sich heftig befehdet.* (그들은 격렬하게 서로 반목했다)

부분적인 재귀동사의 재귀대명사만이 **구**를 형성할 수 있다. 부분적인
재귀동사에서의 위성은 *auch, nur, selbst, sogar*이고, 상호적인 사용에
서는 *gegenseitig*도 위성이 될 수 있다.

> *Ich habe auch mich gesehen.*
> (나도 역시 보았다)
> *Wir haben uns gegenseitig ignoriert.*
> (우리는 우리들 서로를 무시했다)

4.5.4 기타 대명사

다음의 대명사가 기타 대명사에 속한다.

- 부정대명사(Indefinitum) : *alles, (irgend)einer, (irgend)etwas,
  jedermann, (irgend)jemand, man, meinesgleichen, unsereiner,
  (viel), was, (welch-), (wenig), (wer)*

- 부정대명사(Negativum) : *keiner, nichts, niemand*
- 의문대명사(Interrogativum) : *was, wer, was für einer.*

 부정대명사

체계상의 이유에서 부정(不定)대명사(Indefinitum)에서는 형용사 *viel,* *wenig* 및 한정사 *welch-*가 함께 다루어진다.

- *alles*

이 중성 단수형 부정대명사는 다음과 같이 변화한다.

1격	*alles*
4격	*alles*
2격	–
3격	*allem*

*alles*는 하나의 완전한 집합(사람도 포함)을 표현한다.

> *Alles ist eitel.* (모든 것이 허무하다)
> *Alles schwieg.* (모두가 침묵했다)

개별요소를 강조해야 하는 경우에는 한정사 *all-* 또는 *jed-*를 사용한다.

*nicht alles*는 다만 전체만을 부정하지만 그러나 부분집합도 인정한다. *nichts*는 전체집합을 부정한다.

*alles*는 우측에 위성(형용사, 관계문 및 다른 부가어)을 연결함으로써 **구**를

형성한다.

> *alles Gute* (모든 선)
> *alles, was wir wissen* (우리가 알고 있는 모든 것)
> *alles aus Griechenland* (그리스에서 온 모든 것)

• *einer/eine/eines*

이 단수형 부정대명사는 다음과 같이 변화한다.

	남성	여성	중성
1격	*einer*	*eine*	*eines*
4격	*einen*	*eine*	*eines*
2격	–	–	–
3격	*einem*	*einer*	*einem*

일상어에서 중성형은 종종 *eins*이다. *einer*는 (보통 알려진) 집합 중에
서 하나의 임의의 대상을 표현하는데, 이때 단수성을 강조한다.

> *Ich bräuchte ein Zimmer für zwei Nächte. – Ja, wir haben noch
> eins.* (나는 이틀 밤을 보낼 방이 하나 필요합니다. 예, 아직 방이 하나
> 남아 있습니다)
> *Eine wie dich hab ich noch nie getroffen.*
> (나는 너 같은 여자를 아직 만나본 일이 없다)

*einer, ein(e)s*는 또한 성에 관계없이 사람에 대해 사용된다.

> *Da soll einer/eines sich noch zurecht finden!*
> (그때 누군가가 올바른 길을 찾아내어야 한다)

대상의 불특정성/임의성은 *irgend*를 통해 강화된다.

> *Irgendeine von euch soll das gesehen haben.*
> (너희들 중에 누군가가 그것을 보았다는 소문이다)

*einer*는 *kein* 또는 *nicht einer*로 부정된다. 복수에서는 *einer* 대신에 (독립적으로 사용되는) 한정사 *welch-*가 나타난다.

*ein-*은 우측에 다양한 위성(그 중에는 관계문도 포함)을 연결함으로써 **구**를 형성한다.

> *eine aus Bosnien* (보스니아 출신의 어떤 여자)
> *eine mit großer pädagogischer Erfahrung*
> (많은 교육적인 경험을 가진 어떤 여자)
> *eine von denen* (그들 중의 한 여자)
> *eine, die dort geblieben ist* (거기에 머물렀던 한 여자)

• *etwas*

이 불변적인 대명사(일상어의 변이형은 *was*)는 사람이 아닌 불특정 대상을 표현한다.

> *Dazu muss ich noch etwas sagen.*
> (나는 그것에 대해서 아직 무엇인가를 말하지 않을 수 없다)
> *Ich wünsch dir was.*
> (나는 너에게 무엇인가를 원한다)

대상의 불특정성/임의성은 *irgend*를 통해 강화된다.

> *Irgendwas stimmt da nicht.* (그 어떤 것이 거기에는 맞지 않다)

*etwas*는 *nichts*로 부정된다.

Dazu braucht man nichts mehr zu sagen.
(우리는 그것에 대해서 더 이상 아무 것도 말할 필요가 없다)

*etwas*는 우측에 위성(특히 형용사와 관계문)을 연결함으로써 **구**를 형성한다.

etwas Besonderes (특별한 것)
von etwas Besonderem (특별한 것에 대해서)
etwas, das du wissen solltest (네가 알고 있어야 했던 것)
etwas, was nicht alle wissen (모든 사람이 다 알고 있지는 않은 것)
etwas von dieser Soße (이 소스의 약간)
Etwas hier stinkt. (여기에 있는 무엇에서 냄새가 난다)

• *jedermann*

이 부정대명사는 다음과 같이 변화한다.

1격	*jedermann*
4격	*jedermann*
2격	*jedermanns*
3격	*jedermann*

*jedermann*은 모든 성에 대한 임의의 사람 전체를 표현한다.

Jedermann muss mithelfen.
(모든 사람들이 협력해야 한다)

*jedermann*은 품위 있는 표준어에서 사용된다. 일상어에서는 대개 *jed-, all-*로 대체된다.

*jedermann*은 *nicht*(*nicht jedermann*은 부분집합을 허용한다)와 *keiner*, *niemand*로 부정된다.

*jedermann*은 우측에 위성을 연결함으로써 **구**를 형성한다.

> *jedermann, der hier gewohnt hat* (여기에 거주했던 모든 사람)
> *jedermann in dieser Straße* (이 거리에 있는 모든 사람)
> *jedermann aus jenem Land* (그 나라에서 온 모든 사람)

• *jemand*

이 단수형 부정대명사는 다음과 같이 변화한다.

1격	*jemand*
4격	*jemanden*
2격	*jemands*
3격	*jemandem*

*jemand*는 어떤 집합의 임의의 요소로서 성에 관계없이 사람을 나타낸다. *einer*와는 반대로 *jemand*에서의 대상은 확인될 수 없다.

> *Jemand ist vorhin da gewesen.* (누군가가 이전에 거기에 있었다)
> *Ich habe jemanden gesehen.* (나는 누군가를 보았다)
> *Anna hat das Buch jemandem aus Budapest gegeben.*
> (안나는 그 책을 부다페스트 출신의 누군가에게 주었다)

일상어에서는 *jemand*가 모든 격에서 불변이다. 2격은 실제로 부가어로서만 사용된다.

Ich habe jemands Namen gehört.
(나는 누군가의 이름을 들었다)

임의성은 *irgend*로 강화될 수 있다.

Ich habe irgendjemanden gesehen.
(나는 그 누군가를 만났다)

*jemand*는 *niemand*로 부정된다.

*jemand*는 우측에 위성(형용사, 관계문 등)을 연결함으로써 **구**를 형성한다. 형용사적 위성은 추가적으로 1격과 4격에서는 어미 *es*를, 3격에서는 어미 *en*을 보유한다.

Ich habe jemand Bekanntes gesehen.
(나는 어떤 지인을 보았다)
Ich habe mich mit jemand Bekanntem getroffen.
(나는 어떤 지인을 만났다)

또 다른 보기로서는 다음이 있다.

jemand, der sich besser auskennt als ich
(나보다 더 잘 알고 있는 누군가)
jemand von drüben (저쪽에 있는 누군가)
jemand mit einem grünen Schal (녹색을 숄을 두르고 있는 누군가)

• *man*

항상 강조되지 않는 이 부정대명사는 다음의 굴절형태를 가지고 있다 (일부는 *einer*에서 "차용"했다).

1격	*man*
4격	*einen*
2격	-
3격	*einem*

*man*은 성에 관계없이 무한 집합의 사람을 나타낸다.

> *Man gönnt sich ja sonst nichts.*
> (사람들은 그밖에 어떤 것도 베풀지 않는다)
> *Wo soll man da anfangen?*
> (사람들은 어디서 그 일을 시작해야 하는가?)

가끔 화자가 부정대명사 뒤에 "숨어 있다".

> *Worauf kann man sich denn da noch verlassen?*
> (우리는 도대체 거기서 무엇을 또 믿을 수 있겠는가?)

*man*은 다만 반어적으로는 청자와도 관련될 수 있다.

> *Hat man da mal wieder die Adressen verwechselt?*
> (너는 그때 다시금 주소를 혼동했는가?)

*man*은 기껏해야 분리할 수 있는 부가어를 통해서만 **구**를 형성한다.

> *Persönlich wird man da nicht gefragt.*
> (사람들은 거기서 개인적으로는 질문을 받지 않는다)
> *Das hätte man selbst nicht geschafft.*
> (우리들 혼자 힘으로 그 일을 하지는 않았다)

• *meinesgleichen*

*meinesgleichen*은 불변이다. 이 부정대명사는 화자와 본질적인 특성을 공유하는 사람의 불특정 집합을 표현한다.

이와 동일한 방법으로 *deinesgleichen, seinesgleichen* 등도 청자나 제3자와 중요한 특성을 공유하는 사람을 표현한다.

> *Mit seinesgleichen will ich nichts zu tun haben.*
> (나는 그와 같은 사람하고는 아무런 관계도 갖지 않으려고 한다)
> *Meinesgleichen reagiert darauf nicht.*
> (나와 같은 사람은 그런 문제에 반응하지 않는다)

meinesgleichen 등을 취하는 **구**는 거의 등장하지 않는다.

• *unsereiner, euereiner*

이러한 부정대명사(단지 남성만 존재)에서의 두 번째 부분은 대명사 *einer*처럼 변화한다.

unsereiner 등은 화자 및 제3자와 중요한 공통점을 갖는, 즉 화자(또는 제3자)의 우리집단에 속하는 임의의 사람들을 표현한다. *unsereiner* 등은 품위 있는 표준어에 한정해서 사용된다.

> *Unsereiner weiß nichts von solchen Dingen.*
> (우리와 같은 사람들은 그러한 문제에 대해 아무 것도 모른다)
> *Er müsste mal mit unsereinem zu tun kriegen.*
> (그는 우리 같은 사람들과 한 번쯤 일해보아야 한다)

• *(viel)*

이 형용사가 굴절하지 않고 독립적으로 사용되는 경우 이 형용사는 대명사와 똑같이 분류될 수 있을 것이다.

*viel*은 많은 불특정 다수를 표현한다.

> *Diese Leute wissen viel.*
> (이 사람들은 많은 것을 알고 있다)

*viel*은 한정사가 없는 명사구/명사구의 일부를 취하는 **구**를 형성한다.

> *viel Unruhe* (많은 불안)
> *viel Obst* (많은 과일)
> *viel Interessantes* (많은 흥미 있는 것)
> *viel aus südlichen Ländern* (남쪽 나라에서 온 많은 것)

• *was*

이 불변의 부정대명사 *was*는 *etwas*에 대한 일상어의 변이형이다. *was*는 강조될 수도 없고 전장에 올 수도 없다.

> *Du - ich weiß was!* (너 말이야, 나는 뭔가를 알고 있어!)
> *Sie wollten mir noch was erklären.*
> (그들은 나에게 또 무엇인가를 설명하려고 했다)

*was*는 *etwas*처럼 **구**를 형성한다.

> *was Besonderes* (특별한 것)
> *von was Besonderem* (특별한 것에 관해서)
> *(da ist noch) was, das du wissen solltest.*
> (거기에는 아직도 네가 알아야 하는 무엇이 있다)

• *(welcher/welche/welches)*

부정한정사 *welch-*(4.3.4 참조)가 독립적으로 사용되면 비확정적인 의미를 가질 수도 있다. 그러면 *welch-*는 앞 텍스트에서 언급된 불특정 요소나 요소의 일부를 선행지시어로서 다시 받는다.

> *Sie mag Himbeeren so sehr. Deshalb habe ich ihr welche mitgebracht.* (그녀는 나무딸기를 아주 좋아한다. 그래서 나는 그녀에게 그것을 갖다 주었다)
> *Menschen dieses Schlags sind selten. Aber ich kenne welche.* (이런 종류의 사람들은 드물다. 하지만 나는 그런 사람들을 알고 있다)
> *Ich nehme immer Zucker in den Kaffee. Hätten Sie bitte welchen?* (나는 항상 커피에 설탕을 넣는다. 설탕 있습니까?)

부정대명사 *welcher*는 우측에 다양한 위성을 연결함으로써 **구**를 형성한다.

> *Haben Sie noch welchen mit Mandeln?*
> (당신은 아직도 편도선에 무슨 이상이 있습니까?)
> *Ich brauche welche, die nicht locker werden.*
> (나는 흔들리지 않는 물건이 필요하다)

부정대명사 *welcher*는 *einig-*, *manch-*와 의미가 거의 비슷하지만, 이들과는 반대로 부가어로서는 사용될 수 없다(**Ich habe noch welche Bananen.*).

• (wenig)

*wenig*가 굴절하지 않고 독립적으로 사용되는 경우 *wenig*는 대명사로 이해될 수도 있다. 이러한 사용에서 *wenig*는 소수의 불특정 집합을 표현한다.

> *Der weiß ja ganz wenig.*
> (그 사람은 아주 조금만 알고 있다)

*wenig*는 한정사가 없는 명사/명사의 일부를 취하는 **구**를 형성한다.

> *wenig Humor* (적은 유머)
> *wenig Sprit* (적은 연료)
> *wenig Interessantes* (흥미 없는 것)
> *wenig Hilfe aus Heslach* (헤스라흐에서 보낸 적은 도움)

• (wer)

의문대명사 *wer*는 비확정적으로 사용될 수도 있다. 그러면 *wer*는 강조될 수도 없고 전장에 올 수도 없으며, 전반적으로 일상어에 한정해서 사용된다.

*wer*는 한 집합 안에 있는 확인할 수 없는 임의의 요소로서의 한 사람을 표현한다.

> *Es muss wer am Tor sein.*
> (문 앞에 누군가가 있음에 틀림없다)
> *Da hat wieder wer geschrieben.*
> (그때 다시 누군가가 편지를 썼다)
> *Hast du denn wen gesehen?*
> (너는 도대체 누군가를 보았는가?)

부정대명사 *wer*는 우측에 형용사와 관계문을 취하는 **구**를 형성한다.

> *Ich kannte wen aus Hatzfeld.*
> (나는 하츠펠트 출신의 누군가를 알고 있었다)
> *Vertraust du wem, der solche Dinge tut?*
> (그런 일을 하는 사람을 너는 믿을 수 있니?)
> *Wissen sie wen Besseres?*
> (그들은 좀 더 나은 사람을 알고 있습니까?)

부가어적 형용사는 중성 단수의 형태를 가지며 대문자로 표기된다. 이들은 4격과 3격에서 가끔 굴절어미도 갖는다.

> *Wissen Sie wen Besseren?*
> (당신은 좀 더 나은 사람을 알고 있습니까?)
> *Hätten Sie wem Älteren vertraut?*
> (당신은 나이 든 사람을 믿었습니까?)

불특정성은 *irgend*에 의해 강화될 수 있다.

> *Ich brauche irgendwen, der davon etwas versteht.*
> (나는 그 문제에 관해서 어느 정도 알고 있는 어떤 사람이 필요하다)

부정대명사

• *keiner/keine/keines*

부정(否定)대명사(Negativum) *keiner*는 *einer*처럼 변화하며 고유한 복수형을 가지고 있다.

	단 수			복 수
	1인칭	2인칭	3인칭	1인칭
1격	*keiner*	*keine*	*keines*	*keine*
4격	*keinen*	*keine*	*keines*	*keine*
2격	–	–	–	*keiner*
3격	*keinem*	*keiner*	*keinem*	*keinen*

일상어에서는 *keines* 대신에 *keins*가 사용된다.
*keiner*는 사람과 대상의 공집합을 표현한다.

Keiner weiß etwas. (아무도 그것을 모른다)
Keinem habe ich mehr vertraut. (나는 더 이상 아무도 믿지 않았다)

*keiner*는 우측에 부가어를 취하는 **구**를 형성한다.

keine mit solchen Fingernägeln
(그러한 손톱을 가지고 있는 어떤 여자도 … 아니다)
keine aus Kaltental (칼텐탈 출신의 어떤 여자도 … 아니다)
keine, die damals dabei war
(그 당시 거기 있었던 어떤 여자도 … 아니다)

• *nichts*

불변의 부정대명사 *nichts*는 특정한 대상과 사태의 공집합을 표현한다.

Wir haben nichts gesehen. (우리는 아무 것도 보지 못했다)
Von nichts kommt nichts. (관용어) (무에서는 무가 나온다)

이러한 부정의 의미는 *gar, überhaupt*에 의해 강화될 수 있다.

Ich weiß gar nichts. (나는 아무 것도 모른다)
Wir haben überhaupt nichts gesehen.
(우리는 아무 것도 보지 못했다)

*nichts*는 우측에 형용사와 다른 표현을 연결함으로써 **구**를 형성한다
(그러면 형용사는 대문자로 표기되고 변화한다).

Nichts Menschliches ist mir fremd.
(나는 비인간적인 것을 모른다)
Sie hat mit nichts Bedeutendem angefangen.
(그녀는 중요한 어떤 일도 시작하지 않았다)
nichts davon (그것에 관해서는 어떤 것도 … 아니다)

nichts aus Niederschlesien
(니더쉴레지엔에서 온 어떤 것도 … 아니다)
nichts dort (거기에 있는 어떤 것도 … 아니다)
nichts, wofür man sich etwas kaufen könnte
(우리가 어떤 것을 구입할 수 있는 아무런 목적도 … 없다)

• *niemand*

성, 수와 무관한 부정대명사 *niemand*는 다음과 같이 변화한다.

1격	*niemand*
4격	*niemanden*
2격	*niemands*
3격	*niemandem*

*niemand*는 사람의 공집합을 표현한다. *niemand*는 *keiner*와 경쟁관계에 있다.

Niemand ist da gewesen. (거기에 아무도 없었다)
Ich habe niemanden gesehen. (나는 아무도 보지 못했다)
Anna hat das Buch niemandem gegeben.
(안나는 그 책을 아무에게도 주지 않았다)
Ich kann mich niemands entsinnen.
(나는 아무도 생각해낼 수 없다)

일상어에서는 모든 격에서 불변의 형태 *niemand*가 사용된다.
*niemand*는 우측에 형용사와 관계문 등을 취하는 구를 형성한다. 이때 대문자로 표기되는 형용사적 위성은 어미 *es*를 보유하며, 4격과 3격에서는 가끔 *en*도 보유한다. 그러면 핵어 *niemand*는 변화하지 않는다.

Ich habe niemand Bekanntes/Bekannten gesehen
(나는 아는 사람 아무도 보지 못했다)
Ich habe mich mit niemand Bekanntem getroffen.
(나는 아는 사람 아무도 만나지 못했다)
niemand, der dort Bescheid weiß
(그곳을 알고 있는 누구도 … 아니다)
niemand mit einem grünen Schal
(녹색의 숄을 두르고 있는 아무도 … 아니다)

의문대명사

• *was*

이 단수형 의문대명사(Interrogativum) *was*는 다음과 같이 굴절한다.

1격	*was*
4격	*was*
2격	*wessen*
3격	*(was)*

2격은 특히 동사보충어로서 등장한다.

Wessen haben sie dort gedacht?
(그들은 거기서 무엇에 관해서 회상했는가?)

3격 *was*는 특히 전치사 다음에서 나타난다(하지만 그러한 경우에 종종 전치사적 부사가 나타난다).

Von was/wovon hat sie erzählt? (그녀는 무엇에 관해서 이야기했는가?)

*was*는 일차적으로 무생물과 사태에 대해 질문한다.

> *Was habt ihr gesehen?* (너희들은 무엇을 보았는가?)
> *Was hat sie gesagt?* (그녀는 무슨 말을 했는가?)

*was*는 분리할 수 있는 불변화사를 통해서 하나의 추가적인 일반적 의미를 보유한다.

> *Was kann man in Hambach alles kaufen?*
> (우리는 함바흐에서 무엇무엇을 살 수 있는가?)

그밖에 *was*는 특히 일상어에서 인과적인 의미로 사용된다.

> *Was trödelst du so?* (너는 왜 그렇게 늦장을 부리는가?)
> *Was weinst du?* (너는 왜 우니?)

세 번째 의미로서 *was*는 지시기능(확정 부문장과 일반적인 부문장, 계속적인 관계문에서)을 갖는다.

> *Ich kann Ihnen sagen, was er damit gemeint hat.*
> (그가 무슨 뜻으로 그 말을 했는가를 나는 당신에게 말할 수 있다)
> *Er verließ die Sitzung vorher, was die weitere Diskussion vereinfachte.*
> (그는 그 회의에서 먼저 떠났다. 그것이 계속적인 논의를 간소화했다)

*was*는 우측에 다양한 위성, 특히 형용사를 연결함으로써 **구**를 형성한다. 이 형용사는 1격에서 *es*로 끝나며 대문자로 표기되고 가끔 분리될 수 있으며 사격(斜格)에서는 변화한다.

Was hat sie gestern Wichtiges gesagt?
(그녀는 어제 무슨 중요한 말을 했는가?)
(?)Bei was Verbotenem hat man ihn ertappt?
(어떤 금지된 문제로 사람들은 그를 체포했는가?)
Was von diesen Dingen hätten Sie denn gerne?
(당신은 도대체 이 물건들 중에서 무엇을 좋아하는가?)
Was in diesem Betrieb ist vorschriftswidrig?
(이 공장에 있는 무엇이 규정에 어긋나는가?)
Was sonst kann sie meinen?
(그녀는 그밖에 무슨 말을 할 수 있겠는가?)
Was, das ich vergessen habe, fällt dir noch ein?
(내가 잊어버렸던 것이 네 머리 속에는 여전히 떠오르는가?)
Was fällt dir noch ein, das ich vergessen habe?
(내가 잊어버렸던 것이 네 머리 속에는 여전히 떠오르는가?)

• *wer*

이 단수형 부정대명사 *wer*는 다음과 같이 굴절한다.

1격	*wer*
4격	*wen*
2격	*wessen*
3격	*wem*

*wer*는 성, 수에 관계없이 사람에 대해 질문한다.

Wer hat das gesagt?
(누가 그 말을 했는가?)
Wen haben Sie dort getroffen?
(당신은 거기서 누구를 만났습니까?)

*wer*는 분리할 수 있는 *alles*를 통해서 하나의 추가적인 일반적 의미를

보유한다.

> *Wer hat alles hier gewohnt?*
> (누구누구가 여기서 살았는가?)

*wer*는 부문장 유도를 통해서 지시기능도 가질 수 있다.

> *Sagen Sie bitte, wer das geschrieben hat.*
> (누가 그것을 기록했는지 말해주세요)
> *Wen immer du meinst – du bist im Irrtum.*
> (네가 누구에 대해서 말하더라도 너는 잘못 생각하고 있다)
> *Wer das gesehen hat, der muss an unserer Sicherheitspolitik verzweifeln.*
> (그것을 본 사람은 우리의 안보정치에 절망할 것임에 틀림없다)

*wer*는 우측에 다양한 위성을 연결함으로써 **구**를 형성한다.

> *Wer aus Schlesien erinnert sich noch daran?*
> (쉴레지엔 출신의 누가 아직도 그 문제를 기억하고 있는가?)
> *Wer von denen ist dabei gewesen?*
> (그들 중에 누가 거기에 있었는가?)
> *Wer, der Mitleid empfindet, könnte da noch abseits stehen?*
> (동정심을 느끼는 어느 누가 그때 여전히 초연하게 서 있을 수 있겠는가?)

위성으로서 형용사가 드물게 등장한다. 그러면 이들은 중성 단수형을 취하며 대문자로 표기된다.

> *Wer ist heute Neues da?*
> (오늘 누가 새로 왔는가?)

• *was für einer/eine/eines*

이 부정대명사의 뒷부분은 굴절한다(부정대명사 *einer*처럼). 복수에서는 *einer*가 *welch-*로 대체된다.

	단수			복수
1격	*was für einer*	*was für eine*	*was für ein(e)s*	*was für welche*
4격	*was für einen*	*was für eine*	*was für ein(e)s*	*was für welche*
2격	–	*was für einer*	–	*was für welcher*
3격	*was für einem*	*was für einer*	*was für einem*	*was für welchen*

*was für einer*는 대상의 속성(Beschaffenheit)에 대해 질문한다.

> *Was für eins möchtest du haben?*
> (너는 어떤 것을 가지고 싶은가?)
> *Mit was für einem beginnen wir?*
> (우리는 어떤 것을 가지고 시작하는가?)

핵어로서 *was für ein*을 취하는 **구**는 드물다. 아무튼 우리는 다음과 같은 표현을 접할 수 있다.

> *Was für einer hier käme in Frage?*
> (여기에 있는 어떤 것이 고려의 대상인가?)
> *Was für welche aus Weißenburg kennen das Rätsel?*
> (바이센부르크 출신의 누구누구가 그 수수께끼를 알고 있는가?)

제 5 장

불변화사

5.1 개 관

불변화사는 변화하지 않는(굴절하지 않는) 단어이다.

예외로서 비교변화를 할 수 있는 소수의 부사가 있다. 하지만 그밖에
는 이들도 변화하지 않으므로 불변화사(Partikel)에 속한다.

명사영역에서도 몇 가지 불변의 단어가 있다(*Milch, lila* 등). 하지만 이
들은 이들을 동반하는 요소를 통해 곡용체계에 아주 견고하게 연결되어
있기 때문에 우리는 이들을 명사나 형용사에 포함시킬 수 있다.

불변화사는 보조기능을 갖는다. 동사와 명사는 사건이나 사건에 연결
된 대상을 기술함으로써 한 문장의 의미에 대한 골격을 구성하는 반면에,
불변화사는 이 기본구조를 정확히 표현하거나 또는 수식하거나, 상대화
한다.

5.2 전치사

전치사는 항상 명사구를 소유할 수 있는 불변의 단어이며 명사구의 격은 전치사에 의해 결정된다.

전치사구, 즉 핵어로서 전치사를 취하는 구는 위성을 포함하는데, 위성은 대개 핵어의 우측에 오며 몇몇 전치사에서는 위성이 전치사 앞에 온다. 두 성분으로 구성된 몇몇 전치사는 위성을 양쪽에서 포괄한다.

모든 전치사는 원칙적으로 하나의 특수한 격지배를 한다. 소수의 전치사에서는 몇 가지 격지배가 있다.

다음 목록에서는 모든 전치사(Präposition)가 제시된다.

· 전치사가 요구("지배")하는 격은 지표로서 표기된다 : n=1격, a=4격, g=2격, d=3격. 다수의 격지배에서는 지표가 사선에 의해 분리된다.
· 전치사의 위치 : ← | →은 "전치사 또는 후치사", → 은 "후치사", ←→은 "전치사 및 후치사"(두 성분으로 된 전치사에서). 일상적인 전치사는 표시하지 않았다.

$à_a$	aus_d	$bezüglich_g$
$ab_{a/d}$	$ausgangs_a$	$binnen_{g/d}$
$abseits_g$	$ausgenommen_a$ ← | →	bis_a
$abzüglich_{g/d}$	$außer_{a/g/d}$	$contra_a$
$an_{a/d}$	$außerhalb_{g/d}$	$dank_{g/d}$
$anfangs_{a/g}$	$ausschließlich_{g/d}$	$diesseits_g$

angesichts$_g$	ausweislich$_g$	durch$_a$
anhand$_g$, an Hand$_g$	bar$_g$← | →	eingangs$_g$
anlässlich$_g$	behufs$_g$	einbegriffen$_a$← | →
anstatt$_{g/d}$	bei$_d$	eingedenk$_g$← | →
anstelle$_g$, an Stelle$_g$	beiderseits$_g$	einschließlich$_{a/g/d}$
auf$_{a/d}$	betreffend$_a$← | →	entgegen$_d$← | →
aufgrund$_g$, auf Grund$_g$	betreffs$_g$	entlang$_{a/g/d}$← | →
entsprechend$_d$← | →	mittels$_{g/d}$	vermittels$_{g/d}$
fern$_d$← | →	nach$_d$← | →	vermöge$_g$
fernab$_g$	nächst$_d$	via$_a$
frei$_{n/a}$	nahe$_d$	vis-à-vis$_{g/d}$
für$_a$	namens$_g$	von$_d$
gegen$_a$	neben$_{a/d}$	von ··· an$_d$← →
gegenüber$_d$← | →	nebst$_d$	von ··· wegen$_g$← →
gelegentlich$_g$	ob$_{g/d}$	vor$_{a/d}$
gemäß$_d$← | →	oberhalb$_g$	vorbehaltlich$_g$
halber$_g$→	ohne$_a$	während$_{g/d}$
hinsichtlich$_g$	per$_a$	wegen$_{g/d}$← | →
hinter$_{a/d}$	plus$_{n/a/g/d}$	wider$_a$
in$_{a/d}$	pro$_a$	zeit$_g$
infolge$_g$	rechts$_g$	zu$_d$← | →
inklusive$_{g/d}$	samt$_d$	zufolge$_{g/d}$← | →
inmitten$_g$	seit$_d$	zugunsten$_{g/d}$← | →
innerhalb$_{g/d}$	seitens$_g$	zuliebe$_d$→
je$_{g/n}$	seitlich$_g$	zuwider$_d$→
jenseits$_g$	statt$_{g/d}$	zuzüglich$_{a/g/d}$
kontra s. contra	trotz$_{g/d}$	zwecks$_{g/d}$

kraft_g	über_a/d	zwischen_a/d
längs_g/d	um_a	
längsseits_g	um ··· willen_g← →	
laut_g/d	unbeschadet_g	
links_g	unfern_g/d	
mangels_g/d	unerachtet_g	
minus_n/a/g/d	ungeachtet_g← | →	
mit_d	unter_a/d	
mithilfe_g, mit Hilfe_g	unterhalb_g	
mitsamt_d	unweit_g/d	

불변화사 *als*와 *wie*는 특수한 격지배를 하지 않기 때문에 전치사가 아니다.

전치사처럼 사용되는 일련의 형용사가 있다.

ähnlich_d← | →	gleich_d← | →	treu_d← | →
angefangen bei_d	mitgerechnet_a← | →	übereinstimmend mit_d
ausgehend von_d	eingeschlossen_a← | →	ungleich_d
beginnend mit_d	nicht gerechnet_a← | →	

"옛날의" 전치사(*an, auf, aus, bei, durch, für, in, mit, nach, über, um, unter, von, vor, zu*)는 그 자체 아무런 의미도 보유하지 않으며, 문맥에서 비로소 의미를 갖게 된다. 최근에 형성된 전치사(*anfangs, namens, während* 등)는 거의 모두 기술할 수 있는 명확한 의미를 가지고 있다.

모든 전치사는 텍스트에서 의무적으로 전치사구를 형성한다. 예컨대

an der hinteren Tür(뒷문에서)의 도식은 다음과 같다.

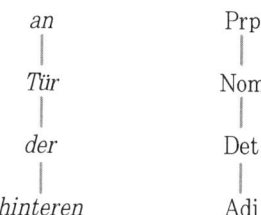

2격 명사구는 대용어로서의 소유한정사에 의해 대체될 수 있다.

> *die Leserschaft des Philosophen* ⇒ *seine Leserschaft*
> (그 철학자의 독자 - 그의 독자)

이러한 2격 구는 가끔 *von*-구로 대체될 수 있다.

> *anlässlich zweier Empfänge* ⇒ *anlässlich von zwei Empfängen*
> (두 리셉션에 즈음하여)

하지만 이러한 대체가 항상 허용되는 것은 아니다.

전치사는 부사와 결합하여 새로운 단어가 될 수 있다 : *dafür, damit, dazu*. 이러한 단어들도 역시 부사이다. 우리는 이들을 "전치사적 부사" (Präpositionaladverb)라고 일컫는다.

5.3 종속접속사

종속접속사는 부문장이나 부정사 구조를 유도하는 불변화사이다.

종속접속사(Subjunktor)는 관계대명사처럼 이중기능을 갖는다. 즉 종속접속사는 종속기능을 가질 뿐만 아니라(부문장이나 부정사 구조를 다른 요소에 종속시킨다), 또한 상위문에서 전체 부문장(또는 부정사 구조)이 대표하는 문장성분을 동시에 부문장에서 표시한다. 따라서 다음 문장처럼 시간의 종속접속사 *wenn*이 있는 문장구조는 다음과 같은 것을 "의미한다".

Wenn du kommst, mache ich alle Lichter an.
'너는 어느 시점 t에 온다' 그리고 '그 시점 t에 나는 모든 불을 켠다'

독일어에서는 62개의 종속접속사가 있다. 다음 목록에서 부정사 구조를 유도하는 종속접속사는 (I)로, 부문장 이외에 형용사구와 분사구를 유도할 수 있는 종속접속사는 (P)로 표시되어 있다.

als	*anstatt dass*	*außer wenn* (P)
als dass	*(an)statt ··· zu* (I)	*außer ··· zu* (I)
als ob	*auf dass* (veraltet)	*bevor*
als wenn	*außer dass*	*bis (dass)*
als ··· zu (I)	*außer um ··· zu* (I)	*da* (P)
damit	*obschon* (P)	*statt dass*
dass	*obwohl* (P)	*statt zu* (I)
ehe	*obzwar* (P)	*trotzdem*
falls/im Falle (dass)	*ohne dass*	*um ··· zu* (I)
indem	*ohne ··· zu* (I)	*ungeachtet*

indes(sen)	*seit(dem)*	*während*
(in)sofern (als)	*so*	*weil* (P)
(in)soweit (als)	*sobald*	*wenn* (P)
je	*so dass, sodass*(österr.)	*wenn ⋯ auch* (P)
je nachdem	*sofern* (P)	*wenngleich* (P)
kaum dass	*solange*	*wenn ⋯ schon* (P)
nachdem	*sooft*	*wiewohl* (P)
nun (da)	*soviel*	*wohingegen*
nur dass	*soweit* (P)	*zu* (I)
ob	*sowenig*	*zumal (da)*
obgleich (P)	*sowie*	

종속접속사는 의미적으로 4가지 하위부류로 구분할 수 있다.

- 시간 종속접속사 : *als, bevor, bis, ehe, indem, indes(sen), kaum dass, nachdem, nun, seit(dem), sobald, solange, sooft, sowie, während, wenn*

- 원인 종속접속사 : *als, auf dass, außer um ⋯ zu, da, damit, falls, im Falle, indem, (in)sofern (als), (in)soweit (als), nachdem, nun, nun da, obgleich, obschon, obwohl, obzwar, so, so dass, sofern, soviel, sowenig, trotzdem, um ⋯ zu, ungeachtet, weil, wenn, wenn auch, wenngleich, wenn ⋯ schon, wiewohl, zumal*

- 양태 종속접속사 : *als, als dass, als ob, als wenn, als ⋯ zu, anstatt (dass), anstatt ⋯ zu, außer dass, außer um ⋯ zu, außer wenn, (in)sofern (als), (in)soweit (als), je, je nachdem, kaum dass, nur dass, ohne dass, ohne ⋯ zu, so, soviel, soweit, statt dass, statt ⋯ zu, um ⋯ zu, während, wohingegen*

- 고유 의미가 없는 종속접속사 : *dass, ob, ob ⋯ ob, ob ⋯ oder, zu*

이 부류들에 대한 몇 가지 예를 들어보면 다음과 같다.

> *Sie machten die Boote erst fertig, **als** der Regen kam.*
> (그들은 비가 왔을 때 겨우 배를 완성하였다)
> ***Soweit** es die Bauflächen betrifft, weiß er recht gut Bescheid.*
> (건축부지에 관한 한 그는 매우 잘 알고 있다)
> *Gebt ihm eine Arbeit, **anstatt** ihn bloß zu schikanieren.*
> (단지 그를 괴롭히는 대신에 그에게 하나의 일을 줘라)
> *Es ist absehbar, **dass** sie Recht behält.*
> (그녀가 결국 옳으리라는 것은 예견될 수 있다)

종속요소(subjunktives Element)에 속하는 것으로는 종속접속사(Sjk) 이외에 의문사, 관계대명사, *wie, wo*와 같은 "의사 종속접속사"가 있다(종속접속사가 아닌 모든 종속요소는 sjk로 표기된다).

> ***Wie** er das Fenster schließen will, fährt ein Auto in den Hof.*
> (그가 창문을 닫으려고 할 때 자동차 한 대가 저택으로 돌진한다)
> *Sie macht das so lange, **wie** sich kein Anderer findet.*
> (아무도 나타나지 않을 때까지 그녀는 그 일을 한다)

*Ihr dürft ihm das nicht übel nehmen, **wo** er doch erst letzte Woche die Arbeit übernommen hat.* (그가 지난주에 비로소 그 일을 떠맡았으므로 너희들은 그에게서 그 일을 나쁘게 받아들여서는 안 된다)

모든 종속요소는 **구**를, 대개 부문장이나 부정사 구조를 형성한다. 종속접속사와 기타의 종속 요소는 문장구조에서 상위문의 단어(대개 동사)에 종속한다. 이들은 다시 종속구조의 정동사 또는 중심동사를 지배한다.

Ich habe nicht angefangen, um gleich wieder aufzuhören.
(내가 곧바로 다시 그만두려고 시작한 것은 아니다)

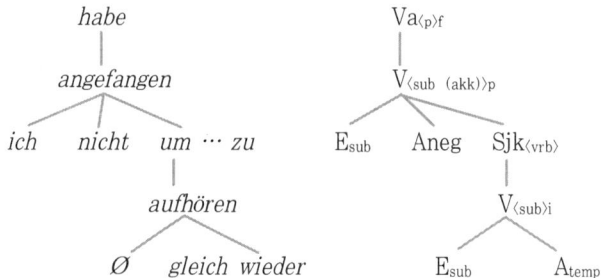

5.4 부 사

부사는 보충의문문에 대해 대답할 수 있으며 (또는 자신이 의문사이며) 그리고 전장에 올 수 있는 불변화사이다.

Wann kommt ihr? ‐ Heute noch.

(너희들은 언제 오니? - 오늘 중으로)
Heute geht es leider nicht.
(오늘은 유감스럽게도 불가능하다)

독일어에는 일차적으로 다음과 같은 부사(Adverb)들이 있다.

allenthalben	*darein*	*einmal*
allezeit	*darin*	*einst(mals)*
anders	*darum*	*einstweilen*
anfangs	*demnächst*	*ferne*
außen	*dereinst*	*fort*
auswärts	*derzeit*	*fortan*
bald	*dort*	*genauso*
beiderseits	*draußen*	*gerade*
beiseite	*drinnen*	*geradeaus*
beizeiten	*droben*	*geradeheraus*
bisweilen	*drüben*	*gestern*
da	*drunten*	*glattweg*
dabei	*durchweg*	*gleich*
dadurch	*eben*	*hernach*
dahinter	*ebenso*	*herum*
damals	*ehedem*	*heute*
dann	*ehemals*	*heutzutage*
daran	*eher*	*hier*
darauf	*ehrenhalber*	*hierfür*
hin	*nimmer(mehr)*	*unversehens*
hinten	*nirgends*	*vorerst*
hinterher	*nun*	*vorgestern*

hinterrücks	*oben*	*vorher*
immer	*obenan*	*vorhin*
immerzu	*obenauf*	*vorne*
innen	*obenhin*	*wann*
insgeheim	*oft(mals)*	*warum*
jählings	*rings(um)*	*weg*
jederzeit	*ringsherum*	*weshalb*
jedesmal	*rundheraus*	*weswegen*
jetzt	*rundweg*	*wie*
kopfüber	*seinerzeit*	*wieso*
kürzlich	*seither*	*wo*
lange	*selten*	*woher*
längst	*so*	*wohin*
letztens	*soeben*	*worein*
manchmal	*sofort*	*zeitlebens*
mehrmals	*sogleich*	*zeitweise*
meist(ens)	*stets*	*zuerst*
mitunter	*tagsüber*	*zugleich*
morgen	*überall*	*zuletzt*
nachher	*überallhin*	*zuvor*
nächstens	*übermorgen*	*zuweilen*
nebenan	*unlängst*	*zwischendurch*
neulich	*unten*	
nie(mals)	*ununterbrochen*	

이 전체 부사들은 **의미적으로 10가지 하위부류로** 구분할 수 있다. 모든 하위부류에 대해 몇 가지 예를 제시한다.

• 시간 부사

Eben war alles noch ganz still.
(방금 모든 것이 아주 조용해졌다)
Morgens ist er meist schlecht gelaunt.
(아침에 그는 대개 기분이 좋지 않다)
Sie wohnte **zeitweise** in einem Eisenbahnwagen.
(그녀는 잠정적으로 객차 안에서 거주했다)

• (정적인) 장소 부사

Das Gebäude war **beiderseits** stark beschädigt.
(그 건물은 양쪽이 심하게 훼손되었다)
Links steht die Kirche. (왼편에 교회가 있다)
Noch lagen **überall** Splitter herum.
(아직도 도처에 파편이 널려있다)

• 방향 부사

Sie hatten den Strauß **davor** niedergelegt.
(그들은 꽃다발을 그 앞에 내려놓았다)
Sie ist einfach **hinterher** gefahren. (그녀는 곧장 뒤따라갔다)
Sie war **hinunter** gegangen. (그녀는 저 아래로 내려갔다)

• 동반 부사(damit만)

Er ist immer damit gereist. (gemeint : 'mit seinem Schirm')
(그는 항상 우산을 가지고 외출한다)

• 협의의 원인 부사

Deshalb musst du doch nicht gleich weinen!

(그래서 너는 다만 울기만 해서는 안 된다)
*Er hat die Professur nur **ehrenhalber** bekommen.*
(그는 다만 명예직으로서 교수직을 받아들였다)
***Meinetwegen** kannst du heim gehen.*
(나 때문에 너는 집에 갈 수 있다)

• 조건 부사(*dann*만)

*Wenn du keine Lust hast, **dann** brauchst du nicht mitzukommen.*
(갈 마음이 없으면 너는 동행할 필요가 없다)

• 도구 부사

***Damit** kriegen Sie die Kiste auch nicht auf.*
(당신은 그것을 가지고서는 상자를 열 수 없을 것이다)
*Es ist noch keiner **dadurch** umgekommen.*
(지금까지 누구도 그것 때문에 죽지는 않았다)

• 목적 부사

***Dafür** habe ich nicht drei Jahre lang geschuftet.*
(그것을 위해서 나는 3년간 일하지 않았다)
*Ich habe **dazu** einfach keine Lust.*
(나는 그것을 하고 싶은 마음이 전혀 없다)
***Wofür** hast du das bloß gekauft?*
(너는 도대체 무엇을 위해서 그것을 샀는가?)

• 수식 부사

*Ich würde den Antrag **folgendermaßen** aufbauen.*
(나는 신청서를 다음과 같이 구성할 것이다)
*Er ist **kopfüber** in die Tiefe gestürzt.*

(그는 거꾸로 웅덩이로 추락했다)

*Sie sind **insgeheim** in die Stadt gegangen.*
(그들은 남몰래 도시로 갔다)

• 정도 부사

*Die Firma hat **teilweise** nachlässig gearbeitet.*
(그 회사가 부분적으로는 소홀하게 일했다)
*Man muss sich schon fragen, **inwieweit** das der Bauherr zu
zahlen hat.* (건축주가 그것에 대해 얼마를 지불해야 하는가를 우리는
미리 자문해 보아야 한다)

부사 *bald*와 *oft*만이 **비교변화**를 할 수 있다 : *bälder/eher/früher,
am ehesten/am frühesten ; öfter/häufiger, am häufigsten.*

다른 부사들은 특히 접미사와 합성어를 통해서 형성될 수 있다. 가장
중요한 **접미사**(Suffix)는 다음과 같다:

· 최상급 형용사에서의 *ens (bestens, schnellstens)*
· 명사나 형용사에서의 *lings (blindlings, rücklings)*
· 양적인 형용사에서의 *mal (dreimal, hundertmal)*
· 형용사에서의 *maßen (gleichermaßen, zugegebenermaßen)*
· 시간적 의미를 갖는 명사에서의 *s (morgens, mittags, mittwochs)*
· 명사에서의 *weise (haufenweise, stückweise)*
· 명사, 부사, 전치사에서의 *wärts (stadtwärts, heimwärts, aufwärts)*

합성어(Komposition)의 가능성은 다음과 같다.

· 부사 + *her, hin* : *hierhin, dorthin*

- *mitten* + 부사 또는 전치사 : *mittenhinein, mittendurch*
- *irgend, nirgend* + 부사 : *irgendwann, nirgendwo*
- 형용사, 한정사, 전치사 + *erseits* : *beiderseits, staatlicherseits, meinerseits, abseits*
- 전치사 + 대명사 / 대명사 + 전치사 : *seitdem, deswegen*

불연속적인 부사 : *da, dort, hier, wo* + *her/hin*으로 형성된 부사 역시 원칙적으로는 합성어이다. 이들은 다음과 같이 두 가지 방법으로 사용될 수 있다.

> **Wohin** *wollen Sie?*
> **Wo** *wollen Sie* **hin**?
> (당신은 어디로 가려고 하십니까)

*dar*로 시작하는 부사에 대한 **단축형태**(Kurzform)가 존재한다. 이 형태가 일상어에서나 특정한 관용어에서는 표준어로서도 사용된다 : *daran - dran, darin - drin, darum - drum* 등.

*her*로 시작하는 부사에 대한 단축형태도 존재한다 : *heran - ran, heraus - raus, herum - rum, herunter - runter* 등.

중요한 **전치사적 부사**(Präpositionaladverb)는 다음과 같은 성분들로 구성된다.

$$\begin{cases} an \\ auf \\ aus \\ bei \\ durch \\ für \\ gegen \end{cases}$$

$$
\left.\begin{array}{l} da(r) \\ hie(r) \\ w(o) \end{array}\right\} + \left\{\begin{array}{l} hinter \\ in \\ mit \\ nach \\ neben \\ \ddot{u}ber \\ um \\ unter \\ von \\ vor \\ zu \\ zwischen \end{array}\right.
$$

모든 결합이 다 가능한 것은 아니다(*wohinter, *hierneben 등).
전치사적 부사와 전치사구는 서로 교체된다.

$$
mit\ dieser\ Behauptung \Rightarrow \left\{\begin{array}{l} mit\ ihr \\ damit \end{array}\right\}
$$

*mit ihr*와 *damit* 간의 분배는 상당히 정확하게 규정되어 있다. 이에
대해서는 2.2 전치사 보충어를 참조할 것.

5.5 연사 불변화사

연사 불변화사는 "연사동사" *sein, werden, bleiben* 및 소수의 다른 동사
와 함께 나타나는 불변화사이다.

전통문법은 연사 불변화사(Kopulapartikel)를 아주 혼란스러운 "술어적으로만 사용될 수 있는 형용사"라는 명칭하에서 다루고 있다.

독일어에서는 수 십 개의 연사 불변화사가 있다. 이들 중에서 중요한 것들을 해당 동사와 같이 제시하면 다음과 같다.

abhold (veraltet) *(bleiben, scheinen, sein)*	*handgemein (sein, werden)*
abspenstig (machen)	*leid (scheinen, sein, werden)*
angst (machen, sein, werden)	*leid (sein, tun)*
anheischig (sich machen)	*los (scheinen, sein, werden)*
ausfindig (machen)	*perplex (machen, scheinen, sein)*
barfuß (bleiben, gehen, scheinen, sein)	*pleite (gehen, scheinen, sein)*
egal (finden, scheinen, sein)	*quitt (bleiben, scheinen, sein)*
einerlei (scheinen, sein)	*schade (finden, sein)*
eingedenk (bleiben, sein)	*schuld (haben, scheinen, sein)*
feind (bleiben, scheinen, sein)	*teilhaftig (bleiben, scheinen, sein, werden)*
fit (bleiben, finden, machen, scheinen, sein, werden)	*untertan (bleiben, machen, scheinen, sein, werden)*
getrost (bleiben, scheinen, sein)	*vorstellig (werden)*
gewahr (veraltend) *(werden)*	*wett (machen)*
gewillt (bleiben, scheinen, sein)	*zugetan (bleiben, machen, scheinen, sein)*
gram (scheinen, sein)	

다음의 어군은 (다른 어군과 더불어) 연사 불변화사로 사용된다.

angst und bange, fix und fertig, gang und gäbe, los und ledig,
null und nichtig, klipp und klar, tip-top.

또 다른 연사 불변화사는 일상어에서만 등장한다.

futsch, gaga, k.o., meschugge, o.k., plemplem, schnuppe 등.

연사 불변화사가 있는 문장에 대한 예는 다음과 같다.

Nie hätte ich mich **anheischig** *gemacht, sie zu kritisieren.*
(나는 그들을 비판하는 일을 결코 자청해서 떠맡지는 않았다)
Ihr ist das sowieso **egal.**
(그것이 그녀에게는 어쨌든 상관없는 일이다)
Er war die ewigen Streitereien **leid.**
(그는 끊임없는 싸움에 싫증이 나있었다)
Anna tat das wirklich **leid.**
(그 일이 안나에게는 정말로 유감이었다)
Sie wurde zuletzt beim Gesamtbetriebsrat **vorstellig.**
(그녀는 마지막으로 전체 경영참여 근로자 대표자에게 의뢰했다)
Dieser Vertrag ist doch längst **null und nichtig.**
(이 계약은 이미 오래 전에 무효가 되었다)

어휘적 수단(*völlig, futsch, sehr schade, ganz o.k*)이나 접두사(*jammer-schade, topfit*)를 통해서 연사 불변화사의 일부를 **비교변화** 할 수 있다.

5.6 양태 불변화사

양태 불변화사는 "전장에 올 수 있으며" 결정의문문에 대한 대답으로서 사용될 수 있는 불변화사이다.

양태 불변화사(Modalpartikel)는 사태의 기술에 아무런 기여도 하지 않으며 사태나 사태기술을 **평가한다.** 이때 양태 불변화사는 대개 전체 발화에 관련되지만 가끔 발화의 일부에만 관련되기도 한다.

allerdings	*halbwegs*	*selbstredend*
anscheinend	*hoffentlich*	*sicherlich*
beinahe	*keinesfalls*	*teilweise*
doch (betont)	*keineswegs*	*unzweifelhaft*
einigermaßen	*leider*	*vielleicht*
fast	*mitnichten*	*zweifellos*
freilich	*möglicherweise*	*zweifelsohne*
größtenteils	*schwerlich*	

양태 불변화사가 있는 예문을 들어보면 다음과 같다.

*Kennst du das Buch? - **Einigermaßen.***
(너 그 책 알고 있니? - 어느 정도는)
*Ich war **einigermaßen** betroffen.* (나는 상당히 놀랐다)
*Sind die Decken noch verwendbar? - **Größtenteils.***
(그 식탁보 아직도 사용할 수 있니? - 대부분)
*Die Pilze sind **größtenteils** genießbar.*
(버섯은 대부분 먹을 수 있다)

*Lassen Sie die Kinder mitgehen? - **Möglicherweise**.*
(애들을 데리고 갈 거니? - 아마도)
*Das ist **möglicherweise** bloß ein Versehen.*
(그것은 아마 단지 착오일 뿐이다)
*Würden Sie ihm denn Recht geben? - **Teilweise** schon.*
(당신은 도대체 그가 옳았다고 생각합니까? - 부분적으로는 어쩌면)
*Ich kann Sie ja **teilweise** verstehen.*
(나는 당신을 부분적으로는 이해할 수 있다)
*Ist der neben der Kuckucksuhr Ihr Bruder? - **Zweifellos**.*
(뻐꾸기 시계 옆에 있는 그 남자가 당신이 형입니까? - 틀림없이)
*Du hast **zweifellos** das Richtige getroffen.*
(너는 틀림없이 적중했다)

5.7 편성 불변화사

편성 불변화사는 전장에 올 수 있지만(그밖에도 문중에서는 상당히 자유로이 치환할 수 있으며), **어떤 질문에 대한 대답으로서는 사용될 수 없는 불변화사이다.**

편성 불변화사(Rangierpartikel)는 - 양태 불변화사처럼 - 사태의 기술에는 아무런 기여도 하지 않지만, **사태에 대한 화자의 입장을** 표현한다. 이때 편성 불변화사는 대개 전체 발화에 관련되지만 때로는 발화의 일부에만 관련되기도 한다.

also	höchstens	überhaupt
auch	immerhin	unglücklicherweise
bedauerlicherweise	jedoch	vielmehr
begreiflicherweise	mindestens	wenigstens
beispielsweise	möglichst	wohl
eigentlich	noch	womöglich
erstaunlicherweise	nur	zumindest
glücklicherweise	schätzungsweise	zwar
gottlob	schon	

편성 불변화사가 있는 예문을 들어보면 다음과 같다.

Auch hat er ein weiteres Konto ohne Wissen seiner Frau geführt.
(그는 또한 자기 부인 몰래 또 다른 계좌를 개설했다)
*Ich könnte Ihnen **beispielsweise** drei Ärzte nennen, die das
machen.*
***Beispielsweise** könnte ich Ihnen drei Ärzte nennen, die das
machen.* (예컨대 나는 그 일을 하는 세 명의 의사를 천거할 수 있다)
***Noch** hat sie sich nicht geäußert.*
(아직도 그녀는 자기의 의견을 말하지 않았다)
*Sie hat sich bislang **noch** nicht geäußert.*
(그녀는 지금까지 아직도 자기의 의견을 말하지 않았다)
***Überhaupt** habe ich jetzt keine Zeit.*
*Jetzt habe ich **überhaupt** keine Zeit.*
(지금 나는 전혀 시간이 없다)
Das Bett hat er wenigstens gemacht.
(어쨌든 그는 그 침대를 만들었다)
***Wenigstens** hat er sein Bett gemacht.*
***Wenigstens** sein Bett hat er gemacht.*
(어쨌든 그는 자기 침대를 만들었다)

5.8 등위 접속사

등위 접속사는 통사적으로 기능이 유사한 요소("등위 요소")를 서로 결합시키는 불변화사이다. 따라서 등위/대등 접속사(Konjunktor)는 요소들을 병렬하는 가장 중요한 도구이다.

이러한 결합기능은 원칙적으로 임의의 층위에서 가능하다.

> *Sie lobten ihn **und** sie betrogen ihn.*
> (그들은 그를 칭찬했고 그리고 그를 속였다)
> *Man wusste, dass er sehr krank war **und** bald sterben müsse.*
> (사람들은 그가 매우 아팠으며 그리고 그가 곧 죽지 않을 수 없다는 사실을 알았다)
> *Die Rechten **und** die Linken stimmen dem Gesetz zu.*
> (우익과 좌익이 다 같이 그 법에 동의한다)
> *Wir reden von meinen **und** deinen Kindern.*
> (우리는 내 아이들과 그리고 네 아이들에 관해 이야기한다)
> *Ich sah die Menschen auf dem Bahnsteig auf- **und** abgehen.*
> (나는 사람들이 승강장에서 오르락내리락 하는 것을 보았다)

물론 모든 등위 접속사가 다 전체 층위들에 삽입될 수 있는 것은 아니다. 예컨대 *denn*은 문장만을 결합할 수 있다.

등위 접속사는 문장의 어순을 변화시키지 않는다.

> *Der Hund saß schläfrig vor dem Feuer, die Katze schlich zwischen den Stühlen umher.* ⇒ *Der Hund saß schläfrig vor dem Feuer, **und** die Katze schlich zwischen den Stühlen umher.*
> (개는 불 앞에 졸며 앉아 있었고 그리고 고양이는 걸상 사이를 기어 돌아다녔다)

이에 반해 다른 연결사(Konnektor)(예컨대 부사)는 어순을 변화시킨다.

> *Der Hund saß schläfrig vor dem Feuer, **gleichzeitig** schlich die Katze zwischen den Stühlen umher.*

등위 접속사가 형식적 및 내용적으로 동일한(지시가 동일한) 주어를 취하는 문장들과 다른 구조들을 결합할 때, 두 번째 구조의 주어는 삭제될 수 있다.

> *Heinz schrieb das Gutachten. + Heinz schickte es sofort ab.*
> ⇒ *Heinz schrieb das Gutachten und schickte es sofort ab.*
>   (하인츠가 감정서를 써서 그것을 즉시 발송했다)

등위 접속사의 목록은 다음과 같다.

aber	ja	sowie
allein	jedoch	sowohl
bzw. (beziehungsweise)	nämlich	sowohl ··· als auch
denn	nur	und
d.h. (das heißt)	oder	und zwar
doch	respektive	vielmehr
entweder ··· oder	sondern	weder ··· noch

개개의 등위 접속사에 관해 살펴보자. 문제가 별로 없는 등위접속사에 대해서는 예문만 제시된다.

aber(상반적)는 전적인 반대나 부분적인 반대를 표현한다.

Sie spart am Fett. Aber sie will auf das Salatöl nicht verzichten.
(그녀는 지방질 있는 음식에 유의한다. 하지만 그녀는 샐러드 기름을 포
기하려고 하지는 않는다)

첫 번째 등위 요소에서는 *zwar*, 두 번째 등위 요소에서는 *doch/wohl*
을 사용함으로써 상반성을 약화시킬 수 있다.

*Das Urteil ist **zwar** streng, aber (**doch**) gerecht.*
(그 판결은 가혹하지만 정당하다)
*ein teures, **wohl** aber besonders robustes Gerät.*
(비싸긴 하지만 아주 튼튼한 도구)

문장의 결합에서 지시가 동일한 주어가 삭제되면 등위 접속사는 두 번
째 문장의 중장에 온다.

Karl fuhr schnell, wurde aber nicht leichtsinnig.
(*Karl fuhr schnell, aber wurde nicht leichtsinnig.)
(카알은 차를 빨리 몰았지만 경솔하지는 않았다)

*aber*는 등위 접속사 *allein, d.h., doch, jedoch, nur, sondern,
vielmehr*(편성 불변화사 또는 등위 접속사)와 경합한다. 등위 접속사 *allein,
doch, jedoch*는 고상한 문어에 속한다(이에 반해 *aber*는 문체에 대해 중립적
이다). *d.h.*는 반대라기보다는 오히려 정정이나 명시화를 표현한다. *nur*
는 반대라기보다는 유보를 표현한다. *sondern*은 첫 번째 등위 요소의 부
정을 전제로 한다. *vielmehr*는 반대라기보다는 정정이나 명시화를 표현
한다.

allein(상반적)

> *Die Botschaft hör ich wohl, allein mir fehlt der Glaube.*
> (Goethe, Faust I) (나도 복음을 듣기는 하지만 그러나 나는 신앙심이
> 없다)

beziehungsweise (bzw.)(명시적, 선택적)는 대개 문장보다 작은 단위들
을 결합한다. *bzw.*는 명백히 상이한 조건이나 적용범위가 제시되는 경우
에만 *oder*로 대체될 수 있다.

> (*)*Sie plauderten bzw. sahen fern.*

동일한 사람이 때로는 이 일을 했고, 때로는 저 일을 했다면 이 문장은
틀릴 것이다.

denn(인과적)

> *Die Vorlesung fiel aus, denn der Dozent war erkrankt.*
> (강의가 휴강이 되었다. 왜냐하면 강사가 병이 났기 때문이다)

*warum*에 의한 질문을 *denn*-문장으로 **대답할 수는 없다.**

das heißt (d.h.)(명시적)

> *Anna ist Lehrerin, d.h. freie Dozentin an einem Privatinstitut.*
> (안나는 선생, 즉 사설학원의 시간강사이다)

*d.h.*는 정정 역할을 한다. *d.h.*는 상호 배제하는 반대를 기술하는 두
문장을 결합할 수 없다.

Eckart trank einen Schnaps, d.h. die Flasche war leer.

doch(상반적) : 항상 강조되지 않는 이 등위 접속사는 반대를 표현한다.

Die Wurst schmeckt köstlich, doch sie ist etwas zu stark gepfeffert. (소시지는 아주 맛있지만 너무 많은 후추를 뿌렸다)

등위 접속사 *doch*를, 역시 강조되지 않는 어조 불변화사 *doch* (*Das musst du doch verstehen!* 너는 그런 것 정도는 이해해야 돼!) 및 강조되는 양태 불변화사 *doch*와 혼동해서는 안 된다.

entweder … oder(상반적) : 이 이중적인 등위 접속사는 배타적인 반대를 표현한다(두 사태 중 하나만이 적용된다).

Entweder du nimmst die Straßenbahn oder du gehst zu Fuß.
(너는 전차를 타든지 혹은 걸어갈 수 있다)

ja(강조적) : 이 강조되지 않는 등위 접속사는 강화 및 보다 높은 등급을 표현한다.

Er kann mich nicht leiden, ja er hasst mich.
(그는 나를 좋아하지 않는다. 사실은 그는 나를 미워한다)

jedoch(상반적)는 반대를 표현한다.

Sie weiß sehr viel, jedoch in diesem Fall täuscht sie sich.
(그녀는 매우 많은 것을 알고 있다. 하지만 이 문제에서는 그녀가 착각하고 있다)

  nur(상반적)는 대개 배타적인 아닌 반대를 표현한다. 첫 번째 등위 요소는 종종 부정된다.

> *Er ist nicht paranoid, nur ein bisschen voreingenommen.*
> (그가 편집병이 있는 것은 아니다. 다만 약간 선입견에 사로잡혀 있다)
> *Sie glaubt fest an ihn, nur sie hat noch keine richtigen Erfahrungen mit ihm gemacht.* (그녀는 그를 확실히 믿고 있다. 다만 그녀는 아직도 그와 올바른 접촉을 가져본 일이 없다)

  nicht nur ··· sondern auch(연결적)는 첫 번째 등위 요소의 가능한 배타성을 강조하는 동시에 두 번째 등위 요소의 효력도 강조한다.

> *Die Arbeit ist nicht nur interessant geschrieben, sondern auch hervorragend recherchiert.*
> (그 논문은 흥미 있게 기술되어 있을 뿐만 아니라 철저하게 조사되었다)

  oder(선택적)는 *entweder ··· oder*보다 좀 약한 형태이다. *oder*는 상호 배타적인 반대만을 결합한다.

> *Er ist krank oder doch stark erkältet.*
> (그가 아프든지 아니면 심하게 감기가 들었다)
> *Du kannst Bier oder Saft haben.*
> (너는 맥주 또는 주스를 마실 수 있다)

 respektive(선택적)는 *bzw.*와 의미와 용법이 비슷하다.

> *Die Gäste tranken Bier respektive Saft.*
> (손님들이 맥주 내지는 주스를 마셨다)

맥주 한 번 마시고 또 주스 한 번 마셨던 손님이 없었던 경우에도 이 문장은 옳다.

sondern(상반적)은 첫 번째 등위 요소가 부정되어 있는 것을 전제로 하고, 두 번째 등위 요소를 강조한다. *sondern*은 배타적인 반대에서만 적용될 수 있다.

> *Das Foto war nicht farbig, sondern schwarz-weiß.*
> (그 사진이 천연색이 아니라 흑백이었다)

배타적인 반대가 아닌 경우에는 *sondern*이 aber로 대체되어야 한다.

> *Das Foto war nicht farbig, aber trotzdem eindrucksvoll.*
> (사진이 천연색은 아니지만 인상깊었다)

sowie(연결적)는 문장이 아니라 문장보다 작은 단위를 결합한다. *sowie*는 종종 나열한 것을 구분하기 위해서, 또한 단조로움을 피하기 위해서도 사용된다.

> *Ludwig spricht Deutsch und Englisch sowie Ungarisch.*
> (루드비히는 독일어와 영어 및 헝가리어를 말할 수 있다)

sowohl ⋯ als auch(연결적)는 문장이 아니라 문장보다 작은 단위를 결합한다. 변이형으로는 *sowohl ⋯ als, sowohl ⋯ wie auch, sowohl ⋯ wie*가 있다. 이들은 *und*보다도 강하게 첫 번째 등위 요소의 효력을 강조한다.

Sie spricht sowohl Russisch als auch Finnisch.
(그녀는 러시아어뿐만 아니라 핀란드어도 말할 수 있다.)

und(연결적)는 우선 공통적인 적용을 표현한다.

Der Sommer ist da, und Laila kommt.
(여름이 왔다. 그리고 라일라가 온다)

가끔 *und*는 사건의 결과도 표현한다.

Hab mir ein Liedlein gesungen, und alles war wieder gut.
(나는 노래 한 곡조를 불렀다. 그 결과 모든 것이 다시 잘 되었다)

가끔 *und*는 반대적인 의미를 표현한다.

Udo ist verzweifelt, und du lachst bloß.
(우도는 절망했다. 그런데 너는 웃기만 한다)

반복적인 비교급 형용사 사이에 있는 *und*는 점점 높은 정도를 표현할 수 있다.

Das Gefährt lief schneller und schneller.
(차가 점점 더 빨리 달렸다)

끝으로 *und*는 공손한 표현에서 사용될 수 있다. 그러면 특정한 종류의 미사여구는 앞에 오고 연관적인 발화는 *und*로 연결된다.

Sei so gut und gib mir mal den Hörer.
(미안하지만 그 전화기 좀 넘겨주세요)

Hanna war so liebenswürdig und zeigte uns das Schloss.
(한나는 아주 상냥하게도 나에게 그 성을 보여 주었다)

und zwar(명시적)는 추가적인 명확한 표현을 유도한다.

Ich brauche das Geld sofort, und zwar alles.
(나는 즉시 그 돈이, 더욱이 가진 돈 모두 필요하다)

vielmehr(명시적)는 대개 첫 번째 등위 요소의 부정을 전제로 하며, 두 번째 등위 요소에서는 이에 대한 정정을 유도한다.

Der Antrag ist nicht durchgefallen, weil wir ihn schlecht for-muliert hätten, vielmehr wir haben den Termin verpasst.
(신청서가 채택되지 못한 것은 우리가 신청서를 잘못 기술했기 때문이 아니라 오히려 기한을 지키지 못했기 때문이다)

weder ··· noch(연결적)는 병렬된 요소들을 부정한다.

Das ist weder Fisch noch Fleisch.
(그것은 이도 저도 아니다) (관용어)
Sie hat weder gelacht noch geweint.
(그녀는 웃지도 않고 또 울지도 않았다)

*weder*는 *nicht*로 대체될 수 있다.

Nicht Tür noch Tor führt ein noch aus.
(어떠한 방법으로도 불가능하다)

5.9 등급 불변화사

등급 불변화사는 항상 등위 접속사와 전장 요소 사이에 올 수 있는 불변화사이다. 그러나 이들이 단독으로는 전장을 차지할 수 없지만, 다른 한편으로는 중장에서도 등장한다.

등급/정도 불변화사(Gradpartikel)는 등급을 매기거나, 강화하거나 또는 확인하는 기능을 가지고 있다.

allein	*gerade*	*nur*
allzu	*geradezu*	*recht*
auch	*höchst*	*schon*
äußerst	*immer* (비교급 형용사 앞에서)	*sehr*
bereits	*lediglich*	*selbst*
besonders	*möglichst*	*sogar*
bloß	*nahezu*	*überaus*
eben	*nicht*	*weitaus*
erst	*nicht einmal*	*zu*
etwa	*noch*	*zumal*

일부의 등급 불변화사에 대해서는 다른 품사의 동형동음이의어가 있다. 등급 불변화사에 대한 용례를 보면 다음과 같다.

> *Doch **äußerst** aufregend ist es schon gewesen.*
> *Doch es ist schon **äußerst** aufregend gewesen.*
> (그러나 그것은 이미 아주 선동적이었다)

*Und **gerade** Jonas hätte ich das nicht zugetraut.*
*Und das hätte ich **gerade** Jonas nicht zugetraut.*
(나는 그 문제에 대해서 특히 요나스를 믿지 않았다)
*Aber **lediglich** zwei sind zurückgekommen.*
*Aber es sind **lediglich** zwei zurückgekommen.*
(그러나 오로지 두 사람만이 되돌아왔다)
*Denn **nicht** Gabriela hat das gesagt (, sondern…)*
*Gabriela hat das **nicht** gesagt (, sondern …)*
(가브리엘라가 그것을 말한 것이 아니라 …)
*Aber **sehr** eindrucksvoll war es doch.*
*Aber es war doch **sehr** eindrucksvoll.*
(그러나 그것은 아주 인상적이었다)
*Und **zu** schnell hat er auch gesprochen.*
*Und er hat auch **zu** schnell gesprochen.*
(그리고 그는 또한 너무 빨리 말했다)

5.10 문장 등가사

문장 등가사는 언제든지 문장으로 대체될 수 있는 불변화사이다. 우리는 문장 등가사(Satzäquivalente)를 다음과 같이 구분한다.

- 대답 불변화사 : *ja, nein, mhm, hm-m, eben*
- 시작 불변하사 : *bitte! los! also? ja? hallo* 등
- 반응 불변화사 : *bitte, danke*
- 감탄사 : *ah, ach, aua, bums, hallo, hej, hoho, hopp, hoppla, hopsasa, mm, o, oho, plumps, ratsch, pst* 등

대답 불변화사는 결정의문문에 대한 반응이다. 긍정적인 질문에 대해서 동의하는 경우에는 *ja (mhm)*로 대답하고, 부인하는 경우에는 *nein*으로 대답한다. 부정적인 질문에 대해서 동의하는 경우에는 *nein (hm-m)*으로 대답하고, 부인하는 경우에는 양태 불변화사 *doch*로 대답한다.

> *Haben Sie nicht angerufen? - Nein./Doch.*
> (전화하지 않았습니까? - 아니오/예)

시작 불변화사는 요구로서나 또는 추상적인 내용의 질문으로서 나타난다.

반응 불변화사는 확정이나 요구 다음에 온다.

> *Hier ist Ihr Pass. - Danke!*
> (여기에 당신 여권이 있습니다 - 감사합니다)
> *Darf ich mal das Fenster aufmachen?- Bitte!*
> (창문을 열어도 괜찮겠습니까? - 그럼요)

감탄사는 전달이나 요구나 질문이 아니고, 가끔 협의의 언어형식이 없는 비이성적인 발화와 감정의 폭발이다. 그 밖의 독일어에서는 이상한 음소결합과 흡파음과 같은 체계에서 벗어난 음성들도 감탄사에서 나타난다 (위협적, 비난적). 위에 제시된 목록이 완전한 것은 아니다.

5.11 비교 불변화사

현대어에서 비교 불변화사(Vergleichspartikel)에 속하는 것으로는 비교 구조와 수식어로서 사용되는 불변화사 *als, wie*뿐이다.

*wie*는 동등비교에서 사용된다.

> *so alt wie Onkel Oskar*
> (오스카 아저씨만큼 나이가 많은)
> *Ich habe das immer wie mein Vater gemacht.*
> (나는 그 일을 항상 나의 아버지처럼 했다)

*als*는 동등비교가 아닌 경우(비교급 형용사 및 부사 *anders*와 결합하여)에서 사용된다.

> *Sie war eben schneller als ich.*
> (그녀는 나보다는 훨씬 빠르다)
> *Mir ist sie lieber als alle liebenswürdigen Kolleginnen.*
> (나에게는 그녀가 모든 사랑스러운 동료들보다 더 귀엽다)

*denn*은 낡았지만 특정한 용법에서는 이 불변화사가 아직도 여전히 일상적이다.

> *Geben ist seliger denn Nehmen.*
> (주는 것이 받는 것보다 복되다)

*als*는 수식어(Adjunkt)로서도 사용된다.

*Gisela **als Kollegin** ist für mich kein Problem.*
(동료로서의 기젤라는 나에게 아무런 문제가 없다)
*Gisela **als Köchin** hätte ich das nicht zugetraut.*
(요리사로서의 기젤라에게 나는 그 일을 기대하지 않았다)

5.12 어조 불변화사

어조 불변화사는 질문할 수도 없고 부정할 수도 없으며, 질문에 대한 대답
으로서도 사용될 수 없고 전장에 올 수도 없다.

어조 불변화사(Abtönungspartikel)는 사태의 기술에 기여하지 않고, 화
자의 **입장**(Einstellung)을 표현하거나 혹은 대화 상대방에게 특정한 입장
을 전가한다.

aber	*eigentlich*	*nicht*
also	*einfach*	*noch*
auch	*etwa*	*nun mal*
bitte	*gleich*	*nur*
bloß s. *nur*	*halt*	*ruhig*
denn	*ja*	*schnell*
doch	*lediglich* s. *nur₁*	*schon*
durchaus	*mal*	*vielleicht*
eben	*nämlich*	*wohl*

개개 어조 불변화사에 대해 살펴보자.

aber는 놀라움과 감탄을 표현한다(동형동음이의어 : 등위 접속사 *aber*).

> *Das dauert **aber** lange!* (그 일이 정말로 오래 지속되는군!)
> *Ist das **aber** langweilig!* (그 일이 정말 지루하구먼!)

*vielleicht*를 참조하기 바람.

also는 논증의 중단, 즉 새로운 시작을 표현하며, 가끔 시간절약에 사용된다(동형동음이의어 : 인과적인 편성 불변화사 *auch*).

> ***Also** das sehe ich ganz anders.*
> (말하자면 나는 그것을 아주 달리 보고 있어)
> ***Also** vielleicht darf ich auch mal was sagen⋯*
> (자 나도 한 번 말해봅시다)

auch에는 세 가지 변이형이 있다(동형동음이의어 : 편성 불변화사와 등급 불변화사).

auch₁은 반응적인 발화에서의 설명이나 신뢰성을 표현한다.

> *(Für mich war der Film deprimierend. -) Bei diesen Spielern konnte man ja **auch** mit nichts Anderem rechnen.*
> (그 영화가 나를 우울하게 했다. 이런 배우들한테서 우리는 사실 다른 아무 것도 기대할 수가 없었다)
> *Gamal ist zielstrebig, woran ich **auch** nie gezweifelt habe.*
> (가말은 목표 지향적이다. 그 사실에 대해 나는 실제로 결코 의심하지 않았다)

auch₂는 사태의 "정상 상태"를 표현하며 다른 사람에게 동일한 관점을

가정한다.

> *Hast du **auch** alles gemacht, was ich gesagt habe?*
> (너도 역시 내가 말한 것을 모두 다 했니?)
> *Habt ihr **auch** alle eure Pässe eingepackt?*
> (너희들도 모두 너희들 여권을 지참했니?)
> *Vergessen Sie **auch** nicht, die Haustür abzuschließen.*
> (대문 잠그는 것을 당신도 역시 잊지 마시오)

auch₃은 수사학적인 질문에서 분노나 비난을 표현한다.

> *Was musste er **auch** hingehen!*
> (그는 무엇 때문에 가야만 했지?)
> *Wie konnte sie das **auch** sagen?*
> (그녀가 어떻게 그런 말을 할 수 있어?)

bitte는 대개 요구문에서 친절을 표현한다.

> *Könnten Sie mir mal **bitte** die Leiter halten?*
> (미안합니다만 내 사다리를 좀 붙잡아 주실 수 있겠습니까?)

bloß는 nur₂ 참조.

denn이 부분적으로는 질문의 약화를 표현하고, 또 부분적으로는 질문의 강화를 표현하지만, 전체적으로는 질문을 부각시킨다(동형동음이의어: 등위 접속사 *denn*).

> *Wie heißt du **denn**?* (너는 도대체 이름이 뭐니?)
> *Was soll **denn** das heißen?* (그것이 대체 뭐라고 불리니?)
> *Hältst du das **denn** für klug?*

(너는 그가 대관절 영리하다고 생각하니?)
*Ja wie **denn**?* (그래, 도대체 왜 그래?)

doch(비강조)는 상대방에게 동의를 전가하거나 또는 동의를 요구한다
(동형동음이의어 : 양태 불변화사 및 등위 접속사 *doch*).

> *Das hast du **doch** gewusst.* (너는 그것을 알고 있었어)
> *Dabei trinkt er **doch** gar nicht mehr.*
> (그때 그는 더 이상 아무 것도 마시지 않았어)
> *Du kommst **doch** auch mit?* (너도 틀림없이 같이 오겠지?)
> *Sei **doch** endlich still!* (제발 좀 조용히 해!)

durchaus는 확인을 표현하지만 동시에 가끔 제약도 표현한다.

> *Sie ist **durchaus** für diese Stelle geeignet.*
> (그녀는 이 자리에 전적으로 적합하다)
> *Ich wollte Sie **durchaus** nicht kränken.*
> (나는 당신의 마음을 결코 상하게 하려고 하지 않았다)
> *Sie haben **durchaus** Recht. Aber vielleicht übersehen Sie etwas.*
> (당신이 전적으로 옳다. 하지만 당신은 무엇인가를 간과하고 있다)

eben(비강조)은 사태의 신빙성과 동시에 사태의 사소함, "어차피 기대
할 수 있었던 것"을 표현한다. 따라서 *eben*은 양자택일을 배제하고 논증
의 종결을 추구한다(동형동음이의어 : 형용사, 부사, 등급 불변화사 *eben*).

> *Männer sind **eben** so.*
> (남자들이란 어차피 그런 거지)
> *Dann mach dir **eben** einen frischen Kaffee.*
> (그럼 어쨌든 시원한 커피 한 잔 타 마셔라)

eigentlich는 부분적으로는 질문의 약화를 표현하고, 또 부분적으로는

질문의 강화를 표현함으로써 질문을 부각시킨다. *eigentlich*는 가끔 새
로운 시작을 유발하고 *denn*보다는 무뚝뚝하게 들린다(동형동음이의어 : 형
용사, 편성 불변화사 *eigentlich*).

> *Wie heißt du eigentlich?* (도대체 네 이름이 뭐니?)
> *Hältst du das eigentlich für klug?*
> (설마 너 그 사람이 영리하다고 생각하는 건 아니겠지?)

 *einfach*는 순수한 적용을 표현하며 양자택일을 배제하지만, 그 양자택
일을 - *eben*과는 반대로 - 사소한 것으로 간주하지는 않는다(동형동음이
의어 : 형용사 *einfach*).

> *Ich verstehe das einfach nicht.*
> (나는 그것을 전혀 이해하지 못한다)
> *Gehen Sie doch einfach rein.*
> (자 곧장 들어가십시오)
> *Willst du nicht einfach mal hingehen?*
> (너는 도대체 가지 않을 작정이니?)

 *etwa*는 재질문에서 거부나 믿을 수 없는 놀라움을 표현하며 부정적인
대답을 암시한다(동형동음이의어 : 등급 불변화사 *etwa*).

> *Meinen Sie das etwa im Ernst?*
> (당신은 설마 그것을 진지하게 생각하고 계시는 것은 아니겠지요?)
> *Das ist nicht etwa dein Onkel?*
> (저 사람이 혹시 너의 삼촌은 아니겠지?)

*vielleicht₂*를 비교하기 바람.

gleich는 질문에서 화자가 알고 있었지만 순간적으로 잊어버린 사태가 그렇게 중요한 것은 아니라는 것을 표현한다(동음동형이의어 : 형용사, 시간 부사 gleich).

> Wie war **gleich** Ihr Name? (그런데 당신 성함이 뭐였지요?)
> Wovon hat er **gleich** gesprochen? (그런데 그가 무엇에 대해서 말했지?)

halt는 신빙성과 "어차피 기대할 수 있었던 것"을 표현한다. 따라서 halt는 양자택일(동시에 사소한 것으로 평가되는)을 배제하고 논증의 종결을 추구한다. 남독일에서는 halt 대신에 eben이 아주 다양하게 사용된다.

> Sie ist **halt** eine Schwäbin. (그녀는 어쩔 수 없이 슈바벤 여자야)
> Tu **halt** noch ein bisschen Öl an den Salat.
> (정말이지 샐러드에 약간의 기름을 넣어봐)

ja는 세 가지 변이형을 가지고 있다(동형동음이의어: 등위 접속사, 문장 등 가사 ja).

ja₁은 사태가 일반적으로 알려져 있으며 수용된 것으로 표현한다.

> Das haben Sie **ja** gewusst. (당신은 그 사실을 잘 알고 있었다)
> Die Straße war **ja** schon wieder trocken.
> (보다시피 거리가 벌써 다시 말랐어)
> Anna war **ja** auch dabei. (안나도 그때 있었잖아)

ja₂는 놀라움과 감탄을 표현한다.

> Das ist **ja** Onkel Robert! (저 사람 로베르트 삼촌이잖아!)
> Er trinkt **ja** gar nicht mehr. (그가 더 이상 술을 마시지 않다니!)
> Das ist **ja** wunderbar! (그것은 정말 놀라운 일이야!)

ja₃(강조적)은 위협이나 경고를 표현한다.

> *Dass du mir **já** nicht an den Kühlschrank gehst!*
> (너는 제발 내 냉장고에서 무엇을 꺼내 먹지 말기를!)
> *Sei **já** still!* (제발 조용히 좀 해)
> *Geben Sie **já** gut Acht!* (제발 조심하세요!)

lediglich는 *nur₁*를 참조할 것.

mal은 어떤 사태가 중요하지 않으며 문제가 없음을 표현한다(동형동음이의어 : 시간부사 *mal*).

> *Ruf doch **mal** den Heinrich an!* (하인리히에게 제발 전화 한 번 해봐!)
> *Darf ich **mal** was fragen?* (제가 뭘 좀 물어봐도 되겠습니까?)
> *Ich möchte **mal** was dazu sagen.* (그 문제에 대해 제가 말 좀 하겠습니다)

nämlich는 앞서 언급한 사태에 대한 설명이나 이유대기로서 어떤 사태를 제시한다(동형동음이의어 : 등위 접속사 *nämlich*).

> *Anna verstand den Beamten als Einzige. Sie war **nämlich** in Polen aufgewachsen.* (안나는 그 공무원의 말을 이해하는 유일한 사람이다. 왜냐하면 그녀는 폴란드에서 성장했기 때문이다)

동형동음이의어인 등위 접속사 *nämlich*는 명시적이며 정확히 규정하는 의미를 가지고 있다(*Er bestellte ihr Lieblingsessen, nämlich : Linsen und Spätzle.* 그는 그녀가 좋아하는 음식, 다시 말해서 불콩과 조각국수를 주문했다).

nicht는 두 가지 변이형이 있다(동형동음이의어 : 부정어로서 정도 불변화사

nicht).

nicht₁은 질문의 긍정적인 경향을 암시한다(긍정적인 대답이 기대된다).

*Hab ich das **nicht** gleich gesagt?* (내가 그것을 즉시 말하지 않았던가?)
*Ist das **nicht** ein herrlicher Tag?* (그날은 좋은 날 아닙니까?)

nicht₂(항상 비강조적)는 의문사가 있는 감탄문에서 경악을 표현한다.

*Was der **nicht** alles daherredet!* (그 친구 무슨 소리를 안 하겠어!)
*Was Sie **nicht** sagen!* (당신은 무슨 말을 안 하겠어!)

noch는 질문이 중요하지 않으며 쉽게 대답할 수 있다는 것을 표현한다(동형동음이의어 : 편성 불변화사 및 정도 불변화사 *noch*, 등위 접속사 *weder … noch*).

*Wie hieß er **noch**?* (그의 이름이 뭐였더라?)
*Welche Straße war das **noch**?* (그 거리 이름이 뭐였죠?)

nun mal은 사태가 불변이며 지체 없이 수용될 수 있다는 것을 표현하며, 따라서 - 간혹 무뚝뚝하게 - 양자택일을 배제한다(동형동음이의어 : 시간부사 *nun*, *mal*).

*Ich habe **nun mal** am Wochenende keine Zeit.*
(나는 주말에 정말 시간이 없어)
*Gustav ist **nun mal** dickköpfig.* (구스타프는 정말 고집이 세)
*Das ist **nun mal** so.* (그건 사실이 그래)

nur는 두 가지 변이형이 있다(동형동음이의어 : 정도 불변화사 *nur*).
nur₁은 어떤 사태가 중요하지 않음을 표현하며, *nur*를 통해서 한편으로는 강력하게 요구하고 또 한편으로는 친절하게 요구한다.

> *Bleiben Sie **nur** hier!* (여기에 잠시만 앉아 계십시오!)
> *Greifen Sie **nur** zu.* (어서 많이 드세요)
> *Lass dir **nur** nicht alles gefallen.* (모든 일을 다 감수하지는 말아라)
> *Hab **nur** Mut!* (자 용기를 가져라!)

nur₂는 초조함이나 몰이해, 비난을 표현한다.

> *Wo hab ich **nur** meine Brille?* (내가 안경을 어디다 두었지?)
> *Wie kannst du **nur** so etwas sagen!?*
> (네가 어떻게 그런 말을 할 수 있어?)
> *Wärest du **nur** hier geblieben!* (네가 여기에 머무를 수 있었다면!)

nur₂는 *bloß*로 대체될 수 있다.

ruhig는 사태가 중요하지 않다는 것을 표현하며, 따라서 요구를 좀더 친절하게 하고, 통보를 좀더 부차적인 것으로 표현한다(동형동음이의어 : 형용사 *ruhig*).

> *Kommen Sie **ruhig** rein!* (자 들어오십시오!)
> *Sie können **ruhig** heimgehen.* (안심하고 집으로 가셔도 됩니다)

schnell은 사태가 중요하지 않으며 부차적이라는 것을 표현한다. *schnell*은 대개 *mal*과 함께 나타난다(동형동음이의어 : 형용사 *schnell*).

> *Ich muss **schnell** mal in Worms anrufen.*
> (나는 잠깐 보름스로 전화해야 한다)
> *Könnten Sie mir **schnell** mal helfen?*
> (잠깐 나를 도와주실 수 있습니까?)

*schon*에는 다섯 가지 변이형이 있다(동형동음이의어 : 편성 불변화사 *schon*).

*schon₁*은 동의하지만 동시에 어떤 제약을 표현한다(양보).

> *Deine Arbeit gefällt mir **schon**, aber du solltest noch etwas ändern.* (네가 한 일이 내 마음에 들기는 하지만 너는 그것을 약간 수정해야 겠어)
> *Dieser Zug ist **schon** schnell, nur meistens überfüllt.*
> (이 가차가 빠르기는 하지만 대개 초만원이다)

*schon₂*는 확신이나 격려/진정도 표현한다.

> *Du wirst das **schon** schaffen.*
> (너는 틀림없이 그 일을 해낼 수 있을 것이다)
> *Ich erledige das **schon**.* (나는 그 일을 꼭 해낼 것이다)

*schon₃*은 때로는 조급함을, 때로는 완화를 표현하여 요구를 부각시킨다.

> *Nun ruf **schon** an!* (자 어서 전화해!)
> *Sagen Sie **schon**, was Sie meinen!*
> (당신이 생각하는 바를 어서 말하시오!)

*schon₄*는 수사적인 의문문에서 사태가 중요하지 않으며 흥미 없고 무시할 수 있는 것으로 나타나도록 한다.

> *Wer liest das **schon**?* (도대체 누가 그것을 읽겠어?)
> *Wer kennt **schon** diesen Grammatiker!*
> (도대체 누가 이 문법학자를 알겠어?)
> *Was wissen die **schon**!?* (그들이 도대체 무엇을 알겠어?)

*schon₅*는 한 사태에 대한 비난이나 배척, 과대평가를 거부한다.

Und wenn schon! (그것이 무슨 대수로운 일인가!)
Und wenn der sich schon so gescheit vorkommt - was soll's?
(그 사람이 아무리 영리하게 보이더라도 - 뭐가 되겠어?)

*vielleicht*에는 세 가지 변이형이 있다(동형동음이의어 : 양태 불변화사 *vielleicht*).

*vielleicht₁*은 어떤 사태나 대상의 자질에 대한 놀라움을 표현한다.

Haben wir vielleicht geschimpft! (우리가 정말로 심하게 비난했어!)
Der ist vielleicht naiv! (그 사람 정말로 순진해!)

*vielleicht₂*는 재질문에서 믿을 수 없음을 표현하고 부정적인 대답이 기대된다(*etwa*와 비교).

Bin ich vielleicht schuld daran?
(그 문제에 대해 설마 내가 책임이 있는 것은 아니겠지?)
Sollten wir vielleicht weiter abwarten?
(우리가 설마 계속해서 기다려야 하는 것은 아니겠지?)

*vielleicht₃*은 요청에서 공손함을 표현한다.

Könnten Sie mir vielleicht sagen, wo es zum Bahnhof geht?
(당신 혹시 나에게 역으로 가는 길을 말해주실 수 있습니까?)
Hätten Sie vielleicht einen Moment Zeit?
(당신 혹시 잠깐 시간 좀 내주시겠습니까?)

*wohl*은 추측과 불확실성을 표현하며, 이로 인해 또한 공손함도 표현한다(동형동음이의어 : 연사 불변화사 및 편성 불변화사 *wohl*).

*Sie weiß **wohl** noch gar nichts davon.*
(그녀는 아마도 그것에 관해서 아무 것도 모를 것이다)
*Er wird jetzt **wohl** in Potsdam sein.*
(그는 지금쯤 아마 포츠담에 있을 지 모른다)
*Wieviel Uhr mag es **wohl** sein?* (지금 몇 시쯤 되었을까?)
*Könnte ich **wohl** kurz telefonieren?*
(제가 간단히 전화할 수 있겠습니까?)

전 문 어

대부분의 표제어에 간단한 설명을 첨부하였기 때문에 일일이 찾아볼 필요는 없을 것이다.

Abhängigkeitsgrammatik 종속문법/의존문법

Ableitung 파생(어) : 조어의 방법으로서 비자립적인 요소를 수단으로 새로운 단어를 얻는 것

Abtönungsangabe 어조 첨가어 : 문장 첨가어로서 어조 불변화사

Abtönungspartikel 어조 불변화사 : 의사소통적으로 중요한 불변화사

Adjektiv 형용사 : 한정사와 명사 사이에 올 수 있는 단어

Adjektivalergänzung 형용사적 보충어 : 문장 보충어의 부류

Adjektivalphrase 형용사구 : 형용사를 핵어로 취하는 구

Adjektivangabe 형용사 첨가어 : 형용사에 대한 첨가어

Adjektivergänzung 형용사 보충어 : 형용사에 대한 보충어

Adverb 부사 : 전장에 올 수 있으며 보충의문문에 대해 대답할 수 있는 단어

Adverbialergänzung 부사적 보충어 : 문장 보충어의 부류 (상황 보충어, 방향 보충어, 확장 보충어)

Akkusativergänzung 4격 보충어 : 문장 보충어의 부류

Anapher 대용어/선행지시어 : 선행 지시적인 대명사나 부사, 보충어의
분류기준

Anaphorisierung 대용화 : 어군을 대용어로 대체하는 것

Angabe 첨가어 : 비 특수적인 문장성분

Angabe, existimatorische 평가 첨가어 : 문장 첨가어의 부류

Angabe, judikative 판결 첨가어 : 평가 첨가어의 하위부류

Angabe, kautive 신중 첨가어 : 평가 첨가어의 하위부류

Angabe, modifikative 수식 첨가어 : 문장 첨가어의 부류

Angabe, negative 부정 첨가어 : 문장 첨가어의 부류

Angabe, ordinative 배열 첨가어 : 평가 첨가어의 하위부류

Angabe, selektive 선택 첨가어 : 평가 첨가어의 하위부류

Angabe, situative 상황 첨가어 : 문장 첨가어의 부류

Angabe, verifikative 검증 첨가어 : 평가 첨가어의 하위부류

Angabesatz 첨가어문 : 첨가어의 문장형태의 실현

Angabesatz, weiterführender 계속적인 첨가어문 : 새로운 생각을 포
함하는 첨가어문

Attribut 부가어 : (동사가 아닌) 임의의 단어의 위성

Attributsatz 부가어문 : 부가어의 문장형태의 실현

Ausbausatz 확장문 : 단순 어군의 문장형태의 실현

Auxiliarverb 조동사 : 분사를 지배하는 부동사 (*haben, sein, werden*)

Äußerung 발화 : 구두적인 의사소통의 기본 단위

autonom 자립적/독립적: 부가어적이 아닌 자립적인

***bekommen*-Passiv** bekommen-수동 : 수동의 특수형태

Dativergänzung 3격 보충어 : 문장 보충어의 부류

Dativus commodi 이익의 3격 : 3격 보충어의 특수형태

Dativus ethicus 관심/감정의 3격 : 3격 보충의 특수형태

Dativus incommodi 손해의 3격 : 3격 보충어의 특수형태

Dativus sympathicus 이익의 3격 : 3격 보충어의 특수형태

Datum 날짜 : 시간적 상황 첨가어의 특수 용법

deiktisch 지시적 : (많은 문법가들에 의해 언어외적인 지시에 한정된) 지시적

Deixis 지시/직시(直視) : 지시기능

Demonstrativpronomen 지시대명사 : 대명사의 부류

Dependenz 의존/종속 : 상호공기 관계에 근거하는 문법기술 원칙

Dependenzgrammatik 의존문법/종속문법 : 텍스트 요소를 공기관계를
　　토대로 기술하는 동시에 이 요소를 계층적으로 배열하는 문법

Determinativ 한정사 : 작센의 2격과 양립할 수 없는 명사 동반어

Direktivergänzung 방향 보충어: 문장 보충어의 부류

Ergänzung 보충어 : 핵어에 하위부류 특수적으로 종속하는 요소

Expansivergänzung 확장 보충어 : 문장 보충어의 부류

fakultativ 수의적 : 한 문장의 문법성에 중요하지 않은

Finalangabe 목적 첨가어 : 목적이나 목표를 지칭하는 문장 첨가어의
　　하위부류

Frontsatz 선행문(장) : 정동사가 앞에 있는 문장

Funktionsverb 기능동사 : 기능동사구의 동사 성분

Funktionsverb-Gefüge 기능동사구 : 내용이 없는 동사와 의미를
　지니는 명사로 구성된 구조

Gefügenomen 기능명사 : 기능동사구의 명사 성분

gehören-Passiv gehören-수동 : 호소기능을 갖는 수동의 특수형태
　(*gehört gesagt* ≅ *sollte gesagt werden*)

Genitiv, sächsischer 작센의 2격 : 명사 앞에 오는 2격 부가어

Genitivergänzung 2격 보충어 : 보충어의 하위부류

Geschehen 사건 : 동사/동사복합체에 의해 표현되는 사태의 구성성분

Gradpartikel 등급/정도 불변화사: 등위 접속사와 전장요소 사이에
올 수 있는 단어

Größe 대상/격 : 명사구나 대명사로 표현되는 사태의 요소

Größenergänzung 대상/격 보충어 : 문장 보충어의 부분집합

Grundfolge 기본 어순 : 문장에서 요소들의 "정상적이며" 가장 자
주 사용되는 어순

Häufung 병렬/중첩 : 통사적으로 동일한 종류와 등급의 요소들의 병렬

Hauptsatz 주문장 : 내포된 문장형태의 구조가 없는 자립적인 문장

Hauptsatzregel 주문장 규칙 : 정동사가 문장괄호의 좌측 부분을 차지
하고 하나의 중장 요소가 전장으로 이동하는 규칙

Hauptverb 주동사/본동사 : 부동사도 아니고 기능동사도 아닌 동사들
의 주요집단

Hortativsatz 명령문 : 첫 번째 위치에 명령형 동사가 오는 문장

Imperativ 명령법 : 정동사의 굴절범주

imperfektiv 미완료적 : '비제한적, 진행으로 확정된'이라는 의미를 갖는
동사의 의미종류

Indefinitpronomen 부정(不定)대명사 : 대명사의 부류

Infinitiv 부정사 : 부정동사의 범주로서 어휘부 안에 있는 동사형태

Infinitivkonstruktion 부정사 구조 : 핵어로서 부정사를 취하는 구
로서 종종 종속접속사를 통해 모문에 삽입됨

Infinitivverb 부정사동사 : 부정사로 된 동사를 지배하는 동사

inkompatibel 비 양립적 : 조화될 수 없으며 문맥에서 상호 배타적인

Instrumentalangabe 도구 첨가어 : 수단이나 도구를 표현하는 문장 첨
가어의 하위부류

Interrogativsatz 의문문 : 첫 번째 위치에 동사나 의문사가 있는 문장

Kasusergänzung 격 보충어 : 특수한 격에 의해 정의될 수 있는 문장
보충어

Kataphor 후행지시어 : 텍스트에서 우측을 지시하는 요소

kategoriell 범주적 : 한 단어의 통사범주를 진술하는 지표, 오직 범주적
기호만을 포함하는 도표

Kausalangabe 원인 첨가어 : 문장 첨가어의 하위부류

Komitativangabe 동반 첨가어 : 문장 첨가어의 하위부류

kompatibel 양립적/조화적 : 문맥에서 조화를 이루는

Komposition 합성어 : 조어의 수단

Konditionalangabe 조건 첨가어 : 문장 첨가어의 하위부류

Kongruenz 일치 : 위성과 핵어의 굴절소적인 동화현상

kongruieren 일치한다 : 핵어와 굴절소적으로 일치함

Konjunkt 병렬/등위 요소

Konjunktiv I 접속법 I : 정동사의 굴절범주

Konjunktiv II 접속법 II : 정동사의 굴절범주

Konsekutivangabe 결과 첨가어 : 문장 첨가어의 하위부류

Konstativsatz 서술문 : 정동사가 두 번째 위치에 오는 문장

Konstituenz 성분 : 부분-전체 관계에 근거하는 문법기술 원칙

Kontext 문맥/맥락 : 한 요소의 주변 텍스트

Konzessivangabe 양보 첨가어 : 문장 첨가어의 하위부류

Kopf 핵어: 최상위에 있으며 이름을 부여하는 구의 요소

Kopulapartikel 연사 불변화사 : 연사동사에서 나타나는 불변적인 단

어, 전통적으로는 "술어적으로만 사용될 수 있는 형용사"

Kopulaverb 연사동사 : 특히 주어와 다른 보충어 간의 연결기능을 가지고 있는, 미세한 고유의미를 보유하고 있는 동사

Korrelat 상관사 : 부문장을 앞에서나 뒤에서 지시하면서 또한 이 부문장을 대표할 수 있는 지시적인 요소

lexematisch 어휘적 : 교점으로서 단어만을 포함하는 도식

Lokalangabe 장소 첨가어 : 문장 첨가어의 하위부류

Matrixsatz 모문 : 상위 배열된 문장형태의 구조, 상위문

Mittelfeld 중장 : (어순) 문장괄호 내부에 있는 영역

Modalitätsverb 양상동사 : 항상 *zu* + 부정사 구조로 결합되는 부동사

Modalpartikel 양태 불변화사 : 결정의문문에 대답할 수 있는 전장에 올 수 있는 단어

Modalverb 화법동사/서법동사 : 항상 순수한 부정사 구조로 결합되는 부동사

Nachfeld 후장 : (어순) 문장괄호 외부의 우측 영역

Nebensatz 부문장 : 종속요소를 취하는 문장형태의 구성체

Nebensatz, definiter 확정 부문장 : 종속요소를 취하는 부문장

Nebensatz, generalisierender 일반적인 부문장 : 종속요소를 취하는 부문장

Nebensatzverb 부문장 동사 : 부문장을 지배하는 부동사

Nebenverb 부동사 : 주동사도 아니고 기능동사도 아닌 동사

Negativpronomen 부정(否定) 대명사

Nomen 명사 : 불변의 성을 갖는 단어

Nomenangabe 명사 첨가어 : 명사에 대한 첨가어

Nomenergänzung 명사 보충어 : 명사에 대한 보충어

Nomen invarians 불변명사 : 명사에 대한 명사적인 부가어

Nomen varians 가변명사 : 명사에 대한 명사적인 부가어

Nominalergänzung 명사적 보충어 : 문장 보충어의 부류

Nominalphrase 명사구 : 명사를 핵어로 취하는 구

Obersatz 상위문 : 모문

obligatorisch 의무적 : 실현되지 않으면 문장을 비문법적으로 만드는 문장성분

obliquer Kasus 사격(斜格) : 4격, 2격, 3격

Parenthese 삽입구 : 통사적으로 문맥 안으로 결합되지 않은 발화, 대개 횡선(줄표) 안에 있는 발화

Partikel 불변화사 : 변화할 수 없는 (굴절할 수 없는) 단어

partimreflexiv 부분적인 재귀동사 : 재귀적인 아니거나 선택적으로만 재귀적인 동사의 사용

Partizip I 분사 I : 부정동사의 범주

Partizip II 분사 II : 부정동사의 범주

Partizipialkonstruktion 분사구조 : 분사구

Partizipialphrase 분사구 : 분사를 핵어로 취하는 구

Partizipverb 분사동사 : 분사를 지배하는 부동사

Passiv 수동 : 동사의 부분집합의 굴절범주, 사건 관련적인 기술을 가능케 함

Passiv, generelles 일반적인 수동 : "비인칭" 수동

Passiv, volles 완전 수동 : "인칭" 수동

Passivierung 수동화 : 능동문을 수동문으로 전환하는 것

Passivkomplex 수동 복합체 : 수동 조동사와 분사 II로 구성되는 복합체

Perfekt 완료 : *haben* 또는 *sein*으로 구성된 동사 복합체

Perfektform 완료형 : 현재완료 또는 과거완료

perfektiv 완료적 : '제한적'이라는 의미를 갖는 동사의 의미종류

Permutation 치환 : 이동

Pertinenzdativ 친속/소유의 3격 : 명사에 대한 3격 부가어

phonisch 음성적 : 음성에 관련된

phorisch 지시적 : 선행 지시적 또는 후행 지시적

Phrase 구 : 어군

Plusquamperfekt 과거완료 : 완료형

possessiver Dativ 소유의 3격 : 친속 3격

Prädikat 술어 : 전통문법에서 (주어와 더불어) 문장의 주성분

Prädikativergänzung 술어적 보충어 : 명사적 보충어와 형용사적 보충어

Prädikatsnomen 술어 명사 : 전통문법에서의 술어적 보충어

Präfigierung 접두 조어 : 전철을 수단으로 한 조어

Präposition 전치사 : 특별한 격의 명사 요소를 지배할 수 있는 불변화사

Präpositionaladverb 전치사적 부사 : 전치사를 포함하는 부사

Präpositivergänzung 전치사적 보충어 : 문장 보충어의 부류

Präsens 현재시제 : 정동사의 굴절범주

Präteritum 과거시제 : 정동사의 굴절범주

Pronomen 대명사 : 명사구를 대체할 수 있는 단어

Pronominalphrase 대명사구 : 대명사를 핵어로 취하는 구

Rangierpartikel 편성 불변화사 : 대답으로서 사용될 수 없으며 전장에 올 수 있는 단어

Relativpronomen 관계대명사 : 부문장을 유도하는 대명사 부류

Relativsatz 관계문 : 관계대명사에 의해 유도되는 부문장

Restriktivangabe 제약 첨가어 : 상황 첨가어의 하위부류

Rhema 레마/평언 : 내용적으로 가장 중요한 발화부분

Rhematisierung 레마화 : 문장의 일부를 레마로 전환하는 것

Sachverhalt 사태 : 발화의 내용

Satellit 위성 : 핵어에 종속하는 요소

Satz 문장 : 정동사가 있는 자립적인 단위

Satz, komplexer 복합문 : 내포된 문장형태의 구조를 취하는 문장

Satzäquivalent 문장 등가사 : 문장을 대표할 수 있는 단어

satzartige Konstruktion 문장형태의 구조 : 동사구, 즉 중심적인 동사
　　가 있는 구조

Satzbauplan 구문안/문설계 : 수의적인 보충어와 의무적인 보충어가
　　구분되어 있는 문형/문장모형

Satzglied 문장성분 : 비 동사적이며 동사에 종속하고 교환할 수 있는
　　문장의 일부

Satz-Interrogativsatz 문장 의문문 : 의문사가 없는 의문문

Satzklammer 문장괄호 : 동사적 요소와 종속 요소로 구성되는 괄호 현
　　상

Satzmuster 문형/문장모형: 실현동사의 전체 보충어를 포함하는 구조
　　안

sein-Passiv sein-수동

Situativergänzung 상황 보충어 : 문장 보충어의 부류

Stammbildung 어간조어:　접사 없는 한 단어의 신조어

Stellungsfeld 어순영역 : (어순) 전장, 중장, 후장

Subjekt(ergänzung) 주어 (보충어) : 문장 보충어의 하위부류

Subjekt-Prädikat-Gliederung 주어-술어 구분 : 전통적인 문장의 이
분법

Suffigierung 접미 조어 : 접미사를 수단으로 구성된 단어의 신조어

Temporalangabe 시간 첨가어 : 상황 첨가어의 하위부류

Thema 테마/주제 : 내용적으로 부수적인 발화부분

Thematisierung 테마화 : 문장의 일부를 테마로 전환하는 것

Trägersatz 지주문 : 상위문, 모문

Uhrzeit 시각

Umstand 상황 : 사태의 중요한 구성성분

Untersatz 하위문 : 정동사가 취하는 내포된 문장형태의 구조

Valenz 결합가 : 특정한 자질을 갖는 보충어를 지배하는 동사의 특성

Verb 동사 : 활용할 수 있는 단어

Verb, finites 정동사 : 활용한 동사형태

Verb, infinites 부정동사 : 분사와 부정사

Verb, reflexives 재귀동사 : 재귀대명사를 취하는 동사

Verb, schwaches 약변화 동사 : 접미사 *t*로 과거와 분사 II를 형성하
는 동사

Verb, starkes 강변화 동사 : 어간모음 변화를 통해 과거와 분사 II를
형성하는 동사

Verb, zentrales 중심동사 : 문설계를 결정하는 동사

Verbalphrase 동사구 : 동사를 핵어로 취하는 동사

Verbangabe 동사 첨가어 : 문장 첨가어

Verbativergänzung 동사적 보충어 : 문장 보충어의 부류

Verbkomplex, temporaler 시간적인 동사 복합체 : 완료 복합체

Vergleichspartikel 비교 불변화사 : 비교에서의 *als*와 *wie*

Verweispronomen 지시대명사 : 대명사의 하위부류

Verweispronomen, reines 순수 지시대명사 : 전통문법의 3인칭 인칭
대명사

Vip 부정사 형태의 분사 II를 취하는 동사

Vip-Regel 동사 복합체에서의 치환규칙

Vorfeld 전장 : (어순) 문장괄호 외부의 좌측 영역

Vorfeldsatz 전장문 : 전장에 오는 부문장

VP 동사구

werden-Passiv werden-수동

w-Interrogativsatz 보충의문문 : 의문사를 취하는 의문문

Wortstellung 어순 : 이동할 수 있는 표현들의 순서

Zusammensetzung 합성어 : 조어의 한 방법

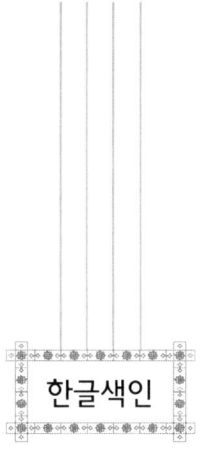

한글색인

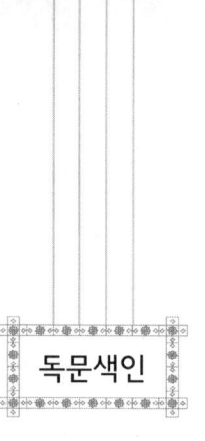

독문색인

[역자 약력]

이점출 · · ·

1948년 경남 합천 출생
부산고등학교
서울대학교 사범대학 독어교육과 및 동 대학원
뮌헨대학 수학 및 괴테인스티투트 수료 (Deutschlehrer-Diplom)
서울대학교 인문대학원 (문학박사, 독어학 전공)
독일학술교류처(DAAD) 연구교수 (베를린 훔볼트대학)
한국독어학회 회장 역임
현재, 중앙대학교 외국어대학 학장

저서 및 역서 · · ·

언어학 개론 (역) : 한신문화사, 1991. 2 ('독어학 개론'(1996)으로 개칭)
의존문법 개론 (역) : 한신문화사, 1991. 8
독일어 기능동사구 연구 : 중앙대학교 출판부, 1994. 4
결합가이론과 격이론 : 중앙대학교 출판부, 1996. 11
의존문법과 생성문법 : 한국문화사, 1997. 2
실용 독일어 : 한국문화사, 1999. 2 (개정증보판 (2003))
무역 독일어 : 한국문화사, 1999. 2
독일어 동작상 연구 (역) : 한국문화사, 2000. 12
독일어 의존통사론 (역) : 한국문화사, 2001. 12
현대 독일어 통사론 (역) : 한국문화사, 2002. 5
의존문법의 이해 (역) : 도서출판 역락, 2003. 4

독문법 연구

인 쇄 2004년 02월 10일
발 행 2004년 02월 16일
저 자 울리히 엥엘
역 자 이 점 출
펴낸이 이 대 현
편 집 박 윤 정
펴낸곳 도서출판 역락 / 서울 성동구 성수2가 3동 301-80
　　　　(주)지시코별관 3층(우 133-835)
TEL 대표·영업 3409-2058 편집부 3409-2060 FAX 3409-2059
E-MAIL youkrack@hanmail.net / yk3888@kornet.net
등 록 1999년 4월 19일 제2-2803호
ISBN 89-5556-264-0-93750

정가 18,000원